国際日本学とは何か？

What is International Japanese studies?

日中文化の交差点

Intersection of Japanese and Chinese culture

王敏 編

三和書籍

国際日本学とは何か？

日中文化の交差点

総論

総論　比較を伴った文化交流

――戦前の「日本教習」と日本留学を中心に――

王　敏

はじめに

一九世紀、アジアに西欧列強が侵出した。日本は鎖国策を捨ていち早く西洋に目を向けた。アジアにおける宗主国としての地位が揺らぐ中国とは逆に、日本は西洋化を背景に、対中国関係を逆転させ、列強の隊列入りをする成功を収めた。明治維新によるこの成功は中国に衝撃と大きな啓示を与えた。前近代性を打ち破る必要にようやく中国も気付いたのである。特に日清戦争（一八九四―一八九五）で、小国と見下していた日本に負けたショックは極限に近かった。中国は世界に立ち遅れた現実を思い知らされ、急ぎ外国に学ぶことを迫られた。

日清戦争後の留学ブームを第一次とすれば、一九八〇年代初めからは第二次ブームといえよう（三次ブーム説もある）。これより前の一九七八年八月、中国政府は西洋諸国へ国費留学生の「三〇〇〇人派遣」を実行に移したが、この年の日本への派遣は一人にとどまっている。この西洋とのアンバランスには理由があった。それについての分析は別論に譲るが、翌一九七九年には中国政府派遣の国費日本留学生が一五一人に増加した。なお、国費留学生の場合、留学先及び留学期間の選択は国が決めることになっている。

一九八三年、中曾根康弘総理（当時）がアジア留学生一〇万人の受け入れに関する政策を打ち出した。それ以来、多くの中国人の自費留学生が日本を目ざした[1]。日本学生支援機構の留学生に対する調査によると、二〇〇五年五月における在日中国人留学生数は八万五九二人にのぼり、二〇〇四年の七万七七一三人を上回っている。

文化交流が常に双方向に行われており、日本留学の隆盛が想起される一方で、近代の日中文化交流のうえで見逃されているのが中国における日本人教師（戦前の中国語では「日本教習」、日本語では「清国お雇い日本人」「日本人教師」）の存在である。清朝末期、多くの日本教習が中国に派遣されて各地で中国人を教育した。中国からの留学生派遣に比べ短期ではあったが、清朝は日本に教員派遣を要請した。戦後も日中平和条約調印後の一九七八年に中国は日本教習を受け入れている。日本に学ぶ文化交流と見てよかろう。

多数の日本教習が中国に赴いたが、正確な数は把握しきれない。日本の外務省の年次別の記録も断片的にしか残っておらず、漸減傾向にあった一九〇九年で五四九人である。残念ながら年次ごとの実数は分からず、もっとも多かった一九〇五年で六〇〇人以上と推定するしかない。また、教習派遣には民間から支援者が多く出ており、個人の熱情から赴任した人もかなりいたとされる。

中島裁之の「北京東文学社」は義和団事件（一八九九―一九〇一年）で荒れた北京で一九〇一年に開校した。中島をはじめ同校の教員たちは日本教習のはしりである。彼らは洋務派官僚・呉汝綸（一八四〇―一九〇三）の熱い支援を受け、中国人に幅広く西洋学科を授業した。支援の見返りに学費は取らない主義を貫き、一七〇〇人以上が在籍したという。この学校から中国各地へ教員として散っていった中国人が多く、その功績を評価されている。

一〇〇年の間に二つの日本教師派遣事業と二回の中国人日本留学ブームが起こったわけである。これらが近現代における日中の相互理解や文化交流の進展に果たした貢献は無視できない。二つの文化を体験的に考察することを可能にしたからであろう。なお、中国では日本研究の隆盛も留学経験者によって支えられている。また、現代でも活発な日本人による中国研究を合わせ考えると、日中はお互いに交流と研究の成果を深める段階に至ったと思われる。

双方向の交流、学習および研究を進めるための課題はいくつかあるはずである。できるだけ課題を拾うために、日中ともに関わってきた交流事業を公平に一つずつ取り上げることにしたい。それは戦前の中国人日本留学生と中国における日本人教育活動家「日本教習」である。だが、日中両国においても中国人日本留学生についての論考は相当あるにもかかわらず、日本教習に関する著述は比較的少ない。この拙稿では両者を引き合わせて取り上げ、比較文化の可能性を再考しながら、比較を伴った文化交流の一断面として考察したい。

1　日本教習の再考

❖――（1）日本近代教育の成果に学ぶ中国事情

日本は、西洋化を成功させた明治維新と敗戦後の復興という二つの成功でアジアの師と映る。日本は成功の秘訣を尋ねられたとき、教育の成果を強調するのが常である。

日本の近代教育は一八七二（明治五）年の学制発布に始まる。小学校が全国に設けられ、国民皆教育がスタートした。この年早くも、教員養成を目的に東京師範学校が創設されている。東京女子師範学校は一八七四年である。東京大学は江戸時代からの遺産、開成所と医学所を合併して一八七七年に開学した。一八七九年には学制にかわる教育令が発布されて、学校教育の充実がさらに進む。小学校の義務教育（三～四年間でスタートし、一九〇七年から六年間）は徹底されて、就学率はおよそ一九〇〇年に八二％、一九〇七年には九七％に達して、明治期の四五年間が終わるころまでには西洋型の学校教育を模範とした国民皆教育は、ほぼ達成された。

急速に近代教育の成果を積み上げた日本をモデルにしたのが中国である。清朝政府は洋務運動の限界を知ると、日本へ留学生派遣を始めたのである。

最初は一八九六（明治二九）年の一三人。清朝崩壊（一九一一年、辛亥革命）でも途切れることなく日中戦争中も南京の国民政府によって継続され、日本敗戦の一九四五年までのほぼ五〇年間に、日本留学生は官費・私費あわせて一〇万人にのぼったと見られる。戦後、日中平和友好条約調印（一九七八年）で再開して以来、かつてない日本留学期を迎えた現在は八万人以上の中国人の若者たちが日本で勉強しているが、往時の交通事情を考慮すれば、中国の国外留学先として距離的に近い日本は最優先の国であったことを指摘しないわけにはいかない。

日本では、明治新政府が乏しい財政事情にかかわらず欧米の優れた頭脳を招聘した。「青年よ大志を抱け」の言葉を残した札幌農学校（現・北海道大学）のクラーク（W.S.Clark）（一八二六―一八八六）や東京・大森貝塚を発見して日本の考古学を築いたモース（E.S.Morse）（一八三八―一九二五）など、彼らは日本の若者たちに計り知れない影響を与えている。平凡社の『世界大百科事典』によると、教師や政府顧問、技師として明治政府が雇用した外国人は明治七―八年で五二〇人いた。企業勃興とともに、民間の外国人雇用も多かったという。

清朝が西洋にならって学校を開設したのは、日本より早かった。一八六二年の京師同文館が最初である。教科は外国語のほかは、四書・五経を中心とし、西洋学問を教えることはしていない。西洋の科学技術を採用して富国強兵を図った洋務派のリーダー・李鴻章（一八二三―一九〇一）が一八六三年、上海に開設した学校でも同じであった。官僚として望まれる才覚が忠君や尚公であるのは、儒教に基づくという基本認識を改めなかったことを物語っている。アヘン戦争（一八四〇―一八四二年）以後、西洋列強の攻勢を受けながらもその教訓がすぐに教育制度に活かされていなかったのであろう。

中国では、儒教は重要な伝統思想である。この頂点に立つのが三年ごとに行われる高等文官採用試験の「科挙」である。西洋学科を学んでも科挙受験に役立たない。問題はあくまでも四書・五経の中から出題されるからである。

科挙は「郷試」と呼ばれる地方試験と「会試」「殿試」と呼ばれる中央試験からなり、中央試験の受験資格は地方試験の合格者に限られる。郷試には全国で一〇〇万人以上が受け、合格者は一〇〇人に一人、会試・殿試は約三〇人に一人という狭き門で、この難関を通り抜けた三〇〇人前後の合格者が栄誉の「進士」の称号を得た。試験内容はすべて儒教経典の四書・五経に限った。どれだけ正確に経典を記憶し理解しているかを見るのが科挙の全試験を通した主眼である。経典の文章の漢字は全部で四三万余字にのぼる。一日一〇〇字のペースで覚えても一二年はかかる。引用を求める試験解答文に間違いが一字でもあれば致命傷になった。ひたすら古典の記憶力を競う試験であったといっても過言ではない。

しかし、二〇世紀に入る前後から、ようやく清朝政府の中枢の人たちが儒教中心の教育の弊害を認めるようになる。一九〇三年、清朝政府で西洋教育の導入に積極的な官僚の張之洞（一八三七―一九〇九）が袁世凱（一八五九―一九一六）と連名で「奏請逓減科挙摺」を上奏した。翌一九〇四年、張之洞上奏の「奏定学堂章程」（「学堂」は学校のこと）の公布で、ようやく西洋教育の普及をめざす新式学校の全国設置が本格化しだすのである。「奏定学堂章程」は、三二年前に日本で発布された学制を、ほぼそっくり真似たものである。並行して一九〇五年、科挙廃止が正式に実施された。新式学校の普及と科挙廃止は軌を一にした教育制度改革であった。

新式学校は地方政府に設置を義務付けたため、競うように各地で学校が開かれ、清朝崩壊直前の一九一〇年に全国で四万八〇〇〇校を数えた（清朝上奏の教育統計表）。課題は西洋学科を教えることのできる人材である。四書・五経の一点張りできた中国にとって、西洋学科の素養のある中国人の教師はほとんどいなかった。

❖――――（2）日本教習の派遣事情

すでに一九〇一年、李鴻章に「日本教習」を招聘することを進言した日本人が中島裁之である。彼は北京で中国人を対象にした学校「北京東文学社」の総教習を務めた。洋務派の巨頭・李鴻章に会い、留学生を送る経費より教員を迎えるほうがずっと少ない負担で済むと説いた。日本における明治政府のお雇い外国人の事例を挙げたことであろう（法政大学史資料委員会『法政大学資料集　第11集』、一九八八年）。

清朝が日本留学で民族意識に目覚める帰国生に頭を痛めだしていたころである。そのような留学による「弊害」を取り除き、経費も少なくて西洋の学問を身につけられるなら一挙両得と考えたのも当然である。その場で李鴻章は二〇〇〇人を招聘する意向を伝えたという（汪向栄著・竹内実監修『清国お雇い日本人』朝日新聞社、一九九〇年）。李は翌年、洋務派の官僚として部下にしていた呉汝綸を日本に送り、日本政府の協力を取り付けさせている。日本政府は半官半民の教育団体「帝国教育会」に委託して教員派遣を進めた。

日本教習については、清朝政府の要人たちにもイメージがあった。日本人が中国で学校を経営し、教師に日本人を使っていたからである。日清戦争（一八九四—一八九五年）以前に上海につくられた日本人経営による先駆の学校はまもなく閉校したが、日清戦争後には上海にとどまらず北京、南京、天津、厦門、漢口、福州など各地で盛んに開校した。これが日本の中国進出と並行していることは否めない。増える中国在住の日本人教育を目的とする学校もあったが、「中国人の風気を開発する」ことを標榜し、主として中国人子弟を対象に西洋諸学科を教えた。よく知られる教育団体「東亜同文会」設立の多くの学校は入学子弟を中国人に限った。

教習派遣に、日本では民間支援が相次いだようだ。なかでも、東京高等師範学校校長の嘉納治五郎（一八六〇—一九三八）の奮闘は大きい。嘉納は講道館柔道の創始者でも知られる教育思想家とその実践者である。一八九六年、清朝が最初に送ってきた一三人の日本留学生を受け入れた。準備のない日本政府にかわって、一三人に日本語など予備教育を施した。官費のほかに私費で日本に留学してくる中国の若い世代が増えだすと、日本における受け皿として、一八九九年に予備教育校の「亦楽書院」を開いた。発展的に開校させたのが一九〇二年の「弘文書院」（「宏文書院」とも書く）である。一九〇九年に閉校するまでに三八一〇人の卒業生を送り出した。嘉納はこのような留学生を受け入れるかたわら、日本政府が教習派遣に動きだすと、高等師範から人材を選んで中国に送り出したのである。

多数の日本教習が中国に赴いた。もっとも多かった一九〇五年で六〇〇人以上と推定されるが、正確な数は分からない[2]。帝国教育会を通さず、個人の熱情から赴任した人もかなりいたとされるからである。任期は二年契約が主であったが、更新されるのが普通であった。彼らには学科の編成を任された。また教科書は、日本留学経験者により中国語に訳された日本の教科書が多く使われた。西洋学科に不慣れな中国の学校では、中国式が生まれるまで体育授業では日本式の号令が使われたという。

日本教習はまた、同じ漢字文化圏の利点を生かし、比較手法を広く活用したと思われる。残されている清末の「課程表」を通して彼らの創意工夫を見ることができる。たとえば、「杭州日文学堂課程表」(日文課)に第一学年の科目として「日文漢訳漢文日訳」が入っている。第一学年と第三学年いずれも「東西倫理大意」が設定されている。また、「金陵東文学堂課程表」(一八九九年)に「高等普通学課」の第四学年の課目として「亜細亜現代史　欧羅巴外交史」が並んでいる[3]。

清末の中国人を対象に、日本人の編集した教科書がたくさん刊行されていた。どれにも比較手法による模索の痕跡が見られる。たとえば、一九〇五年に井上友吉が青山堂から『清人適用日本語典』を、一九〇七年に松本亀次郎が国文堂書局から『言文対照漢訳日本文典』を出版した。

法政大学の例を参考に紹介しておく。法政大学の前身に清国留学生法政速成科を開設され、大量の中国人留学生を受け入れた。留学生には言葉の問題があったので、速成科の授業には中国語の通訳が配備され、教材は中国語に翻訳されたものが使われた。この教材は中国国内でも活用され、現在も貴重な資料として南京図書館に保存されている。

日本教習に選別された日本人は大都市ばかりでなく中国全土に散った。四川省や雲南、貴州、さらには中国人も拒むほどの内陸奥地にも日本教習は着任した。交通事情が不便なときで、赴任に二カ月以上かけた僻遠の地も含まれていた。

日本教習の出身職業は多様である。後に日本の民主主義思想家として権力と闘った吉野作造や文豪「二葉亭四迷」として名をなす長谷川辰之助らもいた。師範出身が多いのは当然として、その中の一人である中学教師出身の松本亀次郎は嘉納治五郎に請われて中国に赴任した。清朝崩壊で一九一二年に帰国した後は終生、中国人留学生に日本語の予備学習を施した。彼の設立した東京・神田の「東亜学校」は弘文書院閉校後の日本留学生の多くを引き受け、日中戦争で閉校するまで約二万人もの中国の若者たちが巣立った。彼を支え続けた動機は、日中の長い歴史で世話になり続けた中国への恩返しと熱意であったという。

❖——(3) 日本教習の復活

日本教習は、そのほとんどが清朝崩壊とともに一九一二年に帰国し、事実上終わった。日本教習の全盛期は長く見ても一〇年もないようである。しかし、中国の若者たちに日本への関心を植えつけたほか、教え子たちが全土に散って中国人による、中国人主導の教育となったのである。また、これにより日本留学生とともに中国革命で活躍する人材が次々と生まれた。

日本教習は社会主義の新中国で復活した。戦後はふつうに「日本人教師」と呼ばれている。中国は文化大革命で停滞した教育の再生のため日本に派遣を求めた。これを受け一九八〇年から五年間、北京語言学院に設けられた日本語研修センターは「大平学校」と呼ばれた。一九七九年末、訪中した大平正芳首相の発案による中国への贈り物である。全国一六〇校以上の大学から中国人教師が日本教師陣に習った。彼らは各校に戻って、学生たちに日本語を教えたのである。ちなみに国際交流基金の調べでは、現在、中国で日本語を学ぶ人口が三九万人いるという。

一九七九年に神奈川県から派遣された現役の教師第一陣が中国に着任した。四川省などの奥地にも臆せず赴き、一～二年間、中国の学生に教えた。このときも教科書というべきものはほとんどなく、ガリ版刷りの手書き教材をつくったなどの苦労話が数多く残っている。この献身的な指導に刺激を受けた若者たちが今日、日中友好に尽くすようになったことはいうまでもない。

筆者の恩師である石川一成（一九二九―一九八四）がその一例である。石川は進学校と名高い湘南高校教員の経歴が長い。漢文を専攻し、唐代の奇才として知られる詩人李賀にひかれていたという。日本文学の学識は広く、古文も現代文も教えた。学生時代から佐々木信綱・治綱に師事し歌人を志した人でもあった。中国に渡る前から歌集『麦門冬』（白鳳社、一九七五年）を出版し、帰国後は第二歌集『沈黙の火』（白鳳社、一九八四年）、遺歌集になった『長江無限』（ながらみ書房、一九八五年）、『石川一成全歌集』（ながらみ書房、一九九二年）、このほかに歌論などの著作も多い。

石川の中国赴任は神奈川県教育センター国語科指導主事であった五〇歳のときであった、一九七九年の春のことである。日中は一九七二年に国交正常化し一九七八年に平和条約を結んだばかりで、中国は経済発展が大変遅れた段階にあることを自覚し日本に学び始めたころである。日本で普及していたコピー機も中国ではまだ一般には普及していなかった。とにかく日本語を話す人材を育てることが急がれた。四川外国語学院が日本語学部開設四年目にあたり、中国で最初の大学院の研究生募集を秋に控え、日本人教員が求められた。これに応えたのが石川であった。

県教委が中国政府からの派遣依頼に石川を選んだ際、「せっかく行くのだから遠いところがいい」と、赴任地として奥地を希望されたと聞く。この時提示されたのが重慶だったという。

重慶は抗日戦争中の臨時首都になり、日本軍の空襲で多くの市民が犠牲になった。この地は戦後、長期滞在した日本人はおろか外国人が一人もいないときであった。苦労を覚悟した赴任であったと思われる。帰国後、石川は周囲に「長い日中交流で、日本は多くのものをもらった。お返しできるときにはしっかり返さなければ」と語った。当初の派遣期間は一年であったが、延長を請われ二年間の赴任となった。これを躊躇なく快諾されたのも、この使命感からであったと思わずにはいられない。

任期延長を受け入れたとき歌を詠まれていたことを遺歌集『石川一成全歌集』（ながらみ書房、一九九二年）で知った。

日本を振りかへらざれわが前にひたむきにゐる若きらに向き

中国の若者に全身全霊で日本を伝えんとした気概が伝わってくる。帰国後も中国を偲んで数多くの歌を詠まれた。日本留学を世話してもらった教え子が何人もおり、筆者もその一人である。

日本人教師の派遣は留学生受け入れとともに開発途上国への重要な支援であり、信頼できる指針である。日本は現在、開発途上国に対し、教育の重要性を強調してＯＤＡ（政府開発援助）の柱の一つにしている。また、多くの民間団体も学校の校舎や教材などモノの提供事業に取り掛かっている。

だが、日本人教師派遣事業が日本文化史の表舞台で語られることが少ないのは、アジアに対して関心が薄いと映るのではないか。戦前の日本教習が異文化の現場中国でどのように文化摩擦を乗り越えたか、当時の中国にとってどのように評価されていたのか、それを受けて日本教習がどのように受け止め、さらに教育を展開していたのか、記録が少なかったうえに、関連の研究もこれからである。

清末と新中国の二つの日本教師派遣事業から、日本がもっとも教訓をくみ取り、その知恵と経験を整理し、伝えていく意味があろうと思われる。それも比較を伴った文化交流を継承させてきた成果であり、先進国日本としての国際貢献であろう。

2　中国人日本留学生の再考

❖――（1）留学生派遣をめぐる日中の対応

近代初期、日本と中国は留学生派遣をめぐって、際立った対照的な対応を示した。日本はアメリカのペリー艦隊来航から、わずか九年後の幕末の一八六二年に一五人のオランダ留学生を送っている。明治維新後に活躍する榎本武揚（一八三六―一九〇八）や西周（一八二九―一八九七）らだ。明治新政府のもとでは欧米留学が国策として進められた。

中国で、欧米への最初の留学生派遣は一八七二年、日本の明治五年のことである。ヨーロッパのほか、アメリカには一二歳から一六歳の官僚子弟三〇人が送られた。最初の年は募集で人数がそろわず、選抜を強制してようやく目標に達したという。その後も米国留学は三〇人ずつ続けられたが、たった四年間で中止になった。なぜなら、子弟が帰国した際出迎えた清朝政府要人に、目上に対する礼儀である伝統の跪拝をしなかったからである。「異国に適応してしまい大本を忘れて年長を敬わず……」と、要人たちが憤ったのである（汪向栄著・竹内実監修『清国お雇い日本人』朝日新聞社、一九九〇年）。

封建の太平の世をむさぼっていた清王朝中国を最初に揺さぶったのがアヘン戦争（一八四〇―一八四二年）、ついでアロー戦争（第二次アヘン戦争、一八五七―一八六〇年）であった。中国史で初めて対外的に国力が劣勢に置かれた経験をして[3]、ようやく西洋文明を学ぶ気持ちが芽生えたのである。しかし、周辺国を朝貢させてきたという「華夷思想」へのこだわりを簡単に払拭できるものではなく、中国の学を体と為し西洋の学を用と為す「中体西用」の受け止め方が主流となり、しばらく続く[4]。洋務運動期といわれ、この時期に前述のアメリカ留学派遣中止が起きた。これを克服するのに、日清戦争の敗北、さらには康有為（一八五八―一九二七）主導の戊戌変法（一八九八年）の失敗（百日維新）という高い代償を払って、ようやく西洋文明をその思想にまで踏み込んで学ぶ必要に気付くのである。

日清戦争後の一八九六（明治二九）年六月一五日、清国は初めて日本へ留学生一三人を派遣した。それは光緒帝（一八七一―一九〇八）をはじめとする「改革派」主導の試みでもあった。日本では高等師範学校が第一次留学生を受け入れた。同時期に、中国国内では光緒帝が康有為と梁啓超（一八七三―一九二九）を登用し、「変法」改革を進めた。だが、一八九八年六月に「変法」は失敗に終わり、康、梁の二人は初代内閣総理大臣、枢密院議長などを歴任し、韓国の独立運動家により暗殺された伊藤博文（一八四一―一九〇九）の庇護のもと、日本に亡命した。

この事件が起きる一カ月前の五月に、駐清公使・矢野文雄（一八五〇―一九三一）は清国総理府を訪れ、日本が中国の留学生を支援する意向を表明していた。ちなみに矢野は自由民権家、ジャーナリストとしても活躍した人物である。このことには改革反対派が多かった清国政府も同意した。

ところが、一八九八年、変法改革の直前のことであったため、清朝政府幹部の多数が留学派遣に及び腰であった。しかし矢野が日本側も留学受け入れの意向を清国に伝えていたところ、清国総理衙門（外務省）の楊深秀（一八四九―一八九八）は「日本大いに東方協助の会を開き、吾が人士に知らしめ、吾を助けて自立せしめ、吾を招いて游学せしめ、吾に経費を供し、以って親交の実を著さんと願えり」（汪向栄著・竹内実監修『清国お雇い日本人』朝日新聞社、一九九〇年）、と手放しに近い感謝ぶりであった。

教育改革に奔走した張之洞が一八九八年、日本留学をすすめる『勧学篇』を書いた。「游学の国に至っては、西洋は東洋（日本）に如かず。旅費が節約でき、多くを派遣できる。東文は中文に近く、通暁しやすい。西洋書は甚だ繁雑で、西学の必需でないものはほとんど東人がすでに删除し、適宜改訂している。中日の情勢風俗は近しく、学びやすい。半分の力で倍の成果を得ることが出来、これに越したことはない。」

中国にとって日本は小国にすぎないのに、急速に勃興した要因を留学に求めたのである。上諭によって中央、地方に頒布されて一〇〇万部印刷されたという。同じ時期に、軍事留学について陸軍参謀本部の福島安正（一八五二―一九一九）らが派遣を要請している。

多方面の努力のもとで一八九八年に日本の成城学校で陸軍士官養成のための予科教育課程が開設され、蔡鍔（一八八二―一九一六）など四名の留学生を受け入れた。日華学堂においても文系予科教育課程が開設され、後に段棋瑞（一八六五―一九三六）、駐日公使となる張宗祥（一八八二―一九六三）らの入学を受け入れた。

やがて、清政府も留学の成果があると分かり、一八九九年には二〇〇人、一九〇二年五〇〇人、一九〇三年一〇〇〇人、一九〇四年はさらに増えて三〇〇〇人から四〇〇〇人、一九〇五年には一万人近い留学生を日本に送ったという。

留学生の第一陣を受け入れた東京師範学校長の嘉納治五郎が一九〇二年、中国の教育事情を視察した際、文部幹部らに「今、貴国においてこの種の学生を派遣するは最も急務にして、一日遅るれば国運の進歩一日遅うすべし」と喚起した（汪向栄著・竹内実監修『清国お雇い日本人』朝日新聞社、一九九〇年）。軍事留学先は陸軍士官学校が中心であったが、中国人陸軍の予備教育機関として振武学校が一九〇三―一九一四年まで東京・市ヶ谷に開校された。後に中国国民党を指導する蒋介石（一八八七―一九七五）などが学んでいる。

日露戦争（一九〇四―一九〇五年）に日本が勝利したことがきっかけとなり、清朝は一九〇五年、科挙廃止を決定するとともに、日本に留学生を派遣し始めた。科挙制度にかわる新システムがすぐには整わなかったので、有識者は新しい知識の摂取を日本に託した。日本の教育が中国の転換期に重要な役割を果たした。

その年、日本に留学した中国人は約一万人になった。この翌年も同じぐらいの留学生を派遣した。日中戦争以前では一九〇五、一九〇六年の二年間が以後のどの年よりも多かったのは確かである。戦前の留学生の累計は正確にはつかめない。家族同伴をどう数えるかという問題もあるからである。研究者の実藤恵秀氏によると、五万人から六万人というが（『中国人日本留学史』くろしお出版、一九六〇年）、自らも留日経験者であり、孫文の秘書であった戴季陶（一八九〇―一九四九）の一〇万人という見方も捨てがたい（『日本論』社会思想社、一九七二年）。

中国人の日本留学の急増に応える環境が急速に整えられ、法政大学の前身に開設された清国留学生法政速成科のほか、早稲田大学も清国留学生部をつくった。全国の各大学が受け入れを競ったのである。このほかに大学進学前に日本語を教える施設として、嘉納治五郎がいち早く開設したのが弘文書院である。文豪魯迅や実弟の周作人、後に中国共産党創設者になる陳独秀（一八八〇―一九四二）が修業している。

❖――(2) 中国変革への貢献

日本留学の興隆は、中国における革命機運の勃興と軌を一にしたのは清朝政府にとっては大いなる誤算であった。一九〇五（明治三八）年、東京に集まった留学生を中心に、孫文（一八六六―一九二五）を代表として中国同盟会が結成された。清朝打倒を共通目標にした三つの革命団体の合同である。後に国父と仰がれる孫文を盟主にした興中会、黄興（一八七四―一九一六）を会長にした華興会、後に北京大学学長になる蔡元培（一八六八―一九四〇）が会長の光復会の三団体である。

その時、孫文が日本を半ば基地にして、潰えた「百日維新」の志を受け継ぎ、革命遂行へ「中国同盟会」を結成した。一九〇五年当時の会員九六三人のうち、在日中国人の入会者だけで八六〇人もいた。大半が留学生であるが、後に日中に知れ渡ったリーダー格の人物が入会していた。たとえば、黄興は軍事留学経験者であり、早稲田大学留学の宋教仁（一八八二―一九一三）や張継（一八八二―一九四七）、実践女子大留学の女傑の秋瑾（一八七五―一九〇七）、日本で革命家の支援活動をした章炳麟（一八六八―一九三六）などである。この大同団結には大陸浪人の宮崎滔天（一八七〇―一九二二）が尽くしたことはよく知られる。

後に孫文は国民党を結成したが、宋教仁、汪精衛（一八八三―一九四四）、蒋介石ほか留学経験者三十数人が中華民国の初期指導者となっている。清末から民国に至るまでの重要な法律関係の政策設定にも、留学生は始終参与していた。清末の憲法、中華民国の臨時約法ないしは新中国の第一部憲法性文件共同綱領等が挙げられる。

中国同盟会主導で武装蜂起が何度も行われた。一九一一年一〇月の武昌（現在の武漢）で成功して辛亥革命といわれるが、その年の春、広州・黄花崗蜂起では犠牲者七二人が出た。このうち七人は日本留学生であった。武昌蜂起に呼応した雲南の蜂起では四〇人の犠牲者のうち三一人が日本に留学した経験者であった。日本留学中はペンを握った人たちが、それを武器に替え、革命に挺身したのである[5]。

留学生は多分野で活躍をした。陳独秀ほか六人が中国共産党第一回代表大会に参加した（全員で一二人）。社会主義中国の指導者・周恩来（一八九八―一九七六）、孫平化（一九一七―一九九七）、文学者の魯迅（一八八一―一九三六）、郭沫若、軍事家の蔡鍔、美術家の張大千（一八九九―一九八三）、科学者の李四光（一八八九―一九七一）、教育者の蔡元培（一八六八―一九四〇）（日本滞在経験）、数多の英知が、間接的に直接的に日本によって育った。近代中国の知的資源を構築した。

朝日新聞の一九〇五年八月七日の記事によると、当時中国人留学生を受け入れていた学校は三五校である。その中で法政大学は三番目に受け入れ数が多く、二九五名の留学生が在籍していたという。そもそも法政は、北京の「進士館」から高い能力を持った「清国紳士」を直接受け入れていた。一九〇六年に入学したエリート留学生は九五人であったが、一九〇七―一九〇八年には、各省から二五二名のエリート留学生を受け入れていた。

法政速成科は養成が急務とされた法律・行政・政治分野において二一一七名を育成した。当時の卒業生には汪精衛、胡漢民（一八七九―一九三六）、宋教仁、陳天華（一八六五―一九〇五）、曹汝霖（一八七七―一九六六）などそうそうたるメンバーがいる。

卒業生たちが中国の各地方に戻り、政治・法学の専門知識を教授する「法政学堂」や「自治研究所」を設立した。また、全中国の各省に先立ち、楊度（一八七四―一九三一）が湖南省で地方議会の諮問局に相当する機関を設立した。そこでは、少なくとも五四名の法政の卒業生が働いていた。天津の呉興は「府県制」を参考に、中国の最初の地方自治草案である「天津県地方自治章程試案」を起草し、一九〇七年二月に認可された。その背景には、袁世凱が地方自治を進めるために、天津に「地方自治局」と「自治研究所」を設置したという事情があった。

日本留学の成果として学術思想・文化の面を見落とすわけにはいかない。辛亥革命（一九一一年）以後、西洋の学術が中国に雪崩を打って入り込む。これに、日本への留学生が大きく貢献している。一八九六年から一九一一年の間に、留学生により、日本語から翻訳された西洋関係の書物が九五八点あった。福沢諭吉の『文明論之概略』(一八七五年)も翻訳された。「革命」「人生観」「政策」「経済」「投資」「社会」などの日本語が中国語として現在も使われている[6]。このような日本製中国語が一〇〇〇個を超すという(山室信一『思想課題としてのアジア』岩波書店、二〇〇一年)。西洋の油絵・水彩・水粉などの画法も含めた美術思想なども留学生によって紹介され、伝えられた。思想啓蒙、民主的思考、科学を提唱して、一九一五年に起こった新文化運動も、留学生が中心になった。

二〇世紀初めは、中国の教育界が近代教育に脱皮していく陣痛期であった。これも実は日本教育方式の模倣から始まった。上海の中国公学、紹興の大通師範学堂など、現在の名門校はほとんどが帰国後の留学生によって始められている。なお、女子教育の発展は女子留学生が主体になっている。一九〇七年の統計によれば、東京に一〇〇〇人以上の女子留学生がいたという。また体操教育や音楽教育も、留学生の提言で学校教育に組み込まれた。上海国立音楽院(後の上海国立音楽専門学校)の創設者は日本留学生であった。軍事教育関係でも、一九〇五年に日本をモデルに、陸軍小、中学が各地に設立され、教科書、授業科目も日本式のものを採用した(『1996年中国人留日百周年記念文集』中国大使館参与、全日本中国留学生学友会主宰編集)。

❖———(3) 文化交錯の功罪

中国文化と異なる日本文化にひかれ、二つの文化を比較しながら日本文学研究にいそしむ周作人(一八八五—一九六七)や郁達夫(一八九六—一九四五)が育ったことを忘れるわけにはいかない。また、二つの文化が相克している時期に、真剣に比較しながら苦悩を抱えている留学生が数え切れないほどいた。法政大学の前身として開設された清国留学生法政速成科の陳天華を一例として回顧して見ることにする。

陳天華は維新の知恵を求めて、一九〇三年に弘文学院に留学した。血書を書いてロシアの侵略に抗議した活動への参与などによって、同年の冬に中国に送還された。翌年の一九〇四年二月、中国で反政府の武装暴動を企画したが、失敗が原因で再び日本に入った。『猛回頭』と『警世鐘』という二編の檄文を書いたことによって、名文家と称されている。中国文化史においては『革命軍』(一九〇三年)を書いた鄒栄(一八八五—一九〇五)と並称されることが多い。

一九〇五年一一月、日本政府は、清政府と協力して留学生の革命運動を弾圧するために「清国からの留学生に対する規定」を公布したが、陳天華はこれに憤慨した。「絶命辞」を書き残して、「去絶非行、共講愛国」を強調した。一九〇五年一二月八日、大森海岸で投身自殺をした(法政大学史資料委員会『法政大学史資料集　第11集』法政大学、一九七八年)。

陳天華の遺作「親日か排日か」(大久保利謙編『外国人の見た日本 3』筑摩書房、一九六一年)に目を通してみると、彼が日本留学の機会を非常に大切にしていたことがわかる。そこで留学生に勉学を呼びかけ、日本理解に努めるよう呼びかけていた胸の内がうかがえる。しかしながら彼の深い愛国心や真摯な学問探求の姿勢、日本への深い認識と、当時の日本政府の留学生に対する方針との間には極めて大きな乖離が生じてしまった。その結果、陳天華は義憤を感じ苦悶を抱えながら、現状の打開を自殺という方法で示すことになった。

戦前の日本留学史で、日本の強圧的な対中国行動に対して中国人留学生が抗議のために自己犠牲を払い帰国するという事件が幾度もあった。特に一九三七年七月七日、盧溝橋に端を発した日中戦争の勃発に抗議して、帰国した中国留学生の数は三六〇〇人を超した。中国の駐日本大使館は直ちに閉鎖になり、留学生を監督する機関も業務を中止した。日中留学の厳冬の到来である。日本軍国主義の膨張を前にして、一部の留学生による平和の模索も空しかった。母国の戦火は拡大の一途であった。絶望の末、彼らは日本を止むを得ず去るしかなかった。師と仰いだ日本に裏切られた反動は大きい。帰国した彼らは、日本にかけた夢と情熱を、今度は祖国と民族の反日行動に振り向け、抗日戦線の最前線に立った。日本留学組による大規模な「反日」軍団の誕生であった。

日中関係においては、たびたび国家主義的志向と個人的願望が交錯して対立に及ぶことがある。結果として、個人に対し国家は幾度となく悲劇をもたらしている。未だにこの問題の克服は完全に成し遂げられていないと見てよかろう。これを乗り越えるには際限のない努力と長い時間の経過が必要であろう。

日本で初めて西洋の科学や思想を体系的に学んだ留学生が多かった。彼らは、日本で日本人の愛国心に触れ、刺激されるうちに、母国の改革に目覚めさせられたのである。魯迅はその好例である。

❖――(4) 明暗を見極める者たち

しかし、魯迅を論じる前に黄遵憲と康有為、梁啓超について先に述べたい。

明治維新後、日本と中国(清朝)は初めて対等の条約を結んだ。清朝が駐日本公使館を開設したのが一八七七年だった。公使の随行員に今でいえば一等書記官の黄遵憲(一八四八―一九〇五)がいた。日本にいる間から考察の成果を書き始めて詩にした『日本雑事詩』(一八七九年の発行以来九回の再版)がある。また、一八八二年の帰国後、一八七九―一八八七年まで八年間かけて『日本国誌』(四〇巻)を完成し、一八九〇年に刊行した。同書が初めて日本の歴史文化から社会、地理までの全貌を中国人に示し、明治維新について「美善の政が実に多い」と賛辞を惜しまなかった。国家発展モデルとしての明治維新の参考価値について批判を挟んで紹介した。

謙虚な姿勢で知的探求をしている黄をたたえ、交際のあった幕臣の家柄の大河内家が「日本雑事詩最初稿」の碑を立てた。今も埼玉県新座市にある大河内家の菩提寺の平林寺に残っている。

黄の著作は日清戦争に敗れた中国で、近代化を説く知識人らに大きな影響を与えた。特に日本に習った変法改革派の指導者である康有為に愛読されるところとなった。一八九八年六月二一日、康有為が光緒帝に「日本変政考」という政策提案を献策した。一九八〇年の初めに光緒帝に進呈した「日本変政考」の正本が故宮博物館の昭仁殿で見つかった。その主旨は、日本に学んで政治を変えようということで、中国版の明治維新をやることであった。具体的に提案した中に日本への留学生派遣があった。西洋化に成功した日本で体験しながら学べば中国も強くなるであろうということであった。そして一八九六年旧暦三月になって一三人の留学生が初めて日本に派遣された。

また康有為は一八九六年に、改革派の一人である梁啓超と協力して中国で初めての雑誌『時務報』を創刊した。日本に学び、中国固有の儒教と異なる新思想や洋学を発信し、中国的維新の種まきをした。一八九八年に梁啓超が亡命先の日本で『清儀報』に継ぎ、『新民叢報』を編集した。同じ年に魯迅が新思想と洋学の源を求め、「国民の維新に対する信仰を深めるために」、南京にある近代教育の学堂・江南水師学堂に入り、一九〇二年から日本留学した。魯迅が日本留学を思い立ったのも康有為と梁啓超の影響を受け、『時務報』などを愛読したことが影響していると思われる。

変法維新は一八九八年、わずか一〇〇日で頓挫した。日本に亡命した梁が、失敗の原因究明に励み、日中の比較に取り掛かった。たどり着いたところにいくつも見えてきたが、そのうち日本にあって中国にないものに「大和魂」を見つけたという。このことは『中国魂』（一八九九年）に書かれている。愛国心教育の重要性を説いた。国民国家として中国がまとまるために、民衆がもっと目覚めなければならないと訴えたかったのである。梁は一九〇二年に作詞した「愛国歌四章」を中華学校で歌わせ、一九〇三年に『尚武論』を書いた。大和魂の核心が武士道として、一九〇七年に『崇文賎武の弊習』を書いた。

また、梁は日本において中国で初めての文学雑誌『新小説』（丁文江・趙豊田編『梁啓超年譜長編』上海人民出版社、一九八三年）を創刊し、代表論文「小説と群治との関係を論ず」に小説を通して民衆の改革意識を高めようと呼びかけた。これを真面目に受け止めたのは、やはり魯迅であった。一九〇六年、仙台医学校での学習をやめて東京に戻り、一九〇九年に帰国した。小説家志望に転身したことと軌を一にしている。「中国を救う道は」「中国人の精神を改造する」（『吶喊・序』中央公論社、一九七八年）ことと自覚し、小説家をめざしたわけである。彼は救国の道をペンに求めたのである。

魯迅は生涯でただ一つ、日本人を主題にした小説を書いた。一九二六年に発表した「藤野先生」である。日本の大陸侵出が顕著になった一九二六年、仙台医専時代の恩師・藤野厳九郎（一八七四―一九四五）との交流を思い出しながら書きあげたものであろう。日本人の恩師から受けた温かい指導が忘れられなかったようだ。別れて二〇年後に書いたということだけでも、その想いが伝わってくる。亡くなる前年の一九三五年に岩波書店から『魯迅選集』が発行される際、「この作品だけは必ず収めてほしい」と訳者の増田渉氏に要望していたという（『魯迅の印象』角川選書、一九七〇年）。日本の正反の両面を比較した末の選択であろう。優しい思いやりのある日本人へ、というメッセージをこの作品に託して、日本軍による愚挙を戒める隠喩とともに日中平和を願ったのではなかったか――こう思われてならない。

だが、魯迅に代表される声が、ねじれた歴史の時空を突き通して軍国主義者達の耳に届くことはなかった。一九三六年に魯迅が文化人に抗日統一戦線の結成を呼びかけ、抗日戦線の先陣に挺身せざるを得なかったのは、悲しかったに違いない。なぜなら、最後まで日本人との個人的な交流は断っていないからである。彼が危篤を迎える前、自ら主治医の日本人医師に治療を託したメモ書きを残したことが、魯迅の日本人観を物語っている。

一方、孫文が東京で革命同盟会を結成したのは一九〇五年であった。宮崎滔天や梅屋庄吉（一八七三―一九三四）ら民衆レベルで日本人が支援したことはよく知られている。それは日中における相互比較、相互学習をしたうえで結ばれた強い絆ではなかっただろうか。

日本に対して孫文は「日本の明治維新は中国革命の原因であり、中国革命は明治維新の結果である」（「建国方策之一、心理建設」「致犬養毅書」ほか『孫中山選集』人民出版社、一九八一年）と中国のありかたと対比して高く評価した。明治維新の成功が中国の伝統的思考から堅持してきた攘夷ではなく、「師夷」にあると論じている（「孫文学説・知行総論」『孫中山選集』人民出版社、一九八一年）中国のありかたと対比して高く評価した。

「師夷」について、天津にある南開大学の成立過程を併せて紹介しておこう。一九一九年、日清戦争の敗北を体験した中国の将校たちが敵国だった日本に比べて習い、教育重視を叫んで南開大学をつくった。南開大学の付属校は周恩来と温家宝の総理経験者二人を送り出した名門校である。近代精神の実践現場として、南開大学は国内では封建主義反封、対外的には帝国主義と植民地主義に反対して近現代教育のありかたを模索しつづけている。

躍動していた明治日本は中国人をたえず刺激した。よき子弟関係、兄弟関係の再構築ができたはずであったが、その後の政治と軍事における不幸が日中の正常な関係をすべてご破算にした。比較を伴った文化交流から学び、成長してきた経緯を忘れたかのように、大正・昭和に進むと日本は二十一カ条の要求など中国に厳しく迫る。やがて二〇〇〇年以上にわたる善隣関係が侵略の戦火に焼き払われそうになる。

孫文は亡くなる四カ月前の一九二四年一一月、来日し神戸で講演をした。神戸で列強による被抑圧のアジアの窮状を説き、アジア人の連帯「大アジア主義」を唱えたのがそれである。日本人に対し、「日本が西洋覇道の手先となるか、東洋王道の干城になるか」(趙軍『大アジア主義と中国』亜紀書房、一九九七年)と、歴史における選択を迫った。孫文がこうして訴えたとき、軍国化を強める当時の日本政府への義憤が漲ったと思われる。知日派の孫文である故に、厳格な発言をする前にさぞ日本の明暗を深く比較し、内容を推敲したと考えられよう。両面性のうちの悪い方へ極端に走り出した日本の過ちは限りなく悔しかったろう。

神戸講演のとき、壇上で孫文の右手に立って正確に逐一通訳したのが秘書の戴季陶であった。翌二五年三月、孫文は癌で波乱の生涯を終えた。孫文の死後、戴季陶が孫文思想の代弁者の地位を得たのも当然であった。

四川省生まれの戴季陶が、神童と称されていた一二歳の一九〇二年、日本語を教える成都の東游予備学校で日本教習の服部操に指導を受け人間的にも感銘している。服部は帰国後に東京成城学校留学生部主任を務めたり『日華大辞典』を編纂したりして、日中文化交流に足跡を残した人物である。戴季陶はまた、二年後の一九〇四年にミッション系の華英学校で理科を習った小西三七にも好感をもった。小西は中央気象台に勤務したことのある理学士である。鋭敏な少年の心を捉えたのが二人の日本人であったことは見逃せない。このような縁もあり、戴季陶は翌年一九〇五年、日本に留学した。

戴季陶は日本史を通暁して、記紀以来の日本人の素朴な信仰を民族結束力の原点とし、武士道と連動して、日本人の自信になっていると分析した。日本研究の名作『日本論』(前出)でこのように日中の文化を比較した。「日本趣味を、徳性、品格について分析してみると、『崇高』、『偉大』、『幽雅』、『精緻』の四つの品性のうち、豊富なのは『幽雅』と『精緻』であり、欠けるのは『偉大』と『崇高』、特に『偉大』である」と述べている。

大知日派の戴季陶も国家としての日本の侵略には断固反対して、抗日主張の強硬派になった。

日中戦争が終わってしばらくして「哀日本」という漢詩を書いた。江戸時代、日中の窓であった長崎の荒廃をとくに悲しんだものである。

……千年の歴史ある長崎の港だが
原子爆弾によってすべては煙となってしまった
国のタテマエには道が大事なのであり
富強は覇権に存在しないことはあきらかだ……
東の方をながめて嘆息にたえない
かなしきかな、海によこたわる日本列島

(『日本論』前出)

日本文化を愛する故に、軍国主義におぼれた日本を悲しみ、涙を流す姿が髣髴としてくる。

不幸な戦争時代に、一九三七年の留学生の帰国決断によって、日中交流の糸が一時は完全に断たれたといってよい。しかし、日本が敗戦を境に民主国家として再興に動き出したとき、日中の友好復元が切望されていた。一九四九年、新中国が誕生し、首相の地位に就いた周恩来が「先の大戦の責任は日本の軍国主義とその首謀者にあり、日本の大衆もその被害者で責任はない」と繰り返し語った(王敏編著『〈意〉の文化と〈情〉の文化』中公叢書、二〇〇四年)。周恩来はじめ、留学経験者である廖承志(一九〇八—一九八三)、孫平化たちは、新中国の中枢にあって、日中交流へのうねりを高める言動を重ねている。戦後約三〇年もたたない一九七二年に、日中間の国交が回復した。

郭沫若は一九三九年一一月「日本的過去・現在・未来」と題する講演(『郭沫若文集』第11巻、人民文学出版社、一九五九年)で、日本に比べて、中国の西洋文明の受け入れが、だいぶ遅れたと嘆いたことがある。そんな郭沫若が日中戦争の発端である盧溝橋事件で帰国して抗日運動に加わった。それから一八年後の一九五五年、日本を再訪し帰途の福岡で詠んだ――

永しえに重ねて室内の戈を操らじ

これが日中国交を回復させたい留学組の真の心情であり、信念でもあると信じる。彼らの存在があるから、怨念を超えた日中関係の再正常化が実現できたのである。確かに留学生一人ずつの力は弱い。成熟を待ち、時代の流れと環境という流動的な要因も考えなければならない。しかし、いずれ大きな力になることは疑いがない。十分に歴史の節目にその存在が増大していく。日中復交に至る道が、留学生政策を疎かにできないことを教示している。

近代中国から外に出た留学生の行き先で日本ほど多く受け入れた国はない。戦前五十余年で約一〇万人、現在では年間八万人以上の中国の若者たちが日本で学んでいるのである。

二〇〇六年四月、北京政治協議会議礼堂で中国人日本留学一一〇周年記念大会が開かれた[7]。筆者は同大会に招聘され、「法政大学と日本留学生」について報告した。この中で、特定の一大学の枠を越え、日本留学生について日中の文化関係という角度からどう捉えられるか、日本留学生の存在価値と意義とをどう評価すべきか、にも触れ、留学生の現状を紹介した。

ちなみに現在、日本に居住している在日中国人とその家族は五〇万人を上回ったという。二〇〇六年一月一日に在日中国人向け新聞『中文導報』が生活満足度のアンケート調査の結果、在日中国人の八割が「満足」と答えていることを発表した。日中の文化が摩擦され、比較されている中、日中両国の文化を両国の人びとが双方向に受け止め、謙虚に学びあってきた結果であろう。

3　比較を伴った文化交流の可能性を探る

❖――（1）古き文化基層に和魂漢才の生成

中国語に「文化倒流」という言葉がある。文化とは歴史的にレベルの高いところから低いところへ流れるが、学ぶ人の流れは低いところから高いところへ流れる。留学がそうである。水流と逆である。文化レベルが均衡になるまで留学の流れは継続する。

日本古代史のエポック、六四五年大化の改新は、学術・宗教から経済・政治まであらゆる面で中国化のきっかけになった。日本は中国を見習い、留学生、留学僧が当時の世界帝国・唐に渡った。遣唐使は六三〇年の最初の派遣から八九四年に菅原道真の建白によって中止になるまで、十数回にのぼる。一回に四隻、約六〇〇人が渡唐した。荒波と風雨にもてあそばれて、無事に往復できたのは一、二回しかない。およそ四割が海の藻屑に消えたとされる。命を賭しての、純粋に大規模な文化使節の往来は世界史でも稀有な例である。

しかし、外来の先進文化に対しては、受容と排斥、学習と創造、折衷と反発など向き合うベクトルが引き合うものである。時代精神とその当時の国際関係とも無縁ではない。しかし主役はすべて人である。抽象的な文化だけが生成・変化しているのではない。時代精神に参画する人々が新しい文化を創造してきたのである。それに関して、中国側の研究著作がまだ数多くない。その中では、杭州工商大学日本言語文化研究院院長・王勇教授による日本語著述『中国史のなかの日本像』（農山漁村文化協会、二〇〇〇年）と『唐から見た遣唐使』（講談社選書、一九九八年）が貴重な考察となっている。

一般的に外来文化には、学習→反発・批判→折衷・創造の過程を歩むものであろう。それぞれの段階において共通している精神的要因として見逃せないのが比較である。外来文化に触れたとき、最初に起こる比較は自分たちの文化とどう違うかである。次第に比較事項をどれが合理、有利、現実的または進んでいるか遅れているか、に多岐にわたり演出されていくのである。

好き嫌いの感情も比較する中で起こる。進んでいる外来文化を学びだしたとき、何を取り入れ、何を捨てるかという比較吟味が行われる。ある程度の学習期間を経て自分たちの文化に外来文化の存在感が増すにつれ批判と反発が強まる。自分たちの存在を考え出すことと無関係ではない。そうすると、外来文化との折衷のうえに新しい文化創造への激しい動機が膨らむ。創意の時代精神である。日本の対中国文化の関係はこうした経過を踏んだに違いない。

中国の文化は中国という特定の土壌で生まれたものであって、すべては日本の環境にそのまま即応するものではない。日中の間の現代文化に共通点があるといっても、それは古代日本が輸入した中国文化を日本の土壌にあうように取捨選択したのであって、日本独自の文化に改変されている。時間の経過とともにもとの中国文化から変質を加速させているところがあろう。

日本の特徴を深めさせた動因があった。今流にいえばナショナリズムの一種に当たるかもしれない。先進文化を輸入しているうちに膨らむ自分たちのアイデンティティといったものであろう。個性があるとしても自分たちが所属する集団精神についての共通認識を伴っている。日本は、唐文化に対して発露した。和魂漢才の精神に収斂されるものである。唐とは異なる独自の文化を培う知恵の形成を進め、後世に受け継がれた。和魂漢才で訓練された日本人のアイデンティティが幕末・明治維新期における西洋の衝撃には和魂洋才の精神として台頭し、二〇世紀初頭にはアジアにおける唯一の近代国家へと脱皮させた。

❖——（２）和魂漢才から和魂洋才へ

日本は西洋文化に向き合うことになったとき、中国文化との経験が繰り返されたと思うのである。中国文化と西欧文化を比較する作業がまず行われたであろう。それに関する事例を多くの文献から抽出することができる。それを一々考察する作業は別論で触れることにする。ともかく、比較は芸術や文学だけにとどまらない。生活領域を超えて、科学技術、経済、政治・外交にも及び、究極は国家体系も比較されたに違いない。これは外来文化を受容することで自分たちの文化を変容させてきた国内外の人々にとっては受け継がれてきた不可欠の国民精神でもある。複数の外来文化を目前に置き選択を迫られたとき、比較するのがもっとも普通の行為である。

日本文化は中国に学びながら独自の進化をした。日本は西洋文明に触れながら和魂漢才の経験を生かしてきたはずである。西洋化といいながら、あくまでも日本的な西洋化が和魂洋才の真髄であろう。これは現在でも進行中である。

日本文化は伝統的に他文化との比較を伴う生成過程が特徴かもしれない。日本文化の比較手法は、常に自然発生的な壮大な歴史的プロジェクトであったということができる。しかし、比較という行為は自然発生的であるかぎり、その知恵を方法論として整理したり総括したりするまでいかなかった。近代の西洋に遭遇したあとの一九世紀末、フランスで成立した文学における比較法が日本に入ってきた。学問研究法として比較手法の認識である。

比較するには相対化が不可欠であることはいうまでもない。フレキシブルに新しい学術思想に対応できるのである。創造した思想・価値観を絶対化して外来文化に対しての排斥が基本的行動のイデオロギー体質とは異質のものである。比較は日本人が古来、引き継いできた民族的文化特性であり豊穣をもたらす精神的土壌かもしれない。豊穣な土壌のうえに創意の樹木も育つわけである。現在、学問における比較手法は活性化している。比較教育学、比較言語学、比較宗教学、比較心理学、比較神話学、比較文法、比較文化のように領域を無限に拡大している。

改めて言及すれば、比較の手法は特別な研究タイプではない。日本人に特有のものでもない。外来文化の吸収にあたりてもっとも普遍的、基本的な姿勢である。同時に人類共通の生存本能による産出であり、原生的知恵の蓄積とも捉えられる。如何なる分野におかれていても比較しあうことによって、固有の基層に変容と再生による昇華が可能になると考える。このことは有史以来の事実に証明され、否定できないものとなっている。

❖――――(3)マルチカルチャーを擁した新人類の要素として

グローバリゼーションに席巻されている世の中に、地域文化とボーダーレス文化が大混合している。モノ、情報、人間の大移動を阻むことができなくなっている。イデオロギー、政治、民族、国境を越えたマルチカルチャーを擁した新人類がどんどん成長してくる。彼らについて『こころと文化』二〇〇七年第六巻一号の特集の編集企画を担当した慶応義塾大学教授の手塚知鶴子氏が興味深い問題を提起した。

広範囲での迅速な多文化接触は、集団（文化）や個人のレベルで大きな変化をもたらす。個人のレベルでは、従来のモノカルチャーの人間のほかに、マルチカルチャーを擁した新たな人間がまだ少数だが誕生している。彼らは、日本の多文化精神医学、異文化間教育、異文化コミュニケーションの分野では、主として二つの文化をまたがるバイカルチュラルな人間として、国際家族や帰国子女、在日外国人、海外在留邦人として、その「文化的アイデンティティ」の形成や養成、それと「自我・自己アイデンティティ」との関連、またアイデンティティの主体的側面に光を照らした、「位置取り」の問題などが、時に異文化適応やメンタル・ヘルスとも関連させながら、論じられてきた。

二つ以上の文化を渡り、そのどれにもこだわらず、流動的にしかし自分自身を失わずに生きていると考えられるこうした人々の、intercultural identity（多文化間アイデンティティ）は、望むべき理念型として論じられても、その内実は、まだ明らかにされていない。多くの文化をまたぎ、行き来することで、多様性や差異性に必然的に曝され、揺れ動く自分と対話せざるをえないことで、モノカルチャーの人間にくらべ、彼らは、より複雑な問題、課題を抱かえると想像される。しかし他方そのことにうまく取り組めれば、それはまた彼ら自身の可能性を開くことになると想像される。

こうした課題や可能性は、彼ら自身だけでなく、同じく彼らほど激しくはないが、ボーダーレスの時代を同様に生きる多くのモノカルチャーの人間達にも、課題と同時に、新たな出会い、コミュニケーション、相互作用の可能性を提示するものと思われる。この課題と可能性は、さらに個人の内面のレベルだけでなく、会社や学校、地域社会など、さまざまな集団のレベルについても、きっとなげかけるもの、示唆するものがあるのではないか。（二〇〇六年七月二日）

手塚氏の指摘は現代に起こっている現象を対象としているが、その初期型はすでに遣唐使以来続いてきた日中交流の大河に多く流されていたと思われる。記録されていたものもあれば、語らぬまま去っていたものもある。それぞれ個人差が大きいと思われるが、中国人日本留学生や日本教習たちの立体的な遍歴は、まさにマルチカルチャーを擁した新人類の典型であろう。彼らは多文化のフォルダを同時に持っているだけに、物事を本能的に比較し、複眼的に見る習性が物理的に身についたと考えられる。時と場合によって彼らは「脱中国人」或いは「脱日本人」的な言行をすると感じられているかもしれない。彼らのありかたの根源に多文化に跨っているところがあるからこそ、表層に重層的な現象として表現されてくるのではなかろうか。おそらくある対象に向かう度に、彼らが持つ多彩なフォルダがいつも本能的に開かれ、混合的な光を放射していくのであろう。

近現代における中国人による日本研究は、日本留学経験者が多いことは否めない。日本の侵略戦争によって留学を途中で奪われる機会が多くの留学生を襲ったが、近年の日本研究の隆盛も増え続ける留学経験者によって支えられている。依然として活発な日本人の中国研究を合わせ考えると、日中は相互に研究の成果を交流して研究を深める段階に至ったように思われる。これまでの相互学習と相互研究の成果を深化させていくためにも、戦前の中国人日本留学生と中国における日本人教育活動家・日本教習に学ぶところが多いだろう。

だが、日中両国においては中国人日本留学生についての論考は相当あるにもかかわらず、日本教習に関する著述は比較的少ない。関連資料が少ないことや、物理的に限られたことがあろうと思われるが、これからも資料を含め、発掘研究が必要である。その際、日中両国の内政と外政、文化と思考の違いを誠実に捉え、内の視点と外の視点を照らし合わせる比較視点が有効であろう。こうした比較は実際、留学生によって自発的にされていると思われる。拙文で触れた人物の作品およびその生きざまを検証すると、どの人物の作品と活動にも比較を伴った文化交流に基づく思考が内蔵されていることがわかる。作品の行間に比較手法の綾が織り成されている。比較の観察眼が不対称な日中関係の枠を超し、相互理解としての研究を深化させていくことを教えてくれている。

情報化の時代に入った。グローバル化の進化とともに日中両国の若者がどんどん「越境」していく。文化の境界はだんだん不明確になってしまう。全世界が静かに人間、モノの大移動時代に突入している。この時代に見合う生存の適応型がまだ模索されていく段階であるが、比較を伴った文化交流の精神の継承が相変わらず必須と推察している。マルチカルチャーを擁したありかたの可能性を科学的に実証する研究成果が期待されている。

❖———(4) 比較文化の再考

学問発展の要因の一つとして比較文化を見逃してはならない。特に古来、外来文化吸収のモデル・日本を考察、研究するに当たって、比較文化の経験が前面に浮き出してくることが常道のように考える。日本人の外国研究においてもその知恵が見られる。中国関係を除けば、江戸中期の蘭医・杉田玄白（一七三三―一八一七）の『蘭学事始』（岩波文庫、一九六四年、第八刷）、岡倉天心（一八六二―一九一三）の『茶の本』（岩波文庫、二〇〇〇年、第九五刷）、福沢諭吉（一八三五―一九〇一）の『学問のすゝめ』（岩波文庫、二〇〇四年、第八二刷）、新渡戸稲造（一八六二―一九三三）の『武士道』（岩波文庫、二〇〇四年、八〇刷）、西田幾多郎（一八七〇―一九四五）の『善の研究』（岩波文庫、一九六五年、第三二刷）、九鬼周造（一八八八―一九四一）の『「いき」の構造』（岩波文庫、一九七九年）、鈴木大拙（一八七〇―一九六六）の『禅と日本文化』（岩波新書、一九四二年）、和辻哲郎（一八八九―一九六〇）の『風土』（岩波文庫、一九九一年）、丸山眞男（一九一四―一九九六）の『日本の思想』（岩波新書、一九六五年、第九刷）など、枚挙に暇がない。

外国人の日本研究はどうであろうか。異文化をテーマにしているのだから比較研究の性格が強くなるのは当然かもしれない。ポルトガルのイエズス会士、宣教師ルイス・フロイス（一五三二―一五九七）の『ヨーロッパ文化と日本文化』（岩波文庫、二〇〇五年、第二四刷）、ギリシャ生まれのイギリス人ジャーナリスト・小泉八雲（ラフカディオ・ハーン、一八五〇―一九〇四）の『小泉八雲作品集』1〜3（河出書房、一九八八年）、イギリスの外交官・アーネスト・サトウ（一八四三―一九二九）の『一外交官の見た明治維新』（岩波文庫、二〇〇四年、第六一刷）、アメリカの文化人類学者・ルース・ベネディクト（一八八七―一九四八）の『菊と刀』（社会思想社、一九六五年、第三〇刷）、筑摩書房が一九六〇年代はじめに発刊した六巻シリーズ『外国人の見た日本』、オーストリア外交官だった上智大学教授のグレゴリー・クラーク（一九三六―）の『日本人　ユニークさの源泉』（サイマル出版会、一九八三年、新版）、アメリカ出身の日本研究者ドナルド・キーン（一九二二―）の『日本人と日本文化』（中公新書、司馬遼太郎との共著、一九八五年、二二刷）、アメリカの政治学者・ジョン・ネスビッツ（一九二九―）の『日本という存在』（日本経済新聞社、一九九二年）など、数々の日本研究家の代表作も比較手法に満ちている。

日本研究では中国人も西洋人に伍して頑張っている。中国文学者の竹内好（一九一〇―一九七七）は戴季陶の『日本論』（社会思想社、一九七二年）の解説文で、戦前戦後を通して中国人による日本研究の白眉として三つを挙げている。清国の初代日本公使参事官・黄遵憲の『日本国史』（全四〇巻、一八九〇年）と孫文秘書だった戴季陶の『日本論』（社会思想社、一九七二年）、魯迅の実弟・周作人の一連のエッセイ『日本談義集』（平凡社、東洋文庫、二〇〇二年）としている。三人とも中国文化を下地に日本文化との同質性と異質性を比較している。

特に日中間の研究を深めていくのも比較文化の応用が望ましい。なぜならば、相互認識の角度から見つめていくと、日本人も中国人も、異文化といえば一般的に西洋文化を思い浮かべる。西洋文化に出会ったときから、その文化を異文化と見ることを共通して当然視してきた。日中両国とも異文化研究といえば西洋諸国の文化に焦点を合わせがちである。日本と中国は「同文同種」といわれるように、西洋文明との対比に影響されて、相違を意識するより共通性の認識を一般的に持ちがちである。アジア諸国の文化においても同様と見なしている。

ところが、異文化の西洋によるアジアへの攻勢から生じた衝撃に対し日中は対処が分岐した。日本は西洋化を受け入れ近代化に走った。脱亜入欧の日本とは違って、中国は固有秩序の文化圏を堅持しようとした。しかし、日清戦争で日本に敗北して固有文化の遅れの一面を思い知らされ、西洋主導の近代化の必要に目覚めた。以後、おおむね日中戦争直前まで近代化実現のモデルとして日本に学ぶ姿勢をとり続けた。

戦後も東西冷戦に巻き込まれ、日中の敵対が継続した。一九七二年に国交正常化したとき、日本は敗戦の荒廃から復興して、すでに先進国の仲間入りをしていた。中国は文化大革命の混乱期にあり、生産性の低い農業国から脱却できないでいた。属する体制の違いのうえに、経済発展めざましい日本と発展途上の中国の差が歴然であった。

しかし、違いの認識は政治・経済・社会にとどまり、戦争をはさんだ後も、お互いの文化については違うという認識を学習することはなかったようである。有史以前から交流を積み重ねてきた隣国の「弊害」でもある。同文同種に収斂される日本人の中国観であり、中国人の日本観である。日本人は歴史的に中国から受け入れた漢字や儒教の教養から中国と中国人をよく分かっていると思い込み、中国人は発信した中国文明の影響下にある国と見て、日本と日本文化を中国文化の亜流と見なすのである。従来からの中国観、日本観に加わった要素が、教条的な共産主義国家と見る中国観であり、侵略されて悲惨な記憶を重ねる帝国主義国家中心の日本観である。複雑な中国観、日本観の様相を形成している。

相互認識の「ずれ」は大きい。現代の日本人は、儒教の考え方が染み込んだ中国文化の核心と、中国人の思考回路を理解できないでいる。現代中国人は、西洋的教養体系に育成されている日本人でありながら、同時に侘び寂びの境地にたどり着いた日本文化の独自性に気付いていない。互いに異文化と認め合う相互理解を進める基本が欠落しているところがあろうかと思われる。

相互認識の「ずれ」は社会構造、文化基層、風俗習慣、思考回路、価値基準、行動様式、各分野に点在されている。それが相互にとっても「不可解」の事象として随所に表現されている。時に相互にとって刺激しあう、吸引しあう探求の材料になるのであるが、いったんねじれてしまうと、相互不理解の障害になる場合も往々にある。両面の原因を究明するに当たっては、やはり比較文化という方法論が適当であろう。

比較文化によって自画像と他者像の両方を浮き彫りにさせ、思考の奥行きと広がりを持たせてくれる。比較を伴った文化交流が人を謙虚にさせ、相互学習の深化をさせてくれる。日中の相互理解には比較精神が欠かせないはずである。中国人日本留学生と「日本教習」・日本人教師に学ぶことを改めて取り上げた理由もここにあったことを強調したい。

おわりに

本論文集は、日本留学を経験した中国人研究者と、中国留学を経験した日本人研究者の注目成果を収録した。編集方針として一定の方向なりテーマを限定したわけではない。日中を異文化の隣国としてしっかりと捉えている研究者に的を絞ったにすぎない。しかし、日中比較の角度から文化研究の視点・論点が展開されている。それぞれの論文を総合すれば多角的な日中両文化の映像が浮き彫りになるはずである。そこから相互理解としての研究の可能性を見出し、日中双方向による比較文化と比較精神の継承を昇華させるための手助けとなる参考資料となればと願う。ささやかながら国際的日本学研究の将来における生産的なアプローチになることを願うとともに、日中相互学習の新時代の到来を心から期待したい。

注

[1] 留学生リスト

1. 留学生総数

平成一七年五月一日現在の留学生数

一二万一八一二人（過去最高）

（対前年度　四五一〇人（三・八％）増）

2. 在学段階別留学生数

大学院	三万二七八人	（七四六人（二・六％）増）
大学（学部）・短大・高専	六万四七七四人	（二四六三人（四・〇％）増）
専修学校（専門課程）	二万五一九七人	（一三六四人（五・七％）増）
準備教育課程	一五六三人	（八一人（四・九％）減）

3. 出身国（地域）別留学生数上位五位

中国	八万　五九二人	（二八七九人（三・七％）増）
韓国	一万五六〇六人	（七三人（〇・五％）増）
台湾	四一三四人	（三八人（〇・九％）増）
マレーシア	二一一四人	（一〇四人（五・二％）増）
ベトナム	一七四五人	（一七五人（一一・一％）増）

[2]①清末東文学堂の日本教習（劉建雲『中国人の日本語学習史』（学術出版会、二〇〇五年）による）

地区	校名	教習の氏名	備考
北京	東文書館	野口多内	
	北京東文学社	中島裁之	西本願寺大学林普通教校（龍谷大学の前身）卒業
		吉見圓藏	仏教大学院出身
		村城秀作	医師
		倉田敬三	慶応義塾出身
		武藏熊次郎	曹長
		剣持百喜	元三菱文書課勤務
		松崎保一	少尉
		橋本金治	東京専門学校出身
		小金亀次郎	東京専門学校出身、本社清語部卒業
		高瀬敏徳	同志社出身
		葦原得忍	高輪仏教大学出身
		白井善四郎	東洋商業学校清語科出身
		佐野禎一	東洋商業学校清語科出身
		吉弘満盛	高輪仏教大学出身
		宮村季雄	本社清語部卒業
		中川外雄	元紹興中西学堂東文教習
		金子海忍	他四〇名
	文明学堂	沖禎介	他六名
	日英語学堂	保坂直哉	
	日語速成学堂	大柴丑松	
	日英速成学校	黒権瀬隆	
	東華学堂	石橋哲爾	後に京師法政学堂教習、名古屋高等商業学校・福島高等商業学校教授
	東亜善隣書院	佐々木安五郎	
		河内常徳	
		岡本監輔	
		野田順次	
天津	東文学舎	高橋力	熊本出身
		豊岡保平	熊本出身
		隈元実道	憲兵大尉
		水沢将雄	歩兵大尉
		海宝精	歩兵大尉
		広瀬	曹長
		佐藤武文	歩兵大尉
天津		三原辰次	参謀歩兵少尉
		唐沢	曹長
		矢島	曹長
		橋口	曹長
		峯旗良光	浄土宗布教師
		井上思服	歩兵少尉
		奥野光照	歩兵少尉
		原田輝太郎	参謀歩兵少尉
		鈴木朝資	参謀歩兵少尉
		柚原完蔵	参謀歩兵少尉
		大木霊道	浄土宗布教師　他二名
		矢沢千太郎	早稲田大学出身、元福州東文学堂教習
上海	上海東文学社堂	藤田豊八	文学博士、上海『農学報』翻訳
		田岡嶺雲	英語
		諸井六郎	在上海日本領事館副領事
		船津辰一郎	在上海日本領事館書記
	日清英学堂	河本磯平	
	留学高等予備学校	中村蘆舟	
		村上易直	前和歌山県立学校長
		西長平	鹿児島県師範学校卒業
		五十嵐弘平	東亜同文書院卒業
		大石武	東亜同文書院卒業
直隷	保定公立東文学堂	児崎為槌	東京高等師範学校卒業
江蘇	金陵東文学堂	剣持百喜	司法省講習所出身
		藤分見慶	後に倉谷見慶と改名、浄土真宗東本願寺派誓入寺住職となる
		一柳智成	真宗大学卒業
		長谷川信了	
		岩嵜董	元上海開導小学校教員
		巖圓誠	後に北海女学校（札幌大谷女子短大の前身）を創立、校長を努める
		村上惠遵	真宗京都中学卒業
		岩永法電	真宗京都中学卒業、現地留学経験あり
		野浦斎	真宗大学卒業
		松本義成	名古屋商業学校卒業、上海開導学校教員

江蘇	金陵東文学堂	山田敏三	
	蘇州東文学堂	松林孝純	
	蘇州有鄰学堂	松本義成	
		山田敏三	
	淮安東文学堂	井原鶴太郎	
		川西定吉	大阪府出身
浙江	杭州日文学堂	伊藤賢道	帝国大学出身、文学士
		大隈	法学士
安徽	安徽東文学堂	野口多内	
福建	福州東文学堂	岡田兼次郎	元台湾撫墾署長。北京語に熟達
		森原道	
		中西重太郎	早稲田大学出身
		桑田豊蔵	東京専門学校出身
		松岡正直	医師
		矢沢千太郎	早稲田大学出身
		向後順一郎	早稲田大学出身
		長瀬鳳輔	院長。山口高校、陸軍大学校教授を歴任
	慶門東亜書院	来原慶介	副院長兼教頭、教授。台湾国語学校教授。日本語
		渋谷今朝吉	助教授
福建	慶門東亜書院	坂野長三郎	
		川村啓吉	
		小林丈夫	
	泉州彰化学堂	田中善立	
		高橋謙	
広東	広州東文学校	原口聞一	
		熊沢純之助	
		川村啓吉	
	嶺東同文学堂	山下稲三郎	
		熊沢純之助	
	協立四川東文学堂	中島裁之	
		服部操	後に『日華大辞典』の編者、東京成城学校留学生部主任
	成都東文学堂（游学予備学堂）	大野環	元佐賀県立中学教員、成都華陽中学堂教習
		徳永熊太郎	資州中学堂教習、文学士
	資州東游予備学校	木田 次	上海東亜同文書院卒業
		名川彦作	上海東亜同文書院卒業
	東文学堂	高島	卒業
		迫田	

②日本教習の人数と分布状況（汪向栄著・竹内実監修『清国お雇い日本人』（朝日新聞社、一九九〇年）による）

日本教習（部分的に教育と関係する顧問も含む）の人数の面での推移は、日本文部省教育研究所の阿部洋氏が、日本外務省の記録を根拠に一九〇三年から一九一八年の一五年間に中国にいた日本教習と顧問の人数を統計表にしたものがある。

年度	日本教習及び教育関係の顧問	その他の顧問、教師	総数（兼任の数）
一九〇三（光緒二九）	九九	四九	一四八
一九〇四（光緒三〇）	一六三	七一	二三四（二）
一九〇九（宣統元）	四二四	一二五	五四九（一七）
一九一二（民国元）	六三	九六	一五九
一九一三（民国二）	八四	九三	一七七（三）
一九一八（民国七）	三六	三九四	四三〇
総計	八六九	八二八	一六九七（二二）

依拠した資料：『清国官庁雇聘本邦人一覧表』一九〇三年（明治三六年）、一九〇四年（明治三七年）、一九〇九年（明治四二年）、および『支那傭聘本邦人名表』一九一三年（大正二年）、一九一八年（大正七年）の各版。この人名表は、すべて日本外務省の記録『清国官庁に於ける本邦人雇入関係――職掌其他応聘員数等調査』第三六巻に収める。

本表は阿部洋「清末における学堂教育と日本人教習」（『多賀秋五郎博士古希記念論文集――アジアの教育と社会』一九八三年）より引用。

[3]（いずれも劉建雲『中国人の日本語学習史』（学術出版会、二〇〇五年）による）

①「杭州日文学堂課程表」（日文課）の一部

<table>
<tr><th rowspan="2"></th><th rowspan="2">科目</th><th colspan="2">前期</th><th colspan="2">後期</th></tr>
<tr><th>前三個月</th><th>後三個月</th><th>前三個月</th><th>後三個月</th></tr>
<tr><td rowspan="7">第一学年</td><td>日語</td><td>発音、実物語、常用語</td><td>実物語、常用語、問答語</td><td>常用語、話法実演</td><td>常用語、話法実演</td></tr>
<tr><td>日文</td><td>音訓読例</td><td>音訓読例</td><td>万国歴史、日文法</td><td>万国地理、日文法</td></tr>
<tr><td>算学</td><td>記法</td><td>数学初階</td><td>数学初階</td><td>数学大意</td></tr>
<tr><td>雑課</td><td>写字</td><td>拼設法、黙書</td><td>作句、作文、書牘文例</td><td>作句、作文、書牘文例</td></tr>
<tr><td>格致</td><td></td><td>格致初階</td><td>格致大意、化学初階</td><td>化学初階</td></tr>
<tr><td>翻訳</td><td></td><td></td><td>日文漢訳、漢文日訳</td><td>日文漢訳、漢文日訳</td></tr>
<tr><td>倫理</td><td></td><td></td><td></td><td>東西倫理大意</td></tr>
<tr><td rowspan="6">第二学年</td><td>日語</td><td colspan="2">常用語、話法実演</td><td colspan="2">常用語、話法実演</td></tr>
<tr><td>日文</td><td colspan="2">東亜地理、東亜歴史、日文法実演</td><td colspan="2">東亜地理、東亜歴史</td></tr>
<tr><td>算学</td><td colspan="2">数学大意</td><td colspan="2">数学・幾何学大意</td></tr>
<tr><td>雑課</td><td colspan="2">翻訳、閲日報、作文</td><td colspan="2">翻訳、閲日報</td></tr>
<tr><td>格致</td><td colspan="2">動物学、植物学、身理学</td><td colspan="2">動物学、身理学、地勢学</td></tr>
<tr><td>倫理</td><td colspan="2"></td><td colspan="2">東西倫理大意</td></tr>
<tr><td rowspan="9">第三学年</td><td>日語</td><td colspan="2">話法実演</td><td colspan="2">話法実演</td></tr>
<tr><td>日文</td><td colspan="2">東西洋哲学史</td><td colspan="2"></td></tr>
<tr><td>算学</td><td colspan="2">数学幾何学大意</td><td colspan="2">数学、三角法大意</td></tr>
<tr><td>格致</td><td colspan="2">地質学、星学、電学</td><td colspan="2">衛生学、金石学、農林学</td></tr>
<tr><td>経済</td><td colspan="2">経済学大意</td><td colspan="2"></td></tr>
<tr><td>論法</td><td colspan="2">是非学大意</td><td colspan="2"></td></tr>
<tr><td>政法</td><td colspan="2"></td><td colspan="2">万国法</td></tr>
<tr><td>哲学</td><td colspan="2"></td><td colspan="2">哲学概論、社会学</td></tr>
<tr><td>倫理</td><td colspan="2"></td><td colspan="2">東西倫理大意</td></tr>
</table>

②「金陵東文学堂課程表」（一八九九）の一部
日本言語学課

<table>
<tr><th></th><th>科目</th><th>教育内容</th></tr>
<tr><td rowspan="2">一班</td><td>訳読</td><td>対話、輪講、視話法、翻訳</td></tr>
<tr><td>総論</td><td>講演</td></tr>
<tr><td rowspan="2">二班</td><td>訳読</td><td>対話、演習、訳義、翻訳</td></tr>
<tr><td>総論</td><td>講演</td></tr>
<tr><td rowspan="2">三班</td><td>訳読</td><td>対話、演習、訳義、訳文</td></tr>
<tr><td>作文</td><td>作文、言語法、文典</td></tr>
<tr><td rowspan="2">四班</td><td>訳読</td><td>対話、演習、訳義、訳文</td></tr>
<tr><td>作文</td><td>作文、写法</td></tr>
</table>

（注『宗報』第三号明治三二年九月二〇日により作成）

[4] アジアが西洋に比べて劣勢に立ったのはいつからであろうか。明王朝初期のころはアジア優位であったろう。第三代永楽帝のとき、鄭和の大艦隊が一四〇五年から三〇年にかけ七次に渡って派遣され、アフリカ東岸まで達したという。中国独特の朝貢を呼びかける狙いだったというが、主船は長さ二〇〇メートルもの超大型木造軍艦であった。当時のヨーロッパの船は小型船に過ぎず、火力も圧倒していたのは間違いない。

[5] 中国人日本留学生犠牲者（いずれも汪向栄著・竹内実監修『清国お雇い日本人』（朝日新聞社、一九九〇年）による）

① 黄花崗蜂起で殉難した七十二烈士のなかで、日本に留学したことが判明している者は、すくなくとも七人である。その姓名、年齢と学校名はつぎの通りである。

培 倫	二六歳	千葉医専	石徳寛	二六歳	警監学校
林 文	二五歳	日本大学	陳与寛	二四歳	早稲田大学
方声洞	二六歳	千葉医専	陳可鈞	二四歳	正則学校
林覚民	二五歳	慶応大学			

② 雲南で蜂起した陸軍中堅幹部四〇人のなかで、三一人が日本留学生である。その出身校と人数は、つぎのとおりである。

日本陸軍士官学校	一六人	早稲田大学	一人
東斌学校	三人	成城学校	一人
士官予備生	六人	京都帝国大学	一人
振武学校	一人	東京帝国大学	一人
明治大学	一人		

[6] 日本からの輸入中国語リスト（山室信一『思想課題としてのアジア』岩波書店、二〇〇一年、四六八—四八〇頁参照）

[7] 人民日報　海外版　二〇〇六年四月一七日付き「中国人日本留学一一〇周年記念」（日本語訳）

（本紙報道）

留学生同学会が「中国留学生留学一一〇周年記念会」を四月一五日に北京全国政治協議会礼堂で盛大に開催された。全国政治協会元副主席・中日友好協会会長・宋健、元駐日本大使・留日同学会顧問・揚振亜、日本公使館公使・井出敬二、九州大学副校長・柳原正治、中国内外から各界の来賓及び優秀な日本留学生が一〇〇年記念会に出席した。

欧米同学会・中国人留学生聯議会常務副会長・馮長根は記念会において以下のように述べた。「一八九六年に中国から日本に留学生が派遣されて以来毎年、留学生が知を求め報国の理想を抱いて日本に赴き、民族解放と中国革命の建設に重大な貢献をし、たくさんの尊敬すべき学人を輩出した。黄興、秋瑾、陳天華、李大釗、周恩来、魯迅、郭沫若、李四光、蘇歩青、藩旭東などが歴代の留学生の代表である。」

また、馮長根氏は以前の著名な留学生達をモデルとして、小康社会を建設し、中華民族の偉大な復興を実現するために新たな貢献をすべきだと呼びかけた。そのために彼はあまねく留学生たちに向け、愛国主義精神、祖国への思い、国を愛する心ならびに、奮闘・貢献を通じて事実を求める精神を発揚すること、国のために成果を挙げ、中日の間に橋をかけ、紐をつなぐ役割を果たすこと、中日交流と友好の促進のために努力することの三点を求めた。

欧米同学会・中国人留学生聯議会常務副会長、留日分会会長・黄栄院が留学生を代表して以下のように述べた。「一一〇周年記念に際し、留学事業のために貢献した中国・日本の関係者及び先生、学生、友達に感謝の意を表し、中国革命と建設事業のため重要な貢献をした留学生の先輩に敬意を払いたい。また、帰国した留学生並びにまだ日本で勉強や仕事をしている留学生にも関心を寄せている。留学生は中国と外国との交流及び結びつきのため、橋をかけ、紐をつなぐ役割を果たしている。相互学習、相互交流、共に発展することを促進する作用があり、社会の進歩と発展を進める大きな力を持っている。今、中国の政治、経済、教育、科学技術、文化の分野で活躍している留学生は、日本で学んだ知識、技術、文化などの方面の知識を祖国の現代化のための建設事業に応用し、日中の交流を強め、日中友好の使者の役割を果たしている。留日同学会は歴史を鏡として未来に向けて、日中交流と友好を強化するため、不断の努力を続けている。」

日本公使館の公使である井出敬二は記念大会ができたことを心から祝福した。彼は現在日本には中国人留学生が八万人余いて、その他に二万人余が日本語学校で勉強していると述べた。日本の大使館は中国各地にいる日本から帰国した留学生たちの組織と交流を持てたことに喜びを表した。そして留学生たちと帰国留学生たちによる中国社会経済の発展と、日中間の相互理解への貢献の支持・協力を表明した。

わざわざ日本から出席した九州大学副校長・柳原正治、拓殖大学理事・河田昌一郎、法政大学教授・王敏、早稲田大学在北京代表・星野央生は、非常に熱意のあるスピーチをした。新しく選出された中国科学院の院士・中科院化学所副所長・姚建年学長は帰国留学生を代表して講演した。北京大学教授・中日関係史学会副会長・王暁秋氏が「留日一一〇年歴史回顧と啓示」という学術報告をした。この他に、日本留学史研究の専門家、学者は一〇数編の論文を提出した。年内に大型写真集「留日百年巡礼」と「留日風采・続」の出版が予定されているという。

I

日中比較文化篇

一九六〇年代の日中文化交流をめぐる一考察
――『天平の甍』の翻訳事情を中心に――

孫　軍悦

1　はじめに

二〇〇四年夏、サッカー・アジア杯における中国人サポーターたちの騒動や東シナ海の海底資源調査を巡る対立など、日中関係について暗いニュースが続いているなか、一〇月一一日付の各紙一面に、中国西安市で遣唐留学生「井真成」の墓誌が発見されたとのニュースが伝えられ、注目を集めた。遣唐使の話題はいつの時代でも友好的な雰囲気に包まれ、日中関係の潤滑油としての文化交流の役割に対する期待を喚起する。さっそく出身地として有力視された大阪府藤井寺市で「井真成市民研究会」が発足し、二〇〇五年一月に開催された日中両国の研究者による最初のシンポジウムと市民セミナーは、年始にもかかわらず連日の満員で熱気に包まれていた。五月に墓誌は愛知万博の中国館に展示され、盛大な除幕式が行われた。その式典において、駐日中国大使館の黄星原・報道担当参事官は、「墓誌は人々に一つの事実を示している。それは中日の友好交流は遠い昔に遡り、両国人民の関係は深いということだ」[1]と挨拶し、さらに「やっと得た良好な関係を大切にせず中日関係を苦境に陥れる理由があるのでしょうか。……祖先が残した友好の伝統を壊し、隣同士がもめ事を起こす理由がわれわれにあるのでしょうか。今の政治家、報道機関、民衆は中日関係発展のために何をすべきかということを墓誌は問うている」[2]と、墓誌を今日の日中関係に関連付けた。八月に天皇・皇后が駐日中国大使・王毅と日中友好協会会長・平山郁夫の案内で、東京国立博物館で催された特別展「遣唐使と唐の美術」を見学された写真が各新聞に掲載された。まさに荒木敏夫が指摘したように、この墓誌の発見は、単なる考古学や古代史の新資料の発見にとどまらず、人々の「記憶の中から「遣唐使」という語を呼び覚まし、多くの人々に古代の日中関係を――人によっては「政冷経熱」とも評される現代の日中関係とも対比させて――想い起こさせる契機ともなった」[3]のである。

しかし、よく考えてみると、冷え込んだ政治交渉、熱気溢れる貿易活動、活発な「民間」往来、そして偲ばれる遣唐使時代の文化交流、こうした今日の日中関係の構図はどこか既視感を与える。そもそも、遣唐使が日中文化交流の象徴とみなされ、注目を浴びるようになったのはいつ頃からなのだろうか。少なくとも唐の文献に「遣唐使」という言葉が使用されていないばかりでなく、一八世紀後期に完成され、清朝以前の文献を網羅した「四庫全書」にもその使用例が見当たらない[4]。断片的な記録しか残されていない遣唐使や遣唐留学生、留学僧が日中友好の象徴として歴史の地表に浮上した契機は、実は戦後に日本人が著した鑑真和上に関する二冊の書物にほかならない。一冊は早稲田大学教授・安藤更生の『鑑真大和上伝之研究』、もう一冊は安藤氏に勧められ、その研究成果を踏まえて書かれた井上靖の歴史小説『天平の甍』である。本論は、一九六〇年代において、日中文化交流の「絢爛たる歴史」の象徴として遣唐使と鑑真の物語がいかに形成され、今日の日中関係にどのような影響を及ぼしているのかを考察し、いま必要とされる「文化交流」のあるべき姿を模索してみたい。

2　鑑真：日中友好のシンボルの創出

一九六二年一〇月九日に日中文化交流協会と中国人民対外文化協会によって発表された「日中両国人民間の文化交流に関する共同声明」に鑑真の名が突如現れた。「来る一九六三年は、あらゆる苦難に打ち克って日本に渡航し、中国の文化を日本にひろめ、日本において高潔な一生を終えた中国の高僧鑑真和上の円寂一千二百年にあたる。この記念すべき年に、日中両国人民間の文化交流を積極的に展開することは、はかり知れない大きな意義をもつものである」[5]。この声明を受け、日中文化交流協会の機関誌『日中文化交流』一二月号に早くも鑑真の特集が組まれ、宗教、文学、美術、建築、歴史等各界の関係者から記念文章が寄せられた。翌年二月九日に「鑑真和上円寂千二百年記念会」が発足し、一九六三年五月上旬から翌年の五月上旬までの一年間を「鑑真顕彰年間」と決定した。宗教界でも鑑真和上遺徳奉讃会が結成され、唐招提寺に鑑真像を安置するための新しい開山堂の建設が進められた。その後、前進座による演劇「天平の甍」の上演や東大寺における法要の開催、記念講演会の挙行、記念論文集の出版など、多様な活動が展開されていた。一方、中国側でも鑑真記念のための準備委員会が組織され、井上靖の『天平の甍』と安藤更生の『鑑真大和上伝之研究』がいち早く翻訳出版された。また、鑑真招請の実現に生涯をなげうった留学僧・栄叡が客死した広東肇慶鼎湖山に記念碑が建てられ、鑑真の故郷である揚州の法浄寺内に唐招提寺と同様の金堂を建築することが決定された。一〇月四日に日本中国友好協会の結成大会とともに北京で盛大な記念集会が開催され、その盛況ぶりはこの時期に発表された夥しい記念文章とマス・メディアの報道からも窺われる[6]。北京放送局の日本向け放送は鑑真の特集番組を立て続けに放送し、国営の新華通訊社と中国共産党の機関紙『光明日報』も記念行事を逐一報道した。

このように、それまで無名であった鑑真和上は、二〇〇〇年にわたる日中友好交流の「英雄」として日中関係の歴史舞台に華々しく登場し、その事績が瞬く間に日本と中国の両方に広まるようになった。まさに井上靖が慨嘆したように、「鑑真に関する限り時代はまるで違ってしまった」[7]。『天平の甍』もこうした機運の盛り上がりの中で、鑑真記念行事の一環として翻訳されたのである。

『天平の甍』の翻訳者・楼適夷の回想によると、「六三年に唐代東征した高僧鑑真法師逝去一二〇〇周年を記念するために、世界文学社の編集者陳氷夷氏がわざわざ井上さんの五八年の新著『天平の甍』を送り届けてきて、重要任務として急いで訳すように頼んできた」[8]という。編集部から「宗教迷信の鼓吹」という批判の声が挙がったにもかかわらず、一気に完成された翻訳は四月に順調に出版されるようになった。一方、一九六二年春、井上靖は来日した中国仏教協会副会長・趙朴初から、

『天平の甍』を中国で翻訳出版することの交渉」と、計画中の「鑑真和上円寂一千二百年記念集会」に「出席して貰いたいという依頼」を受け、一九六三年九月、日本文化界代表団の一員として北京に訪れた。その時、井上靖は「『天平の甍』はすでに翻訳出版され多勢の人に読まれてい」ることを初めて知り、鑑真記念行事が突如催された理由を聞かされた[9]。


北京と揚州で、鑑真和上円寂一千二百年の記念集会が開かれたのは三十八年九月であったが、北京における集会の当日、郭沫若先生は北京飯店に私たちを訪ねて来られ、

――こんどの鑑真和上の記念集会のため、直接働いている人だけでも、たいへんな数に上っている。しかし、中国で鑑真のことを知ったのは、私が最初である。それは安藤更生氏の「鑑真大和上伝之研究」という労作を、たまたま読む機会を持ったからである。鑑真和上は日中文化交流を身を以てなした最初の人である。それで、突然ではあるが、こんどの鑑真の記念集会を開くことにしたのである。

そういう挨拶をされた。率直で素直な挨拶で、聞いていて気持ちがよかった。（中略）鑑真和上の記念集会も、揚州の鑑真記念館の設立も氏によって立案されたものであり、私の『天平の甍』の中国における翻訳も、もちろん氏の推挽によるものである。


郭沫若こそ鑑真ブームの仕掛け人であると打ち明けられた時、井上靖は、「その通りであろう」と思った。なぜならば、それまでに「鑑真関係のことで二、三調べて貰おうとしたことがあったが、鑑真という名を知っている人はなかった」からだ。しかし、「この時の北京の記念集会では多勢の人たちが、鑑真に関するスピーチをして、鑑真はすでに有名な歴史上の人物になっていた」[10]。井上は「日中友好史上に大きい役割を果たしている鑑真を、中国は今日の政治の上に取り上げることになったのであろう」[11]と感じたのである。

もっとも、約二〇年もの日本生活を経験した郭沫若は、知日派文化人・文学者として知られるだけでなく、国務院副総理、

中国社会科学院院長、全国文学芸術界連合会主席、中日友好協会名誉会長などの要職を務めた政治家でもある。一九五五年一二月に中国科学代表団を率いて来日した際、羽田空港に降りた郭氏は談話と声明の中で「中日両国人民の友好関係は二〇〇〇年余の歴史を持っている」、「われわれ中国人民は日本人民に対して伝統的な友好感情を抱いている」と発言し、さらに東京宝塚劇場における講演で「中日両国の間には二〇〇〇年余の友好の歴史がある。この二〇〇〇年余の友好の歴史は、厳密に言うと、文化交流の美しい歴史であった」[12]と強調した。同じく、一九五六年に成立した日本中国文化交流協会の設立趣意書にも、「日本と中国は最近数十年を除いては過去二千年の歴史に於て互いに隣邦として共に平和に生活したばかりではなく、その文化のいずれの国より共通し互いにその向上と友好に役立って来たのに鑑み、当面まず国交回復前であっても、せめて両国間の文化の交流だけでも促進しなければならないと考える」という文言が書かれている[13]。その後、「二〇〇〇年余の友好の歴史」は日中文化交流に関わる人々の合言葉となり、日中関係の歴史を「二〇〇〇年余の友好の歴史」と日清戦争以来の「数十年の不幸の歴史」に区分するという認識は、中国政府の公式見解の基調となったのである。一九五七年七月二五日に周恩来総理は日本民間放送使節団記者との会見の中で、次のように述べている[14]。

中国人民は過去あった不愉快な関係をしだいにやわらげて、二〇〇〇年にちかいたがいの友好を土台として、新しい友好関係を発展させたいとねがっています。（略）まず民間の頻繁な往来と協議の取り決めから始めて、両国の関係をおおいに発展させるならば、さいごには、ただ外交上で戦争状態の終結を宣言し、正常な関係を回復することがのこされるだけとなるのであります。わたくしたちはこのようなやりかたは、国際関係の歴史のうえで新しいモデルケースをつくりあげたといえるのであります。わたくしたちはこのように愉快な、希望にみちた気持ちで、国民外交をすすめているのでありまして、わたくしたちから見ますならば、国民外交というものは、われわれの外交全体の重要な構成部分となるのです。

つまり、この時期の「民間文化交流」は「国民外交」の一環として、その背後には日中国交樹立という政治目的が常に控えている。正確に言うと、井上靖の言う「政治の上に取り上げること」とは、鑑真和上と遣唐使の物語を、中日両国の「二〇〇〇年余」の友好的な文化交流の歴史を宣伝する格好な素材として象徴化することと、鑑真記念行事のような「民間文化交流」を通じて日中国交樹立を推進すること、という二重の政治性を意味する。

一九六三年は特殊な年である。中国政府は、対外的にアメリカの封じ込め政策に抵抗しながら、中印国境の武力紛争や中ソ対立の激化といった問題を抱え、国内では、「大躍進」政策が失敗に終わり、連年の凶作と飢饉に見舞われていた。一方、一九六〇年日米安全保障条約改定後に成立した池田内閣は、国民の関心を政治から経済に転換するために「国民所得倍増計画」を掲げ、日中貿易の重要性がますます意識されるようになった。そこで、政治面では「広範な反米統一戦線」の形成を図り、経済面では中ソ貿易の大幅減少から市場転換の必要に迫られる中国側——事実、一九六三年に中国の対外貿易における社会主義圏と資本主義圏の地位が逆転した——の思惑が、対中関係で低姿勢を保持する池田内閣のそれと重なり、さらに日中国交樹立に熱心な石橋湛山や松村謙三らの活動も功を奏し、一九五八年の長崎国旗事件以来冷え込んだ日中関係は一時的に好転した。一九六二年の年末に日中関係の重要な転機となるLT貿易[15]が締結され、一九六三年には、「三百六十五日間、一日として中国代表団のたれかが日本にゐなかつた日は」ない[16]と言われるほど人事、文化の交流が空前の活況を呈していた。だが、一九六四年になると、中国の核実験成功が世界に大きな衝撃を与え、佐藤内閣の対中政策は再び日中関係に影を落とした。

こうした政治背景は鑑真記念行事にも色濃く反映されている。たとえば、記念論文集『鑑真和上：円寂一二〇〇年記念』[17]に寄せられた中国側の執筆者の文章に、「鑑真の時代にぶつかったのはただ国内の頑固な意識による牽制だったが、いまのわたしたちは、内部的な問題のほかに、外部からくるもの、わたしたちの間にたちはだかって、私たちの友人としての交わりを許さぬ悪勢力に立ち向かわなければならない」（中国仏教協会副会長趙朴初「鑑真和上円寂一千二百年——中日両国人民の文化的結縁関係を思う——」）といった、暗にアメリカをさすものもあれば、「われわれの共通の敵であるアメリカ帝国主義が、かずかずの卑劣な手段をもって気違いじみた中国敵視の政策を推し進めてアジアと世界の平和に重大な脅威を与えている。アメリカ帝国主義に追随している反動派は、アメリカ帝国主義のアジアおよび世界侵略の共謀者として、ありとあらゆる手段を弄して、中日両国人民間の友好協力関係を破壊せんとはかり、各種の問題に障害を設けて困難をつくりだしている。このような時に当たって、鑑真和上を記念し、われわれの先祖が遺した輝かしい業績を偲び、崇高な目的のために歩んだ苦難に満ちた道に思いをいたすことは、われわれに百倍の確信と、かぎりない激励を与えてくれるものである」（北京大学歴史学科教授・向達「鑑真和上円寂一千二百年記念への献辞」）といった、アメリカと日本政府を露骨に批判するものもある。郭沫若の漢詩「満江紅　記念鑑真」は、「恨今朝、有美帝従中阻障（略）要同心、恢復旧邦交、駆夔魈（ところが現在は、アメリカ帝国主義が中間において友好を阻害している。協力して、以前のような親密な国交を回復し、悪魔どもを駆逐しようではないか）」という反米同盟への呼びかけで結ばれている。このような政治色の強い文章は、「鑑真和上の過海の動機とその伝戒」、「鑑真和上の来朝と唐招提寺の彫刻」、「鑑真大和上将来の薬品」といった緻密な研究からなる日本側の執筆者の論文と鮮明な対照をなしている。

つまり、一九六三年に盛大な鑑真記念行事が行われたことは単なる偶然ではない。一年早くても一年遅くてもこれほどの盛況にはならなかっただろう。『天平の甍』について、井上靖が幾度も口にした「好運」という言葉には、こうした歴史の「僥倖」も含意されよう。

しかし、一九六六年プロレタリア文化大革命が始まると、『天平の甍』は忽ち「封資修（封建主義資本主義修正主義—筆者注）大毒草」として発禁処分を受け、訳者の楼適夷には「外国大毒草を宣伝し、宗教迷信を鼓吹する」という罪を被せられた[18]。一九七八年、文化大革命が終結し、日中平和友好条約が締結され、『天平の甍』に再び転機が訪れた。名誉回復した楼適夷は一九八〇年四月の鑑真和上坐像の「里帰り」、中国巡回展に合わせ、『天平の甍』の新版を翻訳し、再開されたばかりの日本研究は再び鑑真の功績を讃える論文で埋まった[19]。この一大イベントのために『人民日報』は「千載一遇の盛挙」と題する社論を掲げ、鄧小平や廖承志ら中央指導者も相次ぎ記念文章を発表した。新しく出版された『天平之甍』は、「日本各階層の人民と友好人士が五〇年代から巻き起した日中友好運動」および「中日両国の友好関係と国交正常化を実現するために続けてきた艱難卓絶の闘争」の「産物」[20]とみなされ、小説に作者と「日本人民」の、「中国人民に対する友好的な感情と、日中両国人民が子々孫々まで友好的に付き合っていくことに対する切なる願望」が込められている[21]と評価されるようになった。こうして、『天平の甍』は、日中文化交流の上に不滅の業績を遺した英雄鑑真の物語として、二〇〇〇年余にわたる中日両国文化の血縁関係と日中両国人民の友好的な歴史の象徴に〈翻訳〉され、今日なおこの文脈の中で読まれているのである。

3 「二〇〇〇年余にわたる友好の歴史」の虚実

では、一九五〇、六〇年代において、日中関係史を「二〇〇〇年余にわたる友好の歴史」と「数十年の不幸の歴史」に区分するという歴史観はなぜ必要とされたのだろうか。もとより国交回復は単なる外交の問題ではない。国内において、戦争の記憶がいまだに生々しく脳裏に刻まれている国民の感情をいかになだめるのか、集合的な「歴史認識」をいかに作り出すか、戦争責任の問題をどのように処理するのかといった問題を解決しない限り、国交回復の実現はとうてい望めないはずだ。一九五七年、中国を訪れた日中文化交流協会の理事長・中島健蔵は「二千年の友好の歴史」について次のように述べている。「広州で、はじめて「二千年にわたる長い友好の歴史」ということばを聞いた時、わたくしは、心の中で一種の苦渋を感じた。最近における数十年間の暗雲を、反射的に思い出したからである。（略）このような表現に対する反応はさまざまである。わたくしのかってな想定ではなく、実際に耳で聞いた反応としては、「二千年とは大げさな……」、「口先ではそんなことをいっても腹の底では……」、「そんなに早く友好の気もちが出るものかね……」というのが多かった」。そこで、中島は「中国へ初めて来てみて、ひとことも非難をこめた声を聞かず、怨恨をふくむ目つきに出あったことがないのは、どういうわけであろうか」、「怨恨の消失は、外観上の現象であろうか。そして、奥地へ行けば、全く事情がちがうのであろうか」と、廖承志に質問した。その回答は次のように記されている[22]。

中国の人民が、日本の帝国主義的侵略によって、忘れがたい損害を受けたことは事実である。この損害が抽象的なものではなく、各人の肌身にこたえたものであることも事実である（略）。

中国政府としては、二つの簡単明瞭な事実を、人民に納得させることに力を尽くしてきた。第一に、中国人民のほんとうの敵は、少数の日本帝国主義者であり、それ以外の日本人民は、中国の友人である。少数の敵のみを見て、多数の日本人民との友好を曇らせることは、中国人民のとるべき道であろうか。否である。中国と日本の友好の歴史は二千年の長きにわたっている。最近の暗黒時代は、数十年である。数十年の暗黒にこだわって、永遠の未来を暗くすることが、中国人民のとるべき道であろうか。これも否である。

こうはいっても、それがそのまま素直に中国人民に受け入れられると思うほど楽観的ではない。たとえば、日本の代表団が、戦後はじめて訪れる地方に対して、政府は工作員を派遣して、根気よく説得をつづけている（少なくとも三ヶ月以上、と聞いたように思うが、確実な記憶ではない）説得が成功したと認められてから、代表団を迎えているのが実情である。

つまり、「二〇〇〇年余の友好の歴史」と「数十年の暗黒の歴史」を区別するという歴史認識は、侵略戦争の加害者であるごく少数の軍国主義者と被害者である大多数の日本国民を峻別して、「敵」である軍国主義者に対しては警戒し、「友」である日本の国民に対しては連帯と友好を強調する、という中国政府の戦争責任に対する態度とも呼応している。不幸な歴史と友好の歴史、戦争の加害者としての軍国主義者と被害者としての日本国民、敵と友、批判と交流、こうした二項対立的な図式は、中国政府の対日方針のみならず、国民の集合的な歴史認識にも貫かれている。そして、このような「日本認識」の構造が今日なお根づよく存在していることは、一九九七年に実施された日中共同世論調査[23]の結果からも窺われる。日本人といえばまず誰を思い浮かべるか、という質問の回答として、東条英機と山口百恵の名前が一位と二位に並んでいる調査結果は、日本国民との友好的な文化交流と日本政府の歴史認識に対する批判が、「友」と「敵」を作り出す国家的イデオロギー装置の両輪として今日もなお機能し続けていることを、端的に示しているのではないだろうか。

だが、ここで特に注目したいのはこの論理の内容の是非ではなく、論理の構造のイデオロギー的効果である。すなわち、「日本人」を絶えず「友」と「敵」に区別するという、道徳的、美的、経済的基準や個人的恩怨を凌駕する政治的判断を反復することによって、人々は「国民」という政治的存在になるということだ。真のイデオロギーは誤った信念にあるのではなく、信念に基づかない行為の習慣化と態度の一貫性にある。日本現代文学や日本ポピュラー文化の消費主力である若者たちの対日感情が、いとも簡単にもう一つの極端に転じてしまい、親近感が容易に嫌悪感に変わってしまうという状況は、まさにこの「友」と「敵」を識別する習慣に深く関わっているのではないだろうか。もし過激的な「反日」行動を「感情的」だと批判するならば、「一般の日本国民」と「右翼勢力」、「政治」と「文化」を区別するという「理性的」な態度も同様に、この二項対立的な認識構造を強化しているのだ。

しかし、論理の虚構性と現実の虚構性とは混同してはならない。加害者としての日本軍国主義者と被害者としての日本国民を区別する論理は、中国側が勝手に作り出し、また今日勝手に破綻してしまった虚構に過ぎない、或いは一九六〇年代の中国の外交戦略に過ぎない[24]といった批判は、当時の日中文化交流の実践を見逃している。

一九六〇年、文学者訪中代表団の団長を務めた亀井勝一郎は、陳毅副総理と会見した時のやり取りを次のように記している[25]。

「しかし、過去のことは水に流さう」

副総理はさう言つたが、我々日本人としては中国への侵略戦争の責任がある以上、それを忘れることは出来ない、水に流すわけにゆかないと述べた。副総理はそれを受けて、「さう言つて頂くと有難い。我々は過去のことを忘れたい、忘れようと言つてゐる。あなた方は忘れないと言ふ。そこではじめて両国民のあひだのほんたうの会話が成立するでせう。さうです。我々が永久に日本を恨み、あなた方日本人が我が国に与へた損傷をあつさり忘れるとしたら、両国はいつまでたつても友好関係に入ることは出来ません。」

つまり、「我々は過去のことを忘れたい、忘れようと言つてゐる」ことと、「あなた方は忘れないと言ふ」ことは、互いに前提とする相互依存の態度にほかならない。「歴史の重荷」を「肩に感じながら中国の旅をつゞけた」亀井は、「中国人の大部分の心底に、警戒すべき恐るべき人間として日本人の姿がつゞいてゐたのであらう。「中国人の身になつて」みれば、日本人への感情は決して良いものではあるまい。たとへば北京の市民の中へ入つて行つて、ひとりひとりの過去をたづねたら、憤怒と恨みをもつて、過去の日本の暴虐を語るのではなからうか」と冷静に認識している。実際、中国各地で広まった日米安保反対運動の参加者たちの演説や各地の報道に生々しい戦争体験が書かれており、それを読んだ亀井は「日本人がそれを知ることを欲しなくても、事実はこの通りなのだから私は報告しておく」[26]と、帰国後の文章に引用した。彼が「日本の侵略が、どんなに中国人民を傷つけたかを思ひ出しながら、国交回復を志すべき」[27]だと主張したのも、「講演会や公式の歓迎会の席上、野間宏はあいさつの中で、必ず過去における日本の侵略の事実と、それへの反省について述べることを忘れなかつた」[28]のも、このような現状認識を踏まえていたのだろう。

一九七二年一〇月、日中友好協会の主催で国交回復祝賀会が催され、岡崎嘉平太氏は挨拶の中で、「周総理は、中国は日本に対する恨みを忘れようと努力しているとおっしゃったけれども、われわれは忘れてはならない。われわれはこの中国に対して、われわれがなしたことを記憶して、その罪の償いをしなきゃならない」と話した。それが全国放送されることとなった。のちにこのことを振り返って、岡崎は「中国のみんなが忘れようとすると言っておっても、みんな忘れないんでしょう。だから、岡崎がたまたまこういう挨拶をしたというので、全国放送したんでしょうね。あのあと、私の原稿をくれと言ってきたからやったんですよ。だから、私は中国側が努力しておられることは確かだと思うんだが、なかなか恨みを忘れるということはできないと思うので、むしろわれわれ日本人がその恨みを消すような努力をしなきゃいけないのだ」と述べた。実際、「「岡崎には何を言ってもいい」と思っているような中国の友人が来ると、昔の日本がやった悪いこと、自分が受けた酷いことを話す人が出てくるん」だ[29]という。

つまり、当時日中交流に身を投じた人々の行動を支えているのは、中国政府の作り出した論理ではなく、個々人が肌身で感じていた現実そのものにほかならない。もっとも、日中友好を提唱する人でも中国に対する思いは決して一枚岩ではなかった。

たとえば、有吉佐和子の記述によると、当時「中国に招待される日本人の多くが、極端に怯えて、恐縮の固まりになり、支那語とか支那料理などという古い言葉で中国の人々の感情を傷つけてはならないと、頭の中でお経を唱えているような有様」[30]であったという。一九五八年、岸信介の台湾訪問と長崎国旗事件によって日中関係が完全に冷え込んだ時、日本側に一つの反省声明が出された。政治家・風見章を中心とするグループの懇談で、日中文化交流協会常任理事の伊藤武雄が「友好者のわれわれには、どうしても一度は侵略にたいする反省段階を越えなくてはなるまい。「平和に変ったから、手を握ろう」だけじゃ踏ん切れていない。「再び帝国主義の道には戻らないという決意表明をやろう」」と提案した。それを現実化させたのが「反省声明」である。しかし、伊藤の回想によると、「賠償を恐れ、台湾側に追随して、反中国認識の自民党は勿論、友好人士の間にも、今更わざとらしい声明はおかしいという含羞み精神もあってか、風見さんと私の反省署名者の説得にたいし、(略)一流友好諸先生の同調をうることはでき」ず、結局署名者はわずか四名に止まったという。この状況に対して、伊藤は、「日中友好の使徒をもって任ずる先生方でさえ、中国側の積極的な手のさしのばし、貿易促進、漁業協定などの容認に慣れて、事態は未だ交戦状態のままであり、終戦宣言すらやっていない姿で、訪中して歓待されるのに甘えて、このまま講和状態に移行できるかのごとき錯覚に流されていました。「片手に匕首、片手に貿易利益」と指摘されて、昔ながらの傲慢蔑視の己が姿から脱けきっていないことに気付いたのです」[31]と厳しく批判した。

だが、こうした建前と本音が入り混じり、矛盾や迷い、葛藤に満ちた複雑で多様な日中交流は、一九七二年の日中国交の樹立に伴い、大きな変化を迫られた。中島健蔵は国交回復について次のような意味深長の言葉を残している。「田中角栄首相と周恩来総理とが、署名を完了して正本を交換した瞬間、一億対八億の人間の関係は一変した。賛否は無関係である。それが、国籍のおそろしさであり、「国交」のすさまじさである」。中島は、「国交正常化の結果、日本と中国との間にある政治的、文化的な距離が短縮されたわけではない」ことをはっきりと認識し、「閉ざされた少数の願望や努力から、いきなり、国民的な規模のひろがりに押し出された」「日中友好、日中文化交流」の直面する困難をも予感した[32]。蘆野徳子は当時の中島健蔵の様子を振り返り、次のように述べている。「国交回復前後のマスコミ・ジャーナリズムは、中国へ中国へと草木も靡く狂瀾怒濤の加熱ぶりを見せて、つい昨日まで背を向けていた〝中国屋〟たちを、蝶よ花よと追いまわしはじめる。この一陽来復の季節に、健蔵氏は、なぜか、しらけて浮かない顔をしている。（略）国家の手にひきわたされて、いま、政治化された祝祭劇となった日中問題を、健蔵氏は早くも実践家のまなざしで新しい視座に据えなおす。（略）日中間の友好交流は、これまでの挑発としての闘いから、一転して国是への協調、協力としてその旗幟を染めかえなければならなかった。しかし「底辺に根づく文化」の交流をめざすわれわれとしては、あくまで政治化を拒否して民衆の理に従いつづけるだろう、と考える。「あくまで民間の立場で貫き通す。この民間性こそ生命だ」[33]。

このように、当時日中文化交流に関わっていた人々は、少数の軍国主義者と大多数の日本国民を区別するという論理の虚構性に気づかなかった素朴なプロパガンダの信仰者ではない。一九五〇、六〇年代の日中文化交流はただ虚構の論理の上に成り立っていたのではなく、「忘れよう」と努める中国民衆と「忘れるまい」と反省を表明する日本人との現実的な応答の関係によって支えられていた側面も決して看過できない。まさにこの論理の虚構性に気づき、われわれ自身の認識と態度を構成する一部分であることが十分に意識されていたからこそ、民間文化交流が成り立っていたのではないだろうか。だから、今日の問題は虚構の論理の破綻にあるのではなく、まさにその逆で、虚構の論理に導かれないような現実の破綻にあるのではないだろうか。今日の文化交流に求められているのは、二千年来の友好関係の象徴として、互いの文化的血縁関係を確認し、同文同種の幻想を強化するものでもなければ、「国是への協調、協力として」「政治化された祝祭劇」でもなく、イデオロギーに抵抗を提供する現実の再構築ではないだろうか。

4　おわりに

ここまで、われわれは、鑑真記念行事および『天平の甍』の翻訳が行われた時代背景を考察することによって、日中国交樹立という目的を背負わされ、国民外交の一形式として機能していた文化交流の政治的側面を明らかにした。また、鑑真の物語によって象徴された「二〇〇〇余年にわたる友好の歴史」と「数十年の不幸な歴史」を区別する歴史観は、大多数の友好的な日本国民とごく少数の軍国主義者を峻別する中国政府の戦争責任観に対応し、今日なお機能し続けている二項対立的な日本認識の基本的な構造を形作ったことを指摘した。しかし、論理の虚構性を批判するだけでこのような認識構造を脱却することはできない。というのは、われわれはその論理の虚構性に気づいていないわけではない。にもかかわらず、「友」と「敵」の区分という外的な習慣によってわれわれの社会的活動そのものはすでにこの虚構の論理に導かれているのだ。したがって、必要なのは、その虚構の論理に導かれないような現実を再構築することである。そこで、二つの手続きが考えられる。

第一に、「友」と「敵」のイメージに集約されない他者の現実を見つめることである。メルロ＝ポンティが言うように、「真の自由は、他者をあるがままに捉え、自由を否定する教説さえも理解しようと努める。そして、それは理解する前に判定するようなことを決して自らに許しはしない」[34]。つまり、直観に基づいた抽象的な体制批判や純粋無垢な文化交流に対する素朴な期待ではなく、複雑多様で常に流動し続ける他者を理解しようという絶えざる努力と、短絡化、単純化された判定の自制が必要である。無論、多様性・特殊性の承認は判定の放棄を意味しない。ハンナ・アーレントが示唆するように、「啓蒙された個人が立場から立場へと動くことができる領域が拡大すればするほど、その範囲が広がれば広がるほど、その人の思考は一層「普遍的」となるであろう。しかしながらこの普遍性は、概念の（略）普遍性ではない。逆にそれは、特殊的な事柄、すなわち、人が自分自身の「普遍的立場」に達するために通らねばならぬ、様々な立場の特殊的事情と密接に結びついている」[35]のである。イデオロギーに抵抗する日常経験を構成するために、特殊的な事柄の遍歴を経てたどり着いた普遍的立場からの独立した判断は不可欠である。

第二に、「友」と「敵」のイメージに映し出されたわれわれ自身を見つめることである。スラヴォイ・ジジェクがユダヤ人差別について指摘したように、「われわれはユダヤ人差別にたいして、「ユダヤ人は本当はそうなんじゃない」と答えるのではなく、「ユダヤ人に対する偏見は実際のユダヤ人とはなんの関係もないのだ。イデオロギー的なユダヤ人像は、われわれ自身のイデオロギー体系の綻びを繕うためのものなのだ」と答えるべき」[36]である。つまり、経済的敵対性や政治的敵対性、道徳的敵対性の表象となる「日本像」や「中国像」は、実はわれわれ自身の社会的亀裂の投影である。歪んだ他者像に映し出されたのはほかでもなくわれわれ自身の視点の歪みなのである。したがって、文化交流の役割は、自分の理解できない異質な他者を発見することでもなければ、自分の枠組みに当てはめて相手を理解することでもない。硬直した思考の枠組みに揺さぶりをかけ、他者を見る自らの視点の歪みを気づかせてくれるようなコミュニケーション、他者を理解するための新しい知性と想像力を育むような交流こそ、必要ではないだろうか。

注

[1]「井真成の墓誌」除幕式、愛知万博中国館」二〇〇五年五月一五日付中国通信社記事 http://www.china-news.co.jp/culture/2005/05/cul05051504.htm)

[2]「井真成」に日中友好誓う　中国館で遣唐使の墓誌除幕」二〇〇五年五月一五日付中日ウェブプレス記事 http://www.chunichi.co.jp/expo/news/20050515_001.html。

[3]「倭国・東アジアと古代日本」(専修大学・西北大学共同プロジェクト編『遣唐使の見た中国と日本――新発見「井真成墓誌」から何がわかるか――』朝日新聞社、二〇〇五年七月)。

[4] 王勇「遣唐使――「井真成」墓誌の解読をかねて――」『国文学　解釈と教材の研究』五〇巻一号、二〇〇五年一月。

[5] 田桓主編『戦後中日関係文献集』中国社会科学出版社、一九九六年。日本語の引用は「日中文化交流」第六五号、一九六二年一一月一日、に拠った。

[6] 周維宏「建国以来の中日文化交流史研究――統計と分析――」北京日本学研究中心編『中国日本学年鑑』科学技術文献出版社、一九九二年、の統計によると、一九四九年から一九七八年まで中国大陸で発表された日中文化交流に関する文章七一編のうち、一九六三年に発表された鑑真に関するものが二四編にも上り、全体の約三割を占めているという。

[7]「鑑真和上」「鑑真」」一九六三年一一月二六日付『読売新聞』夕刊、『井上靖全集』第二五巻所収、新潮社、一九九七年八月。

[8] 楼適夷「私と日本文学」『日本文学』吉林人民出版社、一九八六年一月。

[9]「郭沫若先生のこと」「舞曲扇林」三九、四〇合併号、一九七八年一二月、『井上靖全集』第二四巻所収、新潮社、一九九七年八月。

[10]『作家の自伝　井上靖』日本図書センター、一九九四年一〇月。

[11] 同注[7]。

[12] 前掲書[5]。

[13] 中島健蔵『後衛の思想——フランス文学者と中国——』朝日新聞社、一九七四年一一月。

[14] 石川忠雄、中嶋嶺雄、池井優編『戦後資料　日中関係』日本評論社、一九七〇年九月。

[15] 一九六二年一一月九日に『日中総合貿易に関する覚書』が調印され、中国側代表の廖承志と日本側代表の高碕達之助のそれぞれの頭文字をとってLT貿易と呼ばれる。「大量、長期、安定、均衡」が特徴であり、民間事務所の相互開設や新聞記者の交換を通して、事実上国交関係のない日中間の連絡窓口として機能していた。

[16] 亀井勝一郎「中国から帰って」『アカハタ』一九六四年四月四日、『亀井勝一郎全集』第一九巻所収、講談社、一九七三年二月。

[17] 安藤更生、亀井勝一郎編『鑑真和上：円寂一二〇〇年記念』春秋社、一九六三年一一月。

[18] 楼適夷「『天平の甍』重訳記」『読書』創刊号、生活・読書・新知三聯書店、一九七九年。

[19] 前掲論文[6]の統計によると、一九七九年から一九九一年までの中日文化交流に関する研究論文四一〇編のうち、最も多いのは人物研究で一八四編を占め、次に多いのは文学交流史研究の三九編である。人物研究の中で鑑真研究は五八編にも上り、二位の空海、魯迅研究の九編をはるかに超えている。

[20] 曹汾「中日友好の不朽の記念碑」『西北大学学報』一九八〇年第二期。

[21] 莫邦富「井上靖の小説について」『外国文学研究』一九八〇年第一期。

[22] 同注[13]。

[23]『朝日新聞』朝刊、一九九七年九月二二日付。

[24] たとえば、横山宏章は『中華思想と現代中国』集英社新書、二〇〇二年一〇年、において、「中国は善意に基づいて戦争賠償を放棄したのに、裏切られたと憤慨する。裏切ったのは小泉一人ではない。中国を裏切ったのは多くの日本国民である。「一握りの軍国主義者」と「多くの日本国民」を区別する中国の論理は破綻している」と指摘し、この「破綻した論理に固執し続ける」理由は、日本の「一般国民を糾弾すれば、日本の中国侵略を許してきた中国人民」乃至「中華民族全体の不甲斐なさ」を認めざるを得ないことになるからだという。また、清水美和は、「日本軍国主義に罪があり、人民に罪はない」という論理を毛沢東・周恩来の戦略とみなし、多くの中国人が日本に対して戦前と同じようなイメージを抱き、戦争の記憶が鮮明であったにもかかわらず、中国に訪れた親中的な日本人に胸の内を明かさなかった、また遺族や被害者との交流が許されなかった日本人は彼らの本音を知る方法がなかったため、中国人の日本に対する感情は外に漏れることなく日本の親中感に影響しなかったという。『中国はなぜ「反日」になったか』、文春新書、二〇〇三年五月。

[25]『中国の旅』講談社、一九六二年七月、『亀井勝一郎全集』第一四巻所収、講談社、一九七三月二日。

[26] 同注[25]。

[27] 同注[16]。

[28]「私の政治的報告」一九六〇年七月一二日—七月一三日付『読売新聞』夕刊、『亀井勝一郎全集』第一九巻所収、講談社、一九七三年二月。
[29] 阪谷芳直、戴国煇編『伊藤武雄・岡崎嘉平太・松本重治　われらの生涯のなかの中国——六十年の回顧——』みすず書房、一九八三年一一月。
[30] 同注[29]。
[31]『有吉佐和子の中国レポート』新潮社、一九七九年三月。
[32] 同注[13]。
[33] 蘆野徳子『メタセコイアの光——中島健蔵の像——』筑摩書房、一九八六年九月。
[34] 新装版『ヒューマニズムとテロル』現代思潮社、一九七六年一一月。
[35]『カント政治哲学の講義』浜田義文監訳、法政大学出版局、一九八七年一月。
[36]『イデオロギーの崇高な対象』河出書房新社、二〇〇〇年一二月。

※附記　本論の第一、二章の内容は、「翻訳の歴史と〈歴史〉の翻訳」『日本近代文学』第七四集、二〇〇六年五月、と重なる部分があることをお断りしたい。

日中広告文化の違い

――最近の広告摩擦を機に考える――

福田　敏彦

1　はじめに

最近、日系企業をはじめとする外国企業の中国におけるいくつかの広告活動が「中国の伝統を無視している」「中国国民を侮辱している」などと新聞やインターネットで批判され、それが拡大していくできごとがあった。本稿ではこの広告摩擦を機に、日本と中国の広告文化の違いについて考察する。

日中両国の広告を比較する際には、記号論的アプローチを採用する。典型的な日中の広告数点を比較考察し、共通点、相違点を明らかにする。

この研究を、両国の文化に橋をかけ広告分野で交流、協力していく上での第一歩としたい。

2　中国における広告摩擦の発生

❖―――(1) トヨタ自動車の雑誌広告の場合

中国における広告摩擦を引き起こした例として、二〇〇三年一二月、中国の『自動車の友』誌に掲載されたトヨタ自動車の「覇道」(「プラド」の中国語名)をあげることができる(図1)。

一台の自動車が二頭の石の獅子(狛犬)の前で止まっている。一頭の石の獅子が車に敬礼し、もう一頭は頭を下げている。ヘッドコピーは「あなたは『覇道』を尊敬せざるを得ない」。制作は中英合弁の盛世長城国際広告公司(サーチ&サーチ)である。

この広告が掲載されると、いっせいに批判の声が起こった。石の獅子は中国人にとって伝統を思わせるもの、神聖なものであって、それに敬礼させるとはあまりにも失礼であり、横暴であるという声である。読者はインターネットで疑問や批判を展開したり、広告主や広告会社に抗議の電話をかけたりした。

これに対応して、『自動車の友』誌は読者に謝罪し、そのホームページで「お詫びの声明」を発表した。トヨタも中国の新聞などで「お詫びの声明」を発表した。盛世長城国際広告公司も問題の広告を撤去し新しい広告を作り直すと発表した。こうして騒ぎはやっと静まったのであった。

❖―――(2) 立邦漆の雑誌広告の場合

もうひとつの事例は、立邦漆(日本ペイント)の雑誌広告で、これは二〇〇四年、広告専門誌『国際広告』に掲載されたものである(図2)。中国の伝統的な建物と庭園があり、赤い柱が二本あって、ともに竜が絡み付いているが、なぜか一方の竜が柱から滑り落ちている。品質のよい塗料を柱に塗ったのでつるつるになり、竜が滑った、というわけである。制作側はユーモアのつもりであろう。しかしこれを見た中国の読者は本気で怒った。竜は中国の伝統的なシンボルであるが、それがからかわれていると判断したのである。インターネットでは次々と批判の書き込みが行われ、急速に広がっていった。

ちなみに、中国で広告摩擦を引き起こしたのは日系企業だけではない。米国系企業も激しい批判を受けた。

ナイキが二〇〇四年に放映したテレビCMは、NBAのバスケット選手が竜に向かって何かを宣言しており、仙人のような相手選手のディフェンスを突破してシュートすると、天女のような女性が祝福するというような内容であった。ところが、これが中国では「竜に戦いを挑み、仙人にも勝ち、中国女性を投げつけている」と解釈され、批判が起こって結局放送中止に追い込まれナイキは謝罪した。

また、マクドナルドが二〇〇五年に放映したテレビCMには、顧客が店長（マクドナルドとは別の店）に店の商品の割引期間を延長して欲しいと跪いて懇願するシーンがあり、これが「中国国民を侮辱している」と批判され、やはり放送中止になった。

❖――（3）広告摩擦の背後に日中の文化の違い

以上に見た日系企業の二つの事例だが、もしこれが日本で掲載されたとしたらどうだろうか。たとえば日本のシンボルとされるもの――富士山、桜、新幹線、東京タワーなどが同様の扱いで外国企業の広告に使用されたら、どのような反応があっただろうか。推定であるが、おそらく何の問題にもならなかっただろう。少なくとも、中国におけるような批判の合唱は起こらなかったに違いない。

中国での広告摩擦の背後にはいろいろな要因が考えられる。まずあげられるのは市場の発展段階の違いおよびそれ

図１　トヨタ自動車の「覇道」の雑誌広告

図２　立邦漆の雑誌広告

と関連した広告に対する消費者の習熟度である。資本主義市場が高度に発展した日本ではさまざまな広告があふれていて、多少気になるところがあっても、たいていは軽く受け流されてしまう。「たかが広告」という認識も基本的なところで存在する。中国では広告というものが現在急激に成長する過程にあり、広告は日本と比べると真正面から受け止められて人々の考慮の対象となると考えられる。

もうひとつの要因として、本稿では文化の違いを指摘したい。これは広告への習熟度以上に大きな要因と言えるかも知れない。文化を「共有され、伝承される生活様式」と定義すれば、日中両国における文化には共通点もあるが、相違点も驚くほど多い。似ていると思い込んでいる中で存在する大きな違いが、両国の広告摩擦の根底に存在するのではないか。以下、日中の広告を比較する中で、このことについて考えてみたい。

3　日中の広告文化を比較するための枠組み――構文論、意味論、語用論

日中の広告を比較する場合、広告の制度、歴史、現状および広告をとりまく社会経済政治制度など、さまざまな要素が関連してくるが、今回はそれらについては括弧に入れて、文化に注目して考察する。

われわれは日本と中国の広告文化を比較する方法として、記号論 semiotics の枠組みを使用したい。記号 sign とは、たとえば言葉・文字・絵・写真などのように一定の事柄あるいは事物を指し示すために用いられるものすべてであって、広告のコピー、ビジュアル、ロゴ、マーク、映像、音、音楽などは記号として考察することができる。そして、これらの記号が文化の一領域を形成する。

記号論では一般に①構文論 syntactics（統辞論、統語論とも言う）で記号同士の関係を②意味論 semantics で記号と指示物（記号が表す対象）との関係を③語用論 pragmatics（行為論、実用論とも言う）で記号と記号使用者の関係を研究する[1]。

記号論の分析枠組みによって広告について研究する場合には、①構文論では広告のコピー、ビジュアル、映像、音声など広告を構成する要素同士がお互いにどのように関係を持ち結合しているか、②意味論では広告のコピー、ビジュアル、映像、音声などとそれが表す商品やサービスとどのような関係があるか、③語用論では広告のコピー、ビジュアル、映像、音声などと広告の送り手側の意図あるいは受け手側（消費者側）の解釈・反応とどのような関係があるか、について見ていくことになる。

この枠組みを使って、日中の広告文化（広告と関連して形成され、共有され、伝承される生活様式）を比較考察してみたい。

4 一見似ているが、実は相違点が多い日中の広告

本稿の日中比較のための広告素材は以下から選んでいる。

日本の広告：二〇〇五年広告電通賞印刷媒体部門の入賞作品

中国の広告：二〇〇四年中国広告祭印刷媒体部門入賞作品および広告摩擦を起こしたトヨタ自動車、立邦漆の広告

ここで研究素材としている中国の広告は、外資系企業が広告主で外資系の広告会社によって制作されたものが多いが、制作スタッフはほとんどが中国人であり、対象は中国国内の消費者であって消費文化、生活文化を反映している、あるいは反映させようと意図している。従って、広告の日中比較の素材には十分なりうると考えている。

日中の広告を眺めてまず気付くのは、双方がよく似ていることである。印刷媒体の広告を見れば、ビジュアルを大きく扱ってデザイン性を意識していること、商品写真を強調し過ぎないレイアウトにしていることなど共通するところが多い。コピーを見れば日本語か中国語かでどちらの国のものかは見分けがつくが、ヘッドコピーはどちらも単なる商品説明そのものではなく趣向を凝らしている点で共通している。一見したところでは、どの広告がどちらの国のものか判断に迷うほどである。

しかしよく観察してみると、違いは意外に数多く見出せる。

①まず記号同士の関係（コピー、ビジュアル、ロゴなどの相互の関係）を見ると、日中の広告は以下のような違いがある。
漢字、ひらがな、カタカナ、ローマ字がまじっている vs 基本的に漢字のみ
構図として、あえてアンバランスを選ぶ傾向 vs シンメトリカルで安定した構図を選ぶ傾向
細部へのこだわり vs 全体のバランス
非論理的なつながり vs 論理的なつながり
省略・転置が多い vs 省略・転置が少ない
柔軟な結合関係 vs 強固な結合関係
描写を重点とした結合 vs 主張を重点とした結合
②記号とそれが表す対象の関係を、コピー、ビジュアルと商品との関係で見ると日中の広告は以下のような違いがある。
商品との関係が薄い vs 商品との関係が濃い
レトリックとしてメトニミー（換喩）が使われる傾向 vs レトリックとしてメタファー（隠喩）が使われる傾向（これは仮説であって未検証）
③記号と記号使用者との関係を、広告記号であるコピー、ビジュアルと広告の受け手である読者・視聴者・消費者の解釈について見ると、以下のような違いがある。
コンテクストへの依存が高い vs コンテクストへの依存が低い
新しさ・美しさ・季節感などと関連するコード vs 伝統・実利・道徳などと関連するコード
コードの変化が激しい vs コードの変化がゆるやか
日中の広告は一見似ているが、実は相違点が非常に多いと言えるだろう。

5　記号同士の関係：描写に重点を置いた結合（日）と主張に重点を置いた結合（中）

具体的な広告作品で日中の違いを分析したい。まず、構文論：記号同士の関係を分析するために選んだのは以下である。

日本の広告の場合、全般的な傾向として見られるものであるが、ひとつの広告の中にさまざまなものが柔軟に取り込まれており、それらがお互いにどういう関係にあるかについては論理的に今ひとつ明確でない。漢字、ひらがな、カタカナ、ローマ字がまじっているものが多い。構図として、あえてアンバランスを選ぶ傾向がある。結合の核となっている考え方は曖昧である。転置・省略・付加が多用される。商品周辺あるいはそれと無関係な事物の描写が入念に行われるが、商品の優れたところを強調するなどの広告としての主張は曖昧なものが多い。

図４　中国：宝潔公司（P&G）洗剤「碧浪」新聞広告

中国の広告の場合、異質なものが広告の中に多数取り込まれてつながるということは少ない。ひとつの広告の中に描かれているビジュアルやコピーの関係は論理的に明確である。結合の核となる原理も日本の広告と比較すると明確である。転置・省略・付加はあまり行われない。商品の優れたところを強調するなどの広告としての主張は強く、商品周辺あるいはそれと無関係な事物の描写はあまり行われない。

中国・宝潔公司の洗剤の広告はどうだろうか。ビジュアルは白い服に赤い蝶ネクタイという正装の男が調理場で大きなフライパンを使って何かを作っているというものである。まわりにはさまざまな調理器具や調味料が並んでいる。コピーは「敢えて着る」。

一見したところ正装の男と調理場に並んだものとの間の結合が奇妙な印象を与える。が、「敢えて着る」というコピーがあることから論理的な整合性は存在する。これが洗剤の広告であり、どんな汚れも簡単に落ちることを訴求している広告であることが明確に認識できる。ここには「汚れを落とす」という商品特性を踏まえた、広告としての主張があり、その主張を軸としてすべてが論理的に結合されているのである。

ここでは記号同士が「主張」として相互に結合しており、「描写」はそれに従属するかたちで存在している。

6 記号と指示物の関係：商品との関連が薄い（日）と商品との関連が濃い（中）

広告はコピーやビジュアルや音声などの記号により、対象である商品の価値（経済的価値や象徴的価値）を表す。その際の記号と指し示す対象との関係が意味論で考察される。記号と対象（特に商品）との関係を分析するために選んだのは以下である。

日本：松下電器産業「家庭用燃料電池」新聞広告（図5）
　味の素「商品群」新聞広告（図6）
中国：麦当劳（マクドナルド）新聞広告（図7）
　生活報（新聞）新聞広告（図8）

日本・松下電器産業「家庭用燃料電池」の広告のビジュアルは、先端部分が地球のかたちをしている、燃えるマッチ棒である。軸の部分のいくつかのところに年号が書かれていて、その年に地球環境と関連してどんなことがあったかが記されている。たとえば一八五九年は「石油採掘に成功。石油産業幕をあける」とある。ヘッドコピーは「地球を燃やし続けて二五〇年」。このあとに「地球の歴史は四五億年。そのうちわずか三世紀たらずでCO_2排出量は急カーブで上昇」と続く。

ビジュアルとヘッドコピーは商品を指すものではない。デノテーション（表示義、明示的意味）としてもコノテーション

（共示義、言外の意味）としても商品と関連しないのである。商品は家庭用燃料電池であって、広告の右下で説明されている。この広告の中心となっている記号の指示物は、地球環境についての重要な問題の所在であって、まずこれをインパクトのあるコピーとビジュアルで訴求したあと、間接的に環境にやさしい商品である燃料電池の訴求につなげていく手法がとられているのである。

日本・味の素の商品群の広告は、多数の歯ブラシをビジュアルとしている。それぞれの歯ブラシの上に乗っているのは歯磨き製品ではなく、いろいろな野菜料理である。ヘッドコピーは「虫歯くん、さようなら」。多数の歯ブラシの上に乗った野菜料理は、まず虫歯をなくすことを明示的に意味し、さらにこれが、野菜料理は虫歯予防にも効果がある→野菜料理をつくるには味の素の調味料を、という論理で言外の意味としてようやく商品に結びつく。日本の広告における記号と対象の関係は、「商品との関連が薄い」ことが特徴と言えるであろう。

図５　日本：松下電器産業「家庭用燃料電池」新聞広告

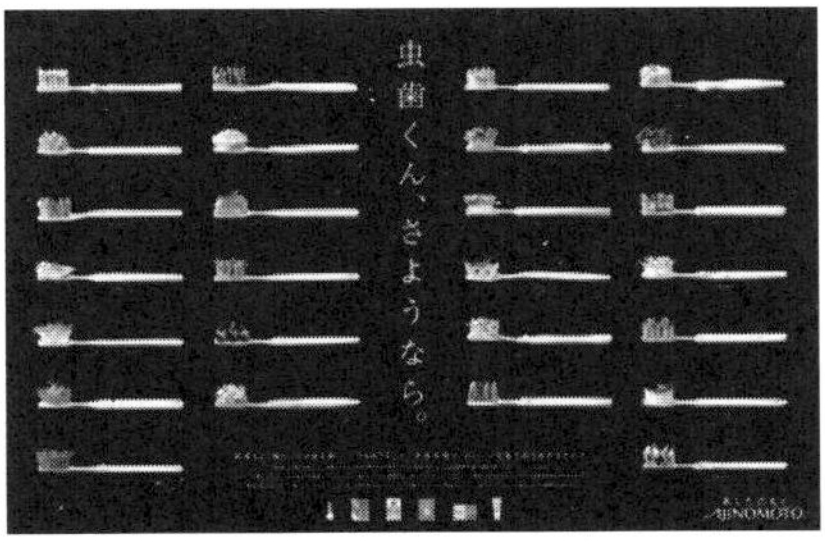

図６　日本：味の素「商品群」新聞広告

図７　中国：麦当劳（マクドナルド）新聞広告

図８　中国：生活報（新聞）新聞広告

一方、中国・麦当劳（マクドナルド）の新聞広告を見てみよう。この広告に配置されているのは、まず中医（漢方医）の人物写真である。その周囲に人体模型、薬を調合する器具などが並んでいる。ヘッドコピーは「私は、人の顔色を見るのが好き」。ここに描かれた中医は、一見したところではマクドナルドの商品・サービスと何の関係もなさそうに思える。なぜ、ここで中医が選ばれたのだろうか。それは、コピーとの関連から読み取れる。この中医は人の顔色を見るのが好きだというが、それは顔色を見て健康かどうか、どこが悪いのか診断する、人に奉仕する、そういうことが好きなのである。そのような中医のコノテーション（共示義、含意）は広告主であるマクドナルドのサービスである。マクドナルドも中医と同様にお客さんの顔色を見てそれに合ったサービスを行うことを好む、というわけである。この広告はメタファー（隠喩）のレトリックを使ったもので、コピー、ビジュアルと商品との関連は一見なさそうに見えて実は非常に強いものである。

中国・「生活報」の新聞広告は、お墓に「生活報」が立て掛けてあるビジュアルに「暮らしの中に、なくてはならない」というヘッドコピーがあるというものである。このお墓と商品である新聞との取り合わせは、意外な印象を人に与える。しかし実は、お墓は人の人生のメタファーであって、商品である新聞との関連は非常に深いものである。

記号と対象の関係について考えると、日本の広告が商品との関連が薄いのに対して、中国の広告は商品との関連が濃いということを指摘できる。

7　記号と記号解釈者の関係：新しさ・美しさと関連した流動的なコード（日）と伝統・面子と関連した非流動的なコード（中）

語用論で考察されるのは、ある広告記号（コピー、ビジュアルなど）があるとして、それを解釈する別の記号（解釈項）との関係がどのようになっているかである。特に解釈項としてどのような論証記号が参照されるかに焦点を当てることになる[2]。

これと関連してコード、コンテクストの問題も重要である。解釈項として参照されるべき明確なコード code が存在するかどうか、存在するとすればどのようなコードか。明確なコードが存在しない場合に依拠するコンテクスト context（文脈、状況）はどのような役割を果たすのか。

ここで考察の対象とするのは、最初に広告摩擦の事例としてあげた立邦漆、トヨタ自動車の広告である。日中の広告がどのように日中の学生に受け止められたかについて参考になるデータとして、成都理工大学・肖建春教授が二〇〇五年に実施・発表した調査がある[3]。

この調査は、成都理工大学および慶応義塾大学の学生を対象に行ったものである。立邦漆の広告については、この広告のイメージが「よい」と答えた学生は日本では三一・八五％あったが、中国では一七・四二％に過ぎなかった。「よくない」は日本で一七・〇四％しかなかったが、中国では五六・七七％に上った。両者の反応には大きな差が見られた。

以下は日中の学生がこの広告に接した際の思考過程についての筆者の記号論的な考察である。

人は記号（広告もそのひとつ）に接したときに、それを解釈するための記号を参照する。日本の学生がこの広告に接したときに、解釈項として参照された論証記号としては、はっきりしたものが存在しなかったのではないかと考えられる。あるとすれば中国風建築の美や、竜が滑り落ちるところが描かれているという新奇さを鑑賞する解釈項であろう。

一方、中国の学生がこの広告に接したときに、解釈項として参照されたもののひとつとして、「よき伝統を守っていくべきである」「面子を失ってはならない」という論証記号があったと想定される。この論証記号は中国文化の中で明確かつ変化しないコードとして存在しており、広告だけでなく中国の人々の認識や行動に際して参照されている。中国の伝統のシンボルである竜が柱から滑り落ちるというビジュアルをもった広告が登場したとき、多くの中国人に、「伝統」「面子」を守るべきであるという大前提↓「この広告は伝統のシンボルを茶化している」「中国人の面子を失わせる」↓この広告は批判されるべきである、という演繹的な三段論法が成立したと考えられる。

トヨタ自動車の「覇道」の雑誌広告についても同様の受容の仕方と解釈があったと考えられる。すなわち、「よき伝統を守っていくべきである」「面子を失ってはならない」という論証記号が中国文化の中で明確かつ変化しないコードとして存在しており、中国の伝統のシンボルである石の獅子がトヨタの車に敬礼し頭を下げるビジュアルをもった広告が登場したとき、立邦漆と同じ仕組みの演繹的な三段論法が成立したと考えられる。

ちなみに、トヨタ自動車が一九九〇年代末に展開した広告に対しては、中国で大きな賛辞が贈られたことがある。トヨタ自動車は「4500GT 新登場　トヨタの先進技術の勝利を熱烈に祝う」という広告を中国市場で展開したが、その広告のスローガンは「山あれば必ず道あり、道あれば必ずトヨタ車がある」というものであった。スローガンには中国人が熟知している熟語が含まれており、中国人受け手の心の深いところにある伝統文化を愛する気持ちに響いたのである。

広告記号と記号解釈者の関係についての日中の違いについては、以下のようなことが指摘できるだろう。

日本では解釈の基準ともいうべきコードが曖昧で、所属集団の判断に左右され、流行に左右され、しかもそれがすぐに変化してしまう。コンテクスト（文脈や状況）に応じて解釈が異なることが多い。

一方、中国では解釈の基準ともいうべきコードが明確で、所属集団の判断に左右されることが少なく、流行に左右されることが少なく、しかもそれがあまり変化しない。コンテクストに応じて解釈が異なることが少ない。

日本の広告解釈のコードは曖昧ではあるが存在を指摘できるものはある。それはたとえば新しさ、美しさである。中国のコードとしては伝統、面子をあげることができるだろう。

8　日中の広告と欧米の広告

日中の広告を、欧米の広告と比較してみよう。

記号同士の関係の付けかたを見ると、関係付けが明確であり、広告としての主張がはっきりと打ち出されるという点で、日本より中国のほうが欧米の広告に近い。ただし、実際の広告に現れた諸要素を見ると、中国の広告は欧米の広告とかなり異なる。つまり、記号同士の関係付けは欧米と類似しているが、実際に選ばれる記号（ビジュアルやコピー）が欧米とは異なるのである。結合の文法は欧米に近いが、言葉やビジュアルを選ぶための辞書が異なるのだと言えよう。

一方、日本の広告は記号同士の関係付けの仕方は欧米とはまったく異なる。関係付けが曖昧であり、広告としての主張がはっきりと打ち出されることがないという点において。しかし、広告に描かれたビジュアルや言葉は欧米と共通するものが多い。文法は欧米とは異なるが、辞書の項目は欧米と共通するところが多いのである。

コードが変化しにくいという点で中国は欧米と類似するが、どのようなコードかを見ていくと、西洋的コードと東洋的コードという大きな相違が見出せる。コードが曖昧で変化しやすいという点で日本は変化しにくい欧米と相違するが、どのようなコードかを見ていくと、西欧的な価値観や美意識と時々共通することもある。

コンテクスト依存度を見ると、日本と中国は欧米より高いが、日本は中国よりもいっそう高いと言えるだろう。

9　結論

近年、日系企業が中国で展開した広告活動が摩擦を引き起こした。その要因として市場の発展段階の違い、広告への習熟度の違いもあるが、さらに根本的な要因として文化の違いがあげられる。文化の違いは、まずそこに違いがあることを認識しないと誤解が誤解を生んで相互の不信感が拡大していくことになる。違いがどのような構造をなしているかについて理解することが重要であろう。本稿はその一歩となることを目指して書かれた。

本稿では日中の広告文化の比較を、記号論の枠組みを使って行った。これにより明らかになったのは以下である。

（1）記号同士の関係（コピー、ビジュアルなどの相互の関係）を見ると、日中の広告には以下のような違いが見られる。

日本の広告の場合、ひとつの広告の中にさまざまなものが柔軟に取り込まれているが、それらがお互いにどういう関係にあるかについては論理的に今ひとつ明確でない。結合の核となっている考え方は曖昧である。転置・省略・付加が多用される。商品周辺あるいはそれと無関係な事物の描写は入念に行われるが、商品の優れたところを強調するなどの広告としての主張はそれほど強くないものが多い。

中国の広告の場合、異質なものが多数、広告の中に取り込まれて結合することは少ない。ひとつの広告の中に描かれているビジュアルやコピーの関係は論理的に明確である。結合の核となる原理も日本の広告と比較すると明確である。転置・省略・付加は、あまり行われない。全体として広告としての主張は強く、商品周辺あるいはそれと無関係な事物の描写は、あまり行われないことが多い。

（2）記号とそれが表す対象の関係を、コピー、ビジュアルと商品との関係で見ると日中の広告は以下のような違いが見られる。

日本の広告が商品との関連が薄いのに対して、中国の広告は商品との関連が濃い。

（3）記号と記号使用者との関係を、コピー、ビジュアルと広告の受け手である読者・視聴者・消費者による解釈の関係で見ると以下のような違いが見られる。

日本では解釈の基準ともいうべきコードが曖昧で、所属集団の判断に左右され、流行に左右され、しかもそれがすぐに変化してしまう。一方中国では解釈の基準ともいうべきコードが明確で、所属集団の判断に左右されることが少なく、流行に左右されることが少なく、しかもそれがあまり変化しない。日本では広告を解釈する際にコンテクストに依存する割合が高いが、中国ではコンテクストに依存する割合が日本に比べて低い。

日本の広告解釈のコードは曖昧ではあるが、存在を指摘できるものはある。それはたとえば新しさ、美しさである。中国のコードとしては伝統、面子をあげることができる。

（4）欧米の広告と日中の広告を比較した場合、以下のような違いが見られる。

記号同士の関係の付けかたを見ると、関係付けが明確であり、広告としての主張がはっきりと打ち出されるという点で、日本より中国のほうが欧米の広告に近い。ただし、実際の広告に現れた諸要素を見ると、中国の広告は欧米の広告とかなり異なる。つまり、記号同士の関係付けは欧米と類似しているが、実際に選ばれる記号（ビジュアルやコピー）が欧米とは異なる。結合の文法は欧米に近いが言葉やビジュアルを選ぶための辞書が異なるのだと言えよう。

一方、日本の広告は記号同士の関係付けの仕方は欧米とはまったく異なる。関係付けが曖昧であり、広告としての主張がはっきりと打ち出されることがないという点においてである。しかし、広告に描かれたビジュアルやコピーは欧米と共通するものが多い。文法は欧米とは異なるが、辞書の項目は欧米と共通するところが多いと言えよう。

コードが変化しにくいという点で中国の広告は欧米と類似するが、どのようなコードかを見ていくと、西洋的コードと東洋的コードという大きな相違が見出せる。コードが曖昧で変化しやすいという点で日本の広告は変化しにくい欧米と相違するが、どのようなコードかを見ていくと、西欧的な価値観や美意識と時々共通することもある。

コンテクスト依存度を見ると、中国の広告は欧米より高いが、日本は中国よりもいっそう高い。

最後に今後の研究の課題について述べたい。本稿では仮説の提示は行っているが、その検証という点で十分なものではない。広告事例の選択、仮説検証の方法を含めてさらに研究を進めたいと考えている。

日中両国内の広告文化の多様性についても留意が必要であろう。たとえば日本国内における東日本と西日本、中国国内における北中国と南中国では、広告文化は異なる。この点も含めてさらなる研究を行いたい。

注

[1] 構文論、意味論、語用論については、Ｃｈ・Ｗ・モリス、内田種臣・小林昭世訳『記号理論の基礎』勁草書房、一九八八年、二四―七一頁、一四二―一四九頁を参照。

[2] 記号解釈と論証記号については、Ｃｈ・Ｓ・パース著、内田種臣訳『パース著作集２　記号学』一九八六年、勁草書房、二四―二七頁を参照。パースと

先にあげたモリスの理論枠組みは基本的には共通だが、やや異なるところもある。記号の解釈を記号解釈者からとらえるか記号解釈項からとらえるかの違いなど。この節ではパースの理論枠組みを使用した。

[3] 肖建春、朱磊訳「異文化背景をもつ中日の広告の受け手の心理的差異に関する研究——民族化と多元化」『日経広告研究所報』二〇〇五年一二月号。

日中齟齬の文化学的研究
――時間と空間の認知傾向を中心にして――

李　国棟

近年来、日本と中国の関係はますます悪くなっている。小泉前首相の靖国参拝など政治的な要因がよく取り上げられているが、筆者は小泉前首相の靖国参拝が問題になる以前から、両国の関係がすでに悪化の方向へと傾いてしまっていたという事実を強調したい。一九九七年橋本龍太郎元首相の靖国神社参拝、一九九八年江沢民前国家主席の日本訪問時の歴史問題の追究および一九九九年小渕内閣の「周辺有事法案」の可決、この一連の政治的大事件は、すでに両国の関係が相当悪化していたことを物語っており、この意味では小泉前首相の靖国参拝は両国の相当悪化した関係のさらなる悪化にすぎず、悪化自体の原因とはいえないと考えられるわけである。

そもそも、両国の関係はなぜ悪化したのだろうか？本論では政治学とは異なる文化学の角度から、この問題について考察してみたい。そして考察の切り口として、時間と空間という二つの軸を導入し、両者に対する日本人と中国人の認知傾向を測定しながら具体的な考察を進めたい。文化学の意味で用いられる時間と空間の定義に至っては、筆者は次のように定義しておきたい。音、スピード感、事物の移り変わりや断続性など時間的な変化を伴う表現は時間の範疇に属し、物事の瞬間性や人間の心理的変化を追求する表現も、時間の範疇に属する。それに対して、静止のイメージや空間的な広がりなど絵画的な効果を追求する表現は、すべて空間の範疇に属する。

1　「古池や」の中国語訳

日本の「俳聖」松尾芭蕉は一六八六年春、俳句「古池や」を作った。

古池や
蛙飛び込む
水の音

今日、この俳句の評価は非常に高く、外国人に日本の文学を紹介する本は必ずといっていいほど取り上げている。この俳句について、日本の著名な禅学者鈴木大拙氏は一九四〇年九月、『禅と日本文化』[1]と題する著作の第七章でこう解釈している。

われわれの心が意識の表面で動いているかぎりは推理から離れられぬ。古池は孤独と閑寂を表象するものと解され、それに飛びこむ蛙とそれから起こるものは、周囲をとりまく一般的な永久性、静寂感をひきたたせ、これを増大する道具立てだと考えられる。が、それでは詩人たる芭蕉はいま自分らが生きているようにそこに生きていない。彼は意識の外殻を通りぬけて、最深の奥処に、不可思議の領域に、科学者の考えるいわゆる無意識を超えた「無意識」のなかに入っていたのである。芭蕉の古池は「時間なき時間」を有する永久の彼岸によこたわっている。それはそれ以上「古い」もののない「古さ」である。（中略）詩人が彼の「無意識」を洞徹したのは、古池の静寂にはなくて、飛びこむ蛙のみだす音にあった。これを聞く耳にあった。

鈴木大拙氏の考えでは、時間がこの俳句のポイントであり、「古池」からイメージを連想して、それを「孤独と閑寂を表象するものと解」しては、的が完全にはずれてしまう。古池はただ「それ以上『古い』もののない『古さ』」を喚起する時間的な記号であり、それによって「時間なき時間」、すなわち「無」を体験する方向性が現れ、読者は「水の音」を聞く耳を通してそれを体験することができるのである。

一九七七年五月、日本の有名な指揮者・小倉朗氏はまた、『日本の耳』[2]と題する著作の第一章で、鈴木大拙氏とほぼ同様な見解を示している。

いうなら、古池や蛙の姿など見なくともいいのである。ただ耳だけの世界がそこにある。蛙の飛び込んだ水の音、つかの間の余韻、そのかすかな聞きとりがたいものを追って耳は限りない静寂に出会っていく。「古池」ということばは、この限りない静寂のために絶対欠かすことができなかったというふうにみえる。

小倉朗氏も「古池や蛙の姿など見なくともいい」といって、この俳句のイメージ性を強く否定している。読者は耳を通して「蛙の飛び込んだ水の音」、とりわけその「つかの間の余韻」を追跡し、そして最終的に「限りない静寂に出会っていく」。「古池」はただ、この「限りない静寂に出会っていく」方向を指示する指示語にすぎないのである。

鈴木大拙氏と小倉朗氏はともに「古池や」の時間性を強調し、「古池」という語の空間性またはイメージ性を否定している。しかし職業上、二人とも文学研究者ではなく、とりわけ鈴木大拙氏の解釈は「時間なき時間」や「無意識」など禅的用語が多いためか、これまで日本の文学研究者たちは、ほとんど彼らの意見を参考にしておらず、非常に残念なことだと筆者は思う。もちろん、芭蕉はこの俳句を作ったことによって道を悟ったといったような説がすでに江戸時代にあったので、それを知った現代の文学研究者たちは彼らの見解に対して、またそれかと嫌気がさしたかもしれないが、だからといって尾形仂氏のように、この「古池や」を「陽春の鼓動を心の耳で聞きとめた喜びを詠んだもの」[3]と解釈してしまっては、やはり誤解甚だしいといわざるをえない。

日本の有名な文学評論家・山本健吉氏は一九五七年八月、『芭蕉――その鑑賞と批評』[4]の中で次のような意見を述べている。

「古池」の句の歴史的価値は、「蛙飛ンだる」のような俳言による俳意の強調や、「山吹や」のような季語による情趣の強調を離れて、自然に閑寂な境地をうち開いたところにある。（中略）取合せの方法は、主として視覚的なイメージの並列によるのであって、意識の表層において結びつくのであるが、これは意識の根源の深層において交感しあうのである。それは取合せの句と較べて、聴覚的想像力のはたらきによる、より深い言語体験にねざしている。瞬間的に見とめ聞きとめた句でありながら、詩の動機が深いのである。

山本健吉氏は、「古池や」は普通の「視覚的なイメージ」を強調する俳句ではなく、「聴覚的想像力のはたらきによ」って「意識の根源の深層において交感しあう」ようにする俳句だと分析しているが、芭蕉研究家・井本農一氏もまた俳諧研究の角度から相通じる見解を述べている。

考えてみると、この俳句の俳諧的要素は、「蛙飛び込む」を中核としている。（中略）伝統的な叙情を捨てて、蛙がどぶんと水に飛び込んだというごく卑近なことを素材に取り上げたのは、芭蕉をもって最初とするであろう。その卑近な親近感こそは、俳諧の滑稽である。「俳諧根本の滑稽」である。しかも、その滑稽に対し、「古池や」という初五を配したとき、滑稽は沈潜し、内面化され、閑寂枯淡の風趣が支配する[5]。

山本健吉氏も井本農一氏も、もともと「蛙飛び込む」に「俳意の強調」または「俳諧根本の滑稽」があるとはいえ、その前に「古池や」が配されると、その「俳意の強調」はただちに吸収されてしまい、その代わりに「閑寂枯淡の風趣」が現れ、聴覚的な「交感」が達成されたと結論づけているが、事実、芭蕉の俳句には、喧噪が吸収されて静寂が現れるような実例が確かにある。

木枯や
たけにかくれて
しづまりぬ

この俳句はもともと「竹画讃」である。竹の画に対する鑑賞という前提を考慮して、山本健吉氏は前掲書でこう分析している。

その現実の木枯が、ふと静まったのである。画に対していた芭蕉には、何となく木枯が画中の疎竹に吸いこまれて、消えてしまったように感じられたのである。現実の木枯の音とともに、心耳に画中の竹の葉のそよぎを聴き取っていたのが、現実の木枯がはたと静まって、あとは画中の景の静寂に、ぴたりと転置されてしまう。

筆者の考えでは、以上の解釈はそのまま「古池や」の解釈になり、「木枯や」という俳句はまるで「古池や」の注釈のようである。蛙が飛び込んだ現実の音が「古池」に「吸いこまれ」、余韻によって生み出された「静寂」に「ぴたりと転置され」た処に、「古池や」の「内面化」が実現したわけであるが、こうしてみると、山本健吉氏も井本農一氏も実際イメージよりも音、すなわち空間性よりも時間性を表現するところに「古池や」の特徴があると認めており、この意味では、日本の文学研究者と鈴木大拙氏、小倉朗氏の間には、本質的な対立がないと理解することができるのである。

一九九五年五月、アメリカの日本文学研究者・ドナルド・キーン氏はまた、その著作『日本文学の歴史⑦』[6]でこの「古池や」を取り上げている。

この句だけにとどまらないが、芭蕉の名句の多くは、永遠なるものと瞬間的なものを同時にからめとっている。この場合、古池はその永遠なるものであるが、人間が永遠を知覚するためには、それをかき乱す一瞬がなければならない。蛙の跳躍、その一瞬の合図となった「水のをと」は、俳諧における「今」である。しかし、「今」が感知された瞬間に、古池は再びもとの永遠に戻っている。

ドナルド・キーン氏は永遠と瞬間の転換という角度から分析して、「水のをと」によって「今」が「永遠」に戻るという傾向を指摘しているが、事実、この指摘は鈴木大拙氏の「時間なき時間」と通じている。要するに、角度や言葉遣いの点ではそれぞれ異なっているけれども、空間性よりも時間性を表現しているのが「古池や」である、と以上の論者は一様に認めているのである。

芭蕉の「古池や」について、以上の解釈は日本のオーソドックスな解釈である。しかし、中国人はなかなかこのように理解することができない。どうしても「古池」や「蛙」のイメージを連想してしまうのである。

①蒼寂古池，小蛙邁然跳入，池水的声音[7]。
（古くて寂しい古池に、小さな蛙が邁然として飛び込んだ。水の音がした）

②幽幽古池啊，有蛙児驀然跳進，池水的声音[8]。
（幽静な古池よ、小さな蛙が突然飛び込んで、水の音がした）

③青蛙入古池，古池発清響[9]。
（青い蛙が古池のなかに入ると、古池は清らかな響きがした）
④蒼寂古潭辺，不聞鳥雀喧。一蛙穿水入，劃破静中天[10]。
（古くて寂しい池のまわりでは、鳥の鳴く声が聞こえない。蛙が一匹水のなかに飛び込んで、静かな天空を引き破った）
⑤幽幽古池畔，青蛙跳破鏡中天，丁冬一声喧[11]。
（幽静な古池のほとり、青い蛙は鏡の中の天幕を飛びやぶった。ディンドンと音がした）
⑥古老水池濱，小蛙児跳進水裏，発出的清音[12]。
（古い池の岸辺、小さな蛙が水に飛び込んだ。清らかな音がした）
⑦古池秋風寒，孤伶伶蛙縦身躍，入水声凄然[13]。
（古池では、秋風が寒々と吹いている。独りぼっちな蛙が体を伸ばして飛び込んだ。入水の音は悲しく響いていた）
⑧幽幽古池塘，青蛙入水撲通響，幾糸波紋蕩[14]。
（幽静な古池、青い蛙がぽちゃんと飛び込んで、波紋が幾本か広がっていた）

以上の八例は二〇〇四年までに発表された二十前後の中国語訳の中から選び出した代表的な訳例であり、これらを読むと、鈴木大拙氏や山本健吉氏のようにこの俳句を理解した翻訳者は一人もいないということが明らかになり、それと同時に、中国人がこの俳句を理解する時の共通した特徴もよく分かった。

まず第一に、八例中の①②④⑤⑦⑧はイメージを強調し、日本語原作の聴覚的表現「水の音」を「邁然」、「驀然」、「劃破静中天」、「青蛙跳破鏡中天」、「凄然」「幾糸波紋蕩」のように視覚的表現に改めている。

第二に、③と⑥は聴覚的表現を改めてはいないが、蛙の入水の音「ぽちゃん」を「清響」、「清音」と翻訳し、⑤はさらに「ぽちゃん」を「丁冬」と翻訳している。しかし、「ぽちゃん」を清らかな音と置き換えていいかどうか、非常に疑問であるので、⑧は「ぽちゃん」を「撲通」と訳し直しているのである。

第三の特徴としては、三句からなる俳句に対する中国人の迷いを指摘したい。「古池や」を翻訳するとき、中国人は形式の面でも相当迷っていたようだ。以上の八例の中で原作に忠実の見地で三句に翻訳した例は大勢を占めているが、③④のように対句の二句や絶句の四句に翻訳して漢詩と同レベルの情趣を追究しようとする人は決して少なくない。言い換えれば、中国人にとって、韻文の基本的単位は対句であり、漢詩は最短でも四句が必要である。したがって、三句の俳句は一句足りず、対称性に欠けているし、漢詩のように「起・承・転・結」でただちにそのポイントがどこにあるかを理解することができないのである。

2　空間重視の漢詩と時間重視の俳句

「古池や」に関する日本人の解釈と中国人の解釈を比較してみると、主な相違点が三つ浮き彫りになった。一つ目は「古池や」が時間を重視しているのに対して、その中国語訳は空間を重視していること、二つ目は「古池や」が対称性を考慮していないのに対して、その中国語訳は対称性を考慮していること、三つ目は「古池や」が金石音を美としないのに対して、その中国語訳は「丁冬」のような金石音を美とすることである。

金石音を美とするかどうかは別として、一つ目と二つ目の相違点、すなわち時間重視と空間重視、対称性無視と対称性重視に焦点をしぼってみると、時間重視と対称性無視、空間重視と対称性重視の間には、それぞれ強い内的必然性が認められる。そして本質的には、これらの違いはすでに文学の範疇を超えて、どのような世界を求めるか、世界の中で何を求めるかといったような、人間にとって最も根本的な命題とかかわっているのである。

「古池や」の中国語訳は、なぜ空間を重視しているのだろうか？　筆者の考えでは、漢詩の影響が最大の原因である。中国の翻訳者たちは「古池や」を翻訳するときに、まず韻文的な言語感覚をよみがえらせるが、そうすると伝統的な漢詩感覚が自然に彼らを支配してしまう。そして、漢詩はもともと絵画と切っても切れない深い縁がある。「詩画同源」という四字熟語がある。詩歌と絵画は源が同じで、いずれも空間的な芸術であるという意味だが、漢詩も中国の伝統的な絵画も確かに空間の広がりに最大の注意を払っている。

千山鳥飛絶
万径人蹤滅
孤舟蓑笠翁
独釣寒江雪

千山　鳥飛ぶこと絶え、
万径　人蹤滅す。
孤舟　蓑笠の翁、
独り釣る　寒江の雪。

これは中唐の大詩人・柳宗元が作った四言絶句『江雪』である。この詩はいうまでもなく、厳しい現実に屈服せず、最後まで俗悪と戦っていくといったような失意した文化人の孤高な節操を表現しているが、四句の構成を見ると、この詩は実に絵画的である。一句目と二句目はバックグラウンドであり、空間の広大さと厳しさを表している。何の生気もない厳冬の山々の前を、大河が一本流れており、その中に小さな舟がぽつんと漂っている。そして、舟の上には蓑を着て笠をかぶった「翁」が一人乗っていて、釣りをしている。寒い冬だし、この日にはまた雪も降っている。だから、山々にも鳥が飛んでいなければ、道々にも人影が見られない。それにもかかわらず、この「翁」が寒さを恐れず舟を出して、雪の中で釣りをしているのである。絵画でいえば、この小舟と「翁」は焦点となるわけだが、事実、漢詩の角度から見ても、小舟と「翁」は作品世界の中心であり、この中心から、厳しい現実に屈服しない孤高な節操が読みとれるわけである。念を押すまでもなく、この「翁」はすなわち柳宗元自身であり、遠くにある群山と近くにある小舟と「翁」という空間的な逆差には、柳宗元の自己表現がみごとに成し遂げられたのであった。

『江雪』が世に伝わると、広く共感を呼び起こし、非常に高い評価を得た。唐代以降、数多くの文人墨客がこの詩に自分自身を投影したり、この詩をふまえて水墨画や彩墨画を創作したりしてきた。たとえば、明代の画家袁尚統（一五七〇—一六六一）は『寒江独釣図軸』（写真1を参照）を創作している。この掛け軸は縦一三一センチ、横六一センチ、背景には雪をかぶった群山がそびえ立ち、近景には大河が流れており、ポイントとしては、小舟が一隻大河の中を漂っている。空間があまりに

写真 1『寒江独釣図軸』

写真 2『独釣寒江雪』

も広大なためか、小舟の上にいるはずの「翁」が見えなくなっている。

中国現代の画家白鷺氏も柳宗元の『江雪』をふまえて四幅聯景図『独釣寒江雪』（写真2を参照）を創作している。この『独釣寒江雪』は一九九〇年の作品であり、縦一九六センチ、横一九六センチである。袁尚統の『寒江独釣図軸』と比較してみると、縦長と四方の違いはあるが、構図はよく似ている。『江雪』の空間性に対する中国人の理解がいかに一致しているかが示されているのである。

柳宗元の『江雪』は日本にも伝わってきた。室町時代の一流の漢詩人であり狂僧でもある一休宗純は、この『江雪』に触発されて『秋江独釣図』を描き、そしてその上に漢詩を一首題している。

清時有味是漁舟
水宿生涯伴白鴎
浦葉蘆花半零落
一竿帯雨暮江秋

清時味有るは是れ漁舟、
水宿の生涯　白鴎を伴う。
浦葉蘆花　半ば零落、
一竿雨を帯ぶ　暮江の秋。

この詩は『江雪』の冬を秋に改めた上で、厳しい現実に屈服せず、最後まで俗悪と戦っていくというテーマを、風流な釣りをし、短い人生を悔いなく楽しもうという脱俗高踏な享楽に切り替えている。内容上のこれらの改変は、たぶん誰の目にも一目瞭然であろう。しかし、柳宗元の『江雪』と一休宗純の題詩『秋江独釣図』の違いはこれだけではない。構造的には、一休宗純の題詩『秋江独釣図』は柳宗元の『江雪』の空間性、とりわけ遠景として群山を配置し、近景として小舟を配置するという絵画的な構図を完全に捨象している。漢詩の空間性は日本という空間で重視されていなかったのである。

「大漠　孤煙直く、長河　落日圓かなり」（『使して塞上に至る』）――これは同じ唐代の大詩人・王維の有名な対句であり、空間的な広がりを最大限追求している。遠近や大小の配置意識があるかどうかの点では柳宗元の『江雪』と異なっているけれども、空間性を重視している点では全く共通している。要するに、空間性への追求は漢詩の伝統であり、この伝統を受け継いだ中国の学者は日本の俳句を美しく翻訳しようとすると、漢詩のこの空間意識が自然によみがえり、時間性重視の俳句にも空間性を入れようとしていた。「小蛙邁然跳入」、「有蛙児驀然跳進」「劃破静中天」、「青蛙跳破鏡中天」、「入水声凄然」「幾糸波紋蕩」などがその表れである。

夏草や
兵どもが
夢の跡

芭蕉のこの俳句には、実は王維の「大漠　孤煙直く、長河　落日圓かなり」に通じる要素が含まれている。王維は西域の砂漠地帯に入り、限りなく広がっている砂漠を目の前にした時、まっすぐに立ち上っている煙と遠くへ伸びていく黄河に沈みかけている落日をもって、その空間的な広がりを立体的に表現したが、芭蕉は夏草が生えている古戦場を目の前にした時、同じようにその空間的な広がりを表現することができたはずだ。事実、芭蕉がこの俳句を作ったときに、ちょうど源義経の居館高舘の遺跡に立っていた。高舘遺跡は高さ六七メートルの丘の上にあり、眼下には北上川が流れている。東側を眺望すれば、北上川をはさんで束稲山が見える。すなわち、眼下には相当広い空間が存在していたのだ。一六八三年、仙台藩主第四代伊達綱村が義経を偲んで義経堂をその遺跡に建て、一六八九年夏、芭蕉はそこを訪ねた。たぶん義経堂を参拝したときに「夏草や」のヒントを得ただろうと思うが、ただ彼はあくまでも古戦場が持つ時間性に思いを馳せ、「夢の跡」をもって時間的な消失およびそれに由来するはかなさを強調しているのであった。

①閑かさや／岩にしみ入る／蝉の声

②鐘消えて／花の香はつく／夕べかな

①は第一節に取り上げた「古池や」と相通じており、時間性の範疇に属する余韻を追求している。②は題材的に絵になりやすい。鐘楼があり、花があり、夕日も連想される。もし空間的にバランスよく、高い鐘とそよ風になびいている野花と空中にかかっている夕日を配置したら、きれいな絵になるに違いない。しかし、芭蕉はまた時間の方へ精神を集中し、鐘の余韻を聞いているのである

③花の雲／鐘は上野か／浅草か
④瓶割るる／夜の氷の／寝覚めかな
⑤綿弓や／琵琶になぐさむ／竹の奥
⑥秋風の／鑓戸の口や／とがり声
⑦五月雨や／桶の輪切るる／夜の声
⑧芭蕉野分して／盥に雨を／聞く夜かな
⑨ほろほろと／山吹散るか／滝の音
⑩声澄みて／北斗にひびく／砧かな
⑪石山の／石より白し／秋の風

③～⑩の俳句も音声の時間的変化を追求している。それらと較べて⑪はいささか特別である。この俳句には珍しく形容詞「白し」が用いられている。形容詞は人間や物の姿や性質を言い表す品詞なので、一般的には空間的な描写と結びつきやすい。しかしこの俳句では、「白し」が時間的な描写に活用され、人びとに「秋の風」のスピード感と冷たさを連想させているので

ある。

要するに、日本の「俳聖」松尾芭蕉は俳句の中で繰り返し時間的な表現を追求し、中国の大詩人たちが重視していた空間性には、ほとんど関心を示していなかったのであった。

さみだれや
大河を前に
家二軒

これは与謝蕪村の俳句である。旧暦五月に特有な梅雨のため、川が水を増して滾々と流れている。それをバックグラウンドに、しかも天上から地上へと降り続いている雨の中、小さな家が二軒ぽつんと立っている。空間的にいえば、この俳句は柳宗元の『江雪』と似ている。「五月雨」は『江雪』の「雪」に相当し、「大河」は『江雪』の「千山」に相当する。そして、焦点となった「家二軒」はちょうど『江雪』の「孤舟蓑笠翁」に相当している。広大な背景と孤独で小さな前景という構図が絵画美に満ちあふれているのである。

与謝蕪村は日本の俳人の中で「亜聖」と呼ばれ、芭蕉に次ぐ高い評価を得ている。この点からも分かるように、俳句が空間描写に向かないこともなければ、日本人は空間描写が得意でないこともない。ただし、この俳句にこのように強い空間性が現れているのは、やはり与謝蕪村が中国の文人画を学び、漢詩を愛読していたことと密接にかかわっているのである。

文人画は唐、宋、元、明の有名な文化人が余技として書いた風景画、彩墨画、水墨画を指し、あの美しい対句「大漠　孤煙直く、長河　落日圓かなり」を作った王維を元祖としている。「脱俗遠塵」や「詩画同一」がその理念であったが、室町時代には日本に伝えられ、最初は五山の僧が余技としてそれを描いていた。江戸時代以後、儒者や上級武士から文人画家が生まれた。祇園南海や柳沢淇園が初期の代表的な画家であり、池大雅や与謝蕪村はその大成者であった。日本では、文人画はまた

「南画」と呼ばれ、その影響が明治時代にまで及んでおり、明治時代の大文豪・夏目漱石も、実は文人画の達人であった。

以上の背景から考えると、中国の文人画は蕪村に多大な影響を与えたに違いなく、彼は中国文人画の影響を強く受けていたからこそ、以上のような漢詩に通じる俳句を作ることができたのであろう。言い換えれば、普通の日本人が普通の感受性で俳句を作ったら、決して空間性を強調しなかったはずだ。松尾芭蕉がその例である。彼はずっと「詩画同源」と違う原理で俳句を創作し、時間的な変化や余韻を追求していたので、この意味では、彼は非常に日本的だといえよう。もちろん、芭蕉も漢詩や漢文を読み、杜甫や李白を崇拝していた。そして、何回も彼らの漢詩文をふまえて俳句や紀行文を書いていた。それにもかかわらず、創作原理の次元で彼らの影響を受けていなかった。

五月雨を
あつめて早し
最上川

さみだれの
空吹おとせ
大井川

同じく「五月雨」を題材として取り上げているが、芭蕉は自分の俳句で大河による空間的な広がりを描かず、その代わりに大河の流れるスピード感や暴雨による河の滾々たる勢いを描いている。事実、ここにこそ日本の「俳聖」松尾芭蕉の本質が認められるのである。

3　対称性

俳句「古池や」の中国語訳には、対称性を求める傾向がはっきりと現れている。そして、この傾向も漢詩の空間性と密接にかかわっている。左右対称、上下対称、前後対称などはもともと空間芸術全般にかかわる問題であり、詩歌に限る問題ではない。しかし、漢詩の学習が左右対称の言語的訓練から始まっているのも事実である。対句がそれである。

先生が上の句として「月　白し」を出題したとする。すると、学生は下の句として「風　清し」と答えなければならない。なぜなら、「月」と「風」はともに名詞で一対となり、「白し」と「清し」はともに形容詞で一対となるからである。先生はまた「柳は緑」といったとする。すると、学生もまた「花は紅」と答えなければならない。理由は同じで、名詞の「柳」と「花」は一対となり、形容詞の「緑」と「紅」もまた一対となるからである。このような訓練を受けているうちに、学生は次第に事物および言語の対称性に目覚め、最終的には対称性を美的センスとして身につけ、対句が要求される絶句や律詩を創作できるようになるのである。

窓含西嶺千秋雪　　窓には含む　西嶺　千秋の雪、
門泊東呉万里船　　門には泊す　東呉　万里の船。

これは中国の「詩聖」杜甫の有名な対句（『絶句』）であり、対句の典範ともいえる。「窓」と「門」、「含む」と「泊す」、「西嶺」と「東呉」、「千秋の雪」と「万里の船」、これらはいずれも完璧に対をなしている。当時、杜甫は成都城外を流れる錦江の支流浣花渓の畔に住んでいた。成都の西はチベット高原へと連なる雪をかぶった群山であり、門前の浣花渓は本流の錦川、錦川はまた長江、長江はさらに水郷の江南地方へとつながっている。杜甫はこの「西嶺」と「東呉」の二語をもって「万里」

の空間を現出させているが、もともと何がこの空間を支えているかといえば、やはり「西」と「東」が持つ対称性だと指摘しなければならない。

白日依山尽　　白日　山に依りて尽き、
黄河入海流　　黄河　海に入りて流る。
欲窮千里目　　千里の目を窮めんと欲すれば、
更上一層楼　　更に上る　一層の楼。

王之渙のこの『鸛雀楼に登る』も「西」と「東」による対称性を重視しており、千里四方の空間を鳥瞰するためにもう一階楼を上がろうと、詩人は最大限この広大な空間を立体的に構築しようとしているのであった。

鸛雀楼は黄河中流域の山西省永済県にあり、眺望のよい名楼であったが、実は長江中流域にも眺望のよい名楼があり、その名を「黄鶴楼」という。同じ唐代の大詩人李白は、黄鶴楼に登って親友・孟浩然を見送った。

故人西辞黄鶴楼　　故人西のかた　黄鶴楼を辞し、
煙花三月下揚州　　煙花三月　揚州を下る。
孤帆遠影碧空尽　　孤帆遠影　碧空に尽き、
唯見長江天際流　　唯だ見る　長江の天際に流るるを。

場所も違うし、詩人も違う。しかし、李白のこの『黄鶴楼にて孟浩然の広陵に之くを送る』と王之渙の『鸛雀楼に登る』の間に大きな共通点があり、すなわち東西の対称による空間的広がりの追求ということである。黄鶴楼は西にあり、揚州は千里以外の東にある。孟浩然は舟で長江を下っていくので、その舟が東へと遠ざかるにつれて黄鶴楼との間に、東西にまたがる広大な空間が現れ、最後には何も見えなくなり、ただ長江が江天一色の彼方を流れているだけだと李白は感嘆していた。本来、この詩は舟が去っていくという動きをポイントとするはずだったが、しかし、舟が江天一色の彼方に姿を消したとき、東西対称による広大な空間が、瀬戸内海より何倍も大きい長江の上に浮かんできたのであった。

朝辞白帝彩雲間　　朝に辞す白帝　彩雲間、
千里江陵一日還　　千里の江陵　一日にして還る。
両岸猿声啼不住　　両岸の猿声　啼いて住まざるに、
軽舟已過万重山　　軽舟已に過ぐ　万重の山。

この『早に白帝城を発す』も李白の有名な詩である。当時、李白は二五歳、初めて故郷の四川省を出て夢を実現しようとしていた。この背景を考慮に入れて考えると、この詩に表現されたスピード感が若き李白の一日も早く出世したいという願望に由来していることに気が付く。しかし時間的な速さを強調するこの詩であっても、西の白帝城と東の江陵をもって左右対称の二軸が立てられ、「千里」(白帝城から江陵までの実際距離は一二〇〇里、六〇〇キロ）の空間が繰り広げられているのである。

上述のことをまとめてみると、唐代の有名な漢詩にはいつも東と西、すなわち左右の対称が認められ、そして、この左右の対称が空間の描写と本質的にかかわっているのである。

何須相見涙成行　　何ぞ須いん　相い見て涙行を成すを、
不問人間参与商　　問わざれ　人間の参と商。
林叟有言君記否　　林叟言える有り　君記するや否や、

品川水接大西洋　　品川の水は大西洋に接すと[15]。

この漢詩は格調が高く、技巧的にも上手である。しかし、その作者は中国人ではなく、日本の明治時代の大文豪・森鷗外である。森鷗外は一九歳で東京大学医学部を卒業し、二二歳の時に陸軍省からドイツ留学を命じられた。一八八四年八月二四日、彼は横浜を離れるときにこの詩を吟じたが、日本の「品川」と欧州の「大西洋」を対比させたことによって、中国人の漢詩によく見られる「万里」の空間が描き出されている。念を押すまでもなく、この広い空間は若き森鷗外の広い胸襟でもあったのだ。

それから一路、森鷗外は香港、ベトナムを回り、マラッカ海峡を通って西洋へと長い舟旅を続けていたわけだが、その途中、彼はずっと漢文で『航西日記』を書いていた。そして四四日後、そして秋雨の中、彼はようやくフランスのマルセイユに到着した。

回首故山雲路遙　　故山を回首すれば　雲路遥かなり、
四旬舟裏嘆無聊　　四旬の舟裏　無聊を嘆く。
今宵馬塞港頭雨　　今宵馬塞　港頭の雨、
洗尽征人愁緒饒　　洗い尽くす征人　愁緒の饒きを[16]。

この詩は中国唐代の辺塞詩と通じるところがある。「征人」という語からも分かるように、明治初期の日本人にとって、西洋への留学はまさに国の振興を背負った出征であり、若き森鷗外はまさに中国唐代の辺塞詩人のような気概をもって西洋への征途についたのであろう。この詩には、「故山」と「馬塞」（マルセイユ）の二語によって東西対称の軸が打ち立てられ、「千里」や「万里」といったような中国的な空間が、これによって眼前に浮かんでくるのである。

江戸時代に入ると、漢学が官学となり、漢詩人が輩出された。しかし、江戸時代の漢詩人が作った漢詩を読むと、どうしてもその未熟さを感じてしまう。詩語の運用の幼稚さは一番目に付きやすいが、筆者の考えでは、その詩作に空間性や対称性がないのが最大の問題である。

月落人煙曙色分　　月落ちて人煙　曙色分り、
長橋一半限星文　　長橋一半　星文を限る。
連天忽下深川水　　天に連なりて忽ち下る　深川の水、
直向総州為白雲　　直ちに総州に向かいて　白雲と為る。

これは平野金華（一六八八—一七三二）の『早に深川を発す』である。全体的には、この詩は前に引用した李白の『早に白帝城を発す』をふまえていると思われるが、しかし、その中には対称性がなく、作者が描こうとした水天一色の広大な空間も「長橋」によって切断されてしまっている。さらに、舟の進行によって作者の視点が移動しているために、詩の前半に現れた静止したシーンが後半に入ると一気に崩れてしまい、空間の表出が非常に不完全になってしまったのである。

金龍山畔江月浮　　金龍山畔　江月浮び、
江揺月湧金龍流　　江揺らぎ月湧いて　金龍流る。
扁舟不住天如水　　扁舟住まず　天水の如し、
両岸秋風下二州　　両岸の秋風　二州を下る。

これは服部南郭（一六八三—一七五九）の『夜に墨水を下る』である。この詩は構成的に李白の『黄鶴楼にて孟浩然の広陵に之くを送る』を模倣する痕跡が見受けられる。しかし、この詩にも左右対称がなく、空間に関する語が多用されているにもかかわらず、形が完全な空間が一向に現れないのである。

これら未熟な漢詩と較べて、あの若き森鷗外の『航西日記』冒頭の「品川水接大西洋」は本当にすばらしい。もし名前を伏せてその詩を中国の大学生に見せたら、必ず自国の誰か有名な詩人が作ったものと思われるであろう。

眼識東西字　　眼は東西の字を識り、
心抱古今憂　　心は古今の憂いを抱く。
廿年愧昏濁　　廿年　昏濁を愧じ、
而立纔回頭　　而立　纔かに頭を回らす。
静坐観復剥　　静坐して　復剥を観、
虚懐役剛柔　　虚懐　剛柔を役す。
鳥入雲無迹　　鳥入りて　雲迹無く、
魚行水自流　　魚行きて　水自ら流る。
人間固無事　　人間　固より無事、
白雲自悠々　　白雲　自ら悠々。

これは明治時代のもう一人の大文豪・夏目漱石が二三歳のときに作った漢詩であり、そのタイトルは『無題』である。漱石自身の青年期に対する反省と今後の立場の表明がこの詩の主な内容であるが、構成から見れば、一句目と二句目によって東西と古今の対称、七句目と八句目によって上下の対称、九句目と一〇句目によって人間社会と自然界の対称がそれぞれ作られているので、対称性がこの詩の最大の特徴といえよう。

夏目漱石は二七歳で東京大学英文科を卒業し、この詩を作ったときには第五高等学校の英語担当の教授であり、教頭でもあった。その次の年の一九〇〇年に文部省からイギリスへと留学を命じられ、同年九月、イギリスへ二年間の留学に赴いた。したがって、この詩の背景は森鷗外の「品川水接大西洋」と共通しており、いずれにも東大出身の一流文化人の自負と、西洋と勝負しようという自覚が底流しているのである。

明治時代は西洋文明が一気に日本に入り、西洋が強烈に意識されていた時代であった。それが原因の一つで二人の大文豪は東洋と西洋を一対として対比させた。言い換えれば、明治時代の一流の文化人が西洋文明の衝撃によって、みな国際的な視野とグローバルなスケールをもって物事を考えるようになり、これが彼らの漢詩に、東西の対称性およびそれによる広大な空間を現出させたのであった。

海越て
霞の網へ
入日かな

これは与謝蕪村の俳句であり、王之渙の『鸛雀楼に登る』と相通じている。日本は島国だから黄河のような大河はないが、周囲には広大な海があるので、左右対称の軸が見つかりさえすれば、中国人と同じく広大な空間を表現することができる。実際、与謝蕪村はこの俳句を作る時にようやく王之渙が用いた落日の意味が分かり、日の出と日の入りに含まれる東西の対称性を利用して、海の彼方へ沈もうとする「入り日」を描写すれば、黄河よりも広大な空間が完全に繰り広げられると悟ったのである。

海手より

日は照つけて
山ざくら

この俳句では、蕪村は逆に朝日をもって東西対称の軸を立て、広々とした青い海と桜色に染まった山を対比させ、広大かつ色彩豊かな空間を現している。もちろん、東側が海で西側が山という構図だけでは、高低のバランスが悪い。しかし、海の彼方に朝日が昇っているため、空間の色彩が豊かになり、空間全体のバランスも保たれるのである。

初潮や
旭の中に
伊豆相模

この俳句も旭を利用して対称的な空間を現している。ただし、この度の空間は東西に広がる空間ではなく、南北に広がる空間である。初潮に乗って旭が東の海面から昇って相模湾を照らし、この旭を中央に、そして旭の赤い日射しの中で南の伊豆と北の相模が相対しているのである。

菜の花や
月は東に
日は西に

これも与謝蕪村の俳句である。東の天空には月がかかっており、西の天空には夕日がかかっている。真ん中には菜の花が満開の野原が広がっている。左右対称によって、のどかな田園風景がみごとに描き出されているわけであり、以上の四首の俳句を見ても分かるように、与謝蕪村は漢詩の神髄をよく理解した希な俳人であり、本質的には彼は半分以上中国人となり変わっていたのかもしれない。

雲の峰
いくつ崩れて
月の山

これは芭蕉の俳句である。「いくつ崩れて」をはさんで「雲の峰」と「月の山」は整然として対をなしている。しかし、与謝蕪村の「菜の花や」などと徹底的に異なっているのは、芭蕉のこの俳句に空間性が全くないということである。芭蕉が描こうとしたのは、やはり時間的な変化であった。

日本の著名な評論家・加藤周一氏は二〇〇二年一一月二七日、『朝日新聞』の文化欄に『夕陽妄語・趨庭日』を発表した。中国の伝統的詩文に多用された対句と北京の伝統的な住宅様式――四合院を通して、中国文化におけるこの対称性(symmetry)はヨーロッパとも日本とも違う中国特有の文化的特徴だと指摘しているが、筆者は全く同感である。北京といえば、四合院だけでなく、北京そのものが対称性の具象である。「天安門」があれば、「地安門」もある。「東直門」があれば、「西直門」もある。「天壇」があれば、「地壇」もある。「日壇」があれば、「月壇」もある。「南長街」があれば、「北長街」もある。「南池子」があれば、「北池子」もある。要するに、対称性がすでに北京の隅々まで浸透しているのである。

加藤氏はまた、中国文化との対比の中で日本文化を分析し、和歌や一七世紀の大名屋敷および茶室と日本庭園を例に取り、日本の伝統文化に「非対称的な構造へ向かう傾向」があると指摘しているが、時間認識と空間認識の角度からこの傾向を考えてみると、日本人は明らかに空間的なバランスよりも時間的な変化や推移を追求しようとしていたのである。

対句が訓練するのは、二つの異なる状況と対象（たとえば上下、左右、前後）に同じ文法的構造を認知する能力である。その能力は美的領域にのみ発揮されるのではなくて、社会生活においても有効であるはずのものである。殊に紛争の解決には左右の当事者の双方の立場や意見を十分に理解する必要があるだろう。そのためには力関係の非対称性の影響をできるだけ排除しなければならない。個人の間の私的紛争において然り、国家間の公的紛争において然り。

加藤氏は、ここで中国人の好む対称性の本質を非常に正確に説明している。中国人の社会生活の中では、言行の対称性が常に求められている。言行Aを取ったら、それと対を為す——意味は正反対であるが質は同様な——言行Bを取らなければならない。『礼記・曲礼上』[17]に「禮は往來を尚ぶ。往きて來らざるは、禮に非ざるなり。來りて往かざるも亦た禮に非ざるなり」とあり、中国では、対称性が言行の基準——礼と見なされているのである。

現在、靖国神社の参拝問題は日中間に横たわって両国の友好往来を阻んでいる。日本の小泉元首相は、靖国神社の参拝は「心の問題」であり、日本人自身の問題でもあるから、外国からとやかくいわれる筋合いがないと考えている。しかし中国人から見れば、小泉前首相の靖国参拝は対称性に欠けた非礼の行動である。中国の政治家が繰り返し指摘したA級戦犯はもちろん問題点の一つであるが、筆者の考えでは、そのほかに、もう一つ重要な問題点があり、それを看過してはならない。小泉前首相は首相に就任して初めて靖国神社を参拝した後、ただちに北京に行き、北京郊外の「中国人民抗日戦争記念館」を参観した。その後、江沢民前国家主席をはじめ、中国の政治家は一斉に小泉前首相を高く評価し、その後の数カ月間、日中間に最高の友好ムードが盛り上がっていた。小泉前首相の靖国参拝という事実は同じなのに、なぜその時は日中関係が冷え込まず、逆に最高の友好ムードが盛り上がったのだろうか？　小泉元首相の靖国神社の参拝と「中国人民抗日戦争記念館」の参観には完璧な対称性があり、小泉前首相は中国文化をよく理解した礼儀正しい人だ、と中国人は認識していたからであろう。しかし、二度目、三度目、四度目、五度目、六度目の参拝は彼自身の言行の対称性を壊していく一方であり、中国人の目には、小泉前首相が次第に非礼きわまりない人物だと映るようになった。A級戦犯とかかわる歴史問題は国家間の政治レベルの問題であり、ここでは論じないが、ただ文化レベルの問題として考えても、小泉前首相の靖国参拝は著しく対称性に欠けていると指摘せざるをえない。本来からいえば、歴史の問題は首脳の会談を妨げることがない。むしろ歴史の問題が政治問題になったときにこそ、両国の首脳はより頻繁に会談する必要がある。しかし、小泉前首相の時は首脳会談すらできなくなっていた。こうしてみると、今日の日中関係を困難にさせているのは両国の政治的な見解の相違ではなく、小泉前首相個人に対する中国人の道徳的な嫌悪感こそ、その根本的な原因だと結論づけられるのであろう。

二〇〇四年二月五日から三月二一日まで、ハワイのホノルル市で中国対句展が行われ、中国の英字新聞『China Daily』は二月九日「Sophisticated symmetry」と題してそれを報道した。symmetry、すなわち対称性がまたキーワードとなったわけだが、以上の論述からも分かるように、対称性は中国文化の本質的特徴であり、外国人は中国文化を理解しようとすれば、やはりこの対称性を認識する必要があるのであろう。

この報道では、清代の大詩人・袁枚が篆書で書いた対句「酒渇思呑海，詩狂欲上天」（酒に渇きて海を呑まんと思い、詩に狂いて天に上らんと欲す）を紹介しているが、「酒」対「詩」、「渇く」対「狂う」、「思う」対「欲す」、「呑む」対「上る」、「海」対「天」、以上のすべての対が名詞対名詞、動詞対動詞、助動詞対助動詞のように品詞の面で正確に対を為しているということが読みとれれば、中国人がいかに対称性にこだわっているかが分かると同時に、対称性を全く理解しようとしない小泉前首相に、いかに怒っていたかも分かるであろう。

4　歴史認識の中の時間的本質

日本人が時間性および時間的な変化や余韻を重視しているのに対して、中国人は空間性および空間的な対称性を重視している。時間と空間の認知傾向がこのように異なっているので、日中両国はときに相手国を誤解し、あるいは相手国の言行を許さずに抗議するといっても、やはり正常な範囲内のことだといえよう。ただし問題や衝突が起こったら、放置するのはやはり建設的ではない。国家間あるいは民族間の政治的ないし軍事的な衝突は、根源的に文化の衝突であるので、それらを解消しようとすれば、やはり双方の文化的特徴をふまえて双方どちらにも受け入れられるウィン・ウィンの道を捜すよりほかはない。

現在、日中両国の間にわだかまっている歴史認識の問題は、文化学的に見ると時間認識の問題である。したがって以上の三節で述べたこと、とりわけ両国国民の時間に関する認知傾向をふまえて考えれば、ある種の解決案を見出すことが十分可能だと考えられる。

中国人は確かに時間よりも空間を重視する。しかし、空間も時には時間と自然にかかわってくる。対称性は空間的な広がりの表現に適する左右対称のほかに、また前後対称があり、この前後対称は時間または歴史とかかわっているのである。

前不見古人　　前に古人を見ず、
後不見来者　　後に来者を見ず。
念天地之悠悠　　天地の悠々たるを念い、
独愴然而涕下　　独り愴然として涕下る。

唐代の陳子昂が作った『幽州の台に登る歌』である。六九七年、陳子昂は建安王・武攸宜に従って契丹を征伐に行ったが、幽州を通る時に、古の燕の昭王が造った黄金台遺跡をはじめ、幽州の旧跡を数カ所遊覧した。この『幽州の台に登る歌』は、すなわち燕の昭王の黄金台遺跡に登った時の作品だと考えられる。そして、「古人」と「来者」の二語からも分かるように、彼はその時、明らかに過去と未来を意識し、歴史の断絶に心を痛めていたのであった。中国人の考えでは、時間を過去、現在、未来の三段階に分けることができるが、その間に断絶があってはならず、過去と未来をつなぐためには現在が必要であり、現在を生きる人びとは、その使命を果たすものである。「継往開来」は、すなわちこの時に多用される四字熟語なのである。

しかし、陳子昂が黄金台に登ったときに確認できたのは、「前に古人を見ず、後に来者を見ず」という状況であり、「継往開来」とは正反対であった。そこで、使命感の強い彼はこの歴史の断絶に「後継無人」の涙を流してしまったのであった。

中国は革命の国だから、歴史的には断絶が実に多かった。しかしそのためか中国では、逆に連続不変を希求する儒学、とりわけその「天下一統」の観念が強く、人びとの意識の上では、歴史はあくまでも続くものであり、その間に断絶を認めようとしない。空間的に天下を統一するだけでは、まだ理想的な状態とはいえず、時間的にも断絶した歴史をつないで、はじめて理想が実現されることになる。中国人は『三国演義』が大好きで、その根本的な理由は、すなわち分裂した天下を再び統一し、断絶した漢の歴史につなぎをかけようとすることであり、それを体現した人は漢の末裔である劉備であり、劉備を補佐した諸葛孔明である。死しても天下を統一し、断絶した「漢王室」の復興を成し遂げようとした諸葛孔明は、中国人の空間認識と時間認識をみごとに代弁しているのである。

もちろん、日本人も『三国演義』が大好きである。しかし、以上の理由で好きな人はあまりいないであろう。日本人は歴史を重視しているが、ただ重視しているのはその時その時の事件およびそれによる歴史的な変化であり、決して歴史の連続ではない。NHKに「その時、歴史が動いた」という番組があり、番組のこのタイトルが日本人の歴史観をよく表しているのである。

筆者はかつて『第三版日本見聞録――こんなにちがう日本と中国』[18]の第二話「忘年会と新年会」でこの問題を取り上げ、日本人が断絶のある破線的な時代観を持っているのに対して、中国人は断絶のない実線的な時代観を持っていると指摘したが、今日でも、筆者はこの意見を堅持している。日本人は毎年の年末に「忘年会」を行い、過去を水に流しているが、中国人は毎年の年末に「新年会」を行い、旧年が新年とつながるようにして、自分たちの夢を追い続けているのである。一九七二年、日中国交回復のときに、田中角栄元首相をはじめ、多くの日本人はやっと過去を水に流すことができたと思っていたが、しかし、周恩来元首相はそのとき「前事不忘、後事之師」(前事を忘れず、後事の師とす)と簡潔な対句で中国側の立場を表明した。三十年後、日中両国の関係は大いに発展し、両国とも「未来志向」の関係を模索し始めた。しかしその結果、両国の歴史認識の隔たりが逆にクローズアップされてしまい、江沢民前国家主席も現在の胡錦涛国家主席も日本の政治家と会うたびに、「以史為鑑、面向未来」（史を以て鑑と為し、面して未来に向かう）という対句を用いていた。中国人の考えでは、現在の人びとが過去に責任を取ることは過去を未来へとつなぐ行為であり、こうしてはじめて過去が現在を通って未来へと続くことができ、この歴史の連続性が保たれてはじめて、よりよい未来がその中から誕生するのである。要するに、同じ「未来志向」といっても、以上のように理解している中国人と、過去を清算して再び問題にせず、現在を出発点として未来をともに築こうというように理解している日本人の間では、隔たりが大きく存在するのである。

実は、中国人の歴史の連続性への追求もまた、絵画的な空間認識または漢詩の世界とかかわっている。絵画的な漢詩では時間が変化しない。その中に描かれた世界は中国人の理想的な世界であるので、中国人は当然のことながらこの不変の時間を理想的な時間と見なし、そして現実の世界でもそれを求めようとする。歴史の連続性への追求が、その結果であったともいえよう。

ここまで書くと、時間と空間に対する日本人と中国人の認知傾向の差異が、日中齟齬の根本的な原因だと誰の目にも明らかになってきたと思うが、それでは、この齟齬をどう解消すればいいのだろうか？

二〇〇六年七月二日、民主党党首小沢一郎氏は「サンデープロジェクト」というテレビ番組に出演し、今後、日中両国は時の利害に左右されない信頼関係を築くべきだと提言した。そして翌日の七月三日、彼は北京へ行って胡錦涛国家主席をはじめ、中国の政治家と相次いで会談し、野党の立場から日中両国の関係修復に尽力した。また中国から帰った後も、「報道STATION」というテレビ番組に出演し、日中間の信頼関係を構築することの重要性を再び強調した。筆者は同感であり、信頼関係の構築は今日の日中齟齬を解消するための第一歩だと思う。信頼関係があれば、話し合いができる。話し合いを続ければ、相互理解が深まり、妥協点が見つかる。妥協点が見つかれば、日中両国どちらにも受け入れられるウィン・ウィンの結論が得られ、齟齬が解消されるのである。

それでは、どうすればこの信頼関係を築くことができるのだろう？　筆者の考えでは、言行の対称性から着手した方が効果的である。以上の論述から明らかなように、対称性は時間の中にも空間の中にも存在し、時間性を重視する日本人と空間性を重視する中国人の双方と同時的にかかわっている。芭蕉の俳句には、確かに漢詩のような左右対称や前後対称があまり現れていない。しかし、「雲の峰／いくつ崩れて／月の山」という俳句が示しているように、対称性が全くないというわけではない。まして与謝蕪村のように漢詩と同質の対称性を表現した俳人もいるのだから、対称性をテーマにすれば、議論が順調に進むであろう。そして、日本人は昔からお中元、お歳暮の習慣があり、それは完全に中国の『礼記』が説く「往来」の対称性をふまえた贈答行為であり、信頼関係を築くのに行動の対称性がいかに重要であるかを説明する必要がないであろう。さらに、日本のお城や街並はあまり対称性を重視していないが、国会議事堂は完全に左右対称の佇まいであり、日本の政治的バランスがそこに凝縮されている。要するに、文化学の見地からいえば、対称性は日中両国が時空を認知する際の唯一の接点であり、日中両国がこの接点をより自覚すれば、個人間の信頼関係ないし国家間の信頼関係が必ずや築き上げられるであろう。その日が一日も早く来ることを願いつつ本論を終える。

注

[1] 鈴木大拙、北川桃雄訳『禅と日本文化』岩波新書、一九四〇年九月初版。
[2] 小倉朗『日本の耳』岩波新書、一九七七年五月。
[3] 尾形仂『芭蕉ハンドブック』三省堂、二〇〇二年二月。
[4] 山本健吉氏『芭蕉——その鑑賞と批評（新装本）』飯塚書店、二〇〇六年三月。
[5] 井本農一編『鑑賞　日本古典文学　第二八巻　芭蕉』角川書店、一九七五年三月。
[6] ドナルド・キーン著『日本文学の歴史[7]』中央公論社、一九九五年五月。
[7] www.pkucn.com 日本俳句『古池』的不同訳本。
[8] 同右。
[9] 李芒氏の訳。「和歌漢訳問題再議」『日語学習与研究』北京対外経済貿易学院、一九八〇年第一期所収。

[10] 姜晩成氏の訳、王樹藩「『古池』翻訳研究」からの再引用。前掲の『日語学習与研究』一九八一年第四期所収。
[11] 陳徳文氏の訳、前掲の王樹藩「『古池』翻訳研究」からの再引用。
[12] 沈策氏の訳、「我也談談和歌漢訳問題」、前掲の『日語学習与研究』一九八一年第三期所収。
[13] 寧粤氏の訳、「商権『古池』訳案」『日語学習与研究』対外経済貿易大学、二〇〇〇年第三期所収。
[14] 陳岩氏の訳、『日語知識』大連外国語学院、二〇〇四年第三期所収。
[15] 石川忠久氏の訓読。『新漢詩の風景』大修館書店、二〇〇六年四月。
[16] 石川忠久氏の訓読。『新漢詩の風景』大修館書店、二〇〇六年四月。
[17] 市原亨吉・今井清・鈴木隆一著『礼記』上巻、集英社、一九七六年六月。
[18] 李国棟『第三版日本見聞録——こんなにちがう日本と中国』白帝社、二〇〇二年三月。

写真注

[1] www.pep.com.cn/200301/ca140695.htm.
[2] www.guanyin-gallery.com/html/hill.htm.

日中両国近代実業家の儒学観
――渋沢栄一と張謇の例を中心に――

于 臣

はじめに

第二次大戦後の三〇年間で、東アジアの儒教文化圏の国々の経済が次第に跳躍期に入り、欧米先進国より速い成長率で近代的経済の発展を達成した。この時期の東アジアが成功した原因は何か、あるいは儒教思想が経済的近代化にいかに積極的な役割を果たしたのかという議論が一時盛んになった。

しかし一方で、近代的経済発展に合わせた儒学の再解釈において、儒学がきわめて包括的な体系性を持った思想・世界観であり、その中のどの部分に注目しても経済発展との関係を論じられるという恣意性があるとの指摘もされている[1]。では儒学と経済との関係をいかに捉えればよいのか。

周知のように、儒学はもともと「修身斉家治国平天下」という支配者の官学の性格の強かった学問であり、経済問題は国家統治の一環として位置づけられていた[2]。経済活動に関して、経済的欲望を最小限に制限する傾向があり、消費論では奢侈を禁ずる倹約観念を尊び、分配面において社会の平等を目指した。この性格は「義利の弁」[3]によってよく現されている。「義」

を重んじ、「利」を軽んず、いわゆる「重義軽利」思想が、儒学の大きな特徴である。なお、経済発展の生産面において、農業を重視し、商工業を賤しめ[4]、西洋的経済的近代化を目指す商工業の発展において、この「利」を軽視、ないし否定する賤商思想は障害となっていた。

本論は日中両国の実業家の〈義利〉観をとりあげてゆく。その理由として、まず西洋の近代文明の圧力で、次第に伝統的な農業国から近代工業国にまで発展する過程の中で、日中両国の第一世代の近代的経済の担い手である実業家たちにとって、いかに「義」と「利」との関係を処理すべきかが大きな問題になっていたと思われる。

また実業家が経済活動に直接に関連しているから、彼らの〈義利〉観から儒学がいかに経済活動に応用されるかについてのみならず、個人差によって儒学の捉え方の独自性を検討することができる。さらにこの考察によって、儒学が経済的近代化と絶対的な因果関係があるという先入観を相対化し、儒学の可能性を展望することができると考えられる。

日本はアジアで最も早く経済的近代化を達成した国である。しばしば「日本資本主義の最高指導者」[5]と呼ばれているのが渋沢栄一（一八四〇―一九三一）である。彼の提唱した「義利両全」説（「論語算盤説」）は日本資本主義精神を育て上げたといわれている[6]。すなわち、渋沢栄一の〈義利〉観が日本の経済的近代化に寄与したというのである。では彼が具体的にいかに「義」と「利」との関係を捉えているかが興味深い問題である。これは本論が渋沢を日本の実業家の代表としてとりあげる原因でもある。

次に〈義利〉観をはじめとする渋沢の「儒学」の独自性を明らかにするために比較の視座が必要になってくる。そこで本論は、中国の「近代化の開拓者」[7]と呼ばれ、渋沢とほぼ同時期の中国の張謇（一八五三―一九二六）を比較の対象にとりあげる。両者の比較を通して、日中両国の儒学の異同の一角をあらためて考えてみたい。

渋沢の儒学観を考察する前に、まず彼の生い立ちと知的成長を考察しなければならない。

1　渋沢栄一の儒学

❖――（1）渋沢栄一の学問観

渋沢栄一は一八四〇（天保一一）年二月一三日、武蔵国榛澤郡血洗島村（現在の埼玉県深谷市）に生まれた。父親の市郎右衛門（一八〇九－一八七一）は以下のような子弟の教育観を持っていた。

> 書物を読んだといって、儒者になる所存でもあるまい、さすれば一通り文義の会得が出来さえすれば、それでよい、……マウ《ママ》今までのように昼夜読書三昧では困る。農業にも、商売にも、心を用いなければ、一家の益にはたたぬ……[8]。

この中に読書と農業、商売の関係を述べられている。市郎右衛門が目指している読書の具体的な目標は「一通りの文義の会得」が出来ることで、「読書三昧」という読書の態度は農業、商売の妨げとして退けられた。

渋沢はさらに、「父は何でも『行って余力あれば以て文を学ぶ』とあるではないかなど〻叱ったものである」[9]と回想して、父親の「余力学文」からの影響について述べている。即ち、農業などの実業を優先させる論理である。無論、こういう余力を前提にする学問の習得は個人の主体性に基づいて行われていたのである。

次に渋沢の知的成長に最も影響を与えたのは従兄弟の尾高惇忠である。渋沢は尾高との関係について、「私は八才の時、論語を教はったが、其後ずっと藍香（尾高――筆者注）に近づいて行った」[10]と語ったように、八歳で尾高に教わってから、ずっとついていたわけである。これらから師匠・尾高の感化が渋沢の生い立ちには重要な意味を持っていたと考えられる。

当時の渋沢が尾高から習得した学問の方法は、渋沢個人が口述した『雨夜譚』から一節を引用して、検討してみよう。

その読み方は、今日学校で学ぶように丁寧に複読して暗誦の出来るようなことはせずに……尾高の句読を授ける方法というのは、一家の新案で、一字一句を初学のうちに暗記させるよりは、むしろ数多の書物を通読させて、自然と働きを付け、ここはかくいう意味、ここはこういう義理と、自身に考えが生ずるに任せるという風でありました、……[11]。

まず、渋沢は尾高の読書法について、「新案」という言葉を使って、普通に行われていた旧い読書法とは異なる事を示している。そして「数多の書物を通読」するのは一種の多読の方法を意味している。さらに文章の意味の理解を「自身に考えが生ずるに任せる」というのは、主観的に書物を捉える読書法を意味するであろう。この方法があらゆる既定の学問系統に対する個人の自主的な組み直しを可能にしたのはいうまでもない。

❖――〈2〉渋沢の〈義利〉観念

渋沢栄一が生まれ育ったのは幕末期である。当時少なくとも思想的には、商賈は「利」への傾向性を専ら持つものとして、秩序の下位・外部に位置づけられる面があった。渋沢が批判した対象である荻生徂徠（一六六六―一七二八）は「商人の心……、骨折らずして居ながら利をもうくる」[12]と説き、働かずにして営利を狙う商人を蔑視した。ほかに山県大弐（一七二五―一七六七）は直接に「商なる者は天下の賤民なり」[13]とさえ述べている[14]。渋沢はこのような商人の「利」を否定する学問に反対すると同時に、「義利両全説」を以て、孔子学の再解釈を通して、功利主義の立場で儒学を捉え直した。彼はいう。「仁を為せば則ち富まず、富めば則ち仁ならず、利に附けば義を得られぬ。義に依れば利は得られぬ。斯ういふやうに誤解してしまったのです。所が孔子の訓は決して私はさうでないと思ふ」[15]と述べ、「仁」と「富」、並びに「利」と「義」を対立させた学問は「孔子」と異なる「誤解」であると述べている。具体的に彼は「孔孟の教旨たる仁義道徳と利用厚生とを引き離すやうに立論したのは、程子朱子あたりの閩洛派と称する学派より始まったもので、……若し実際其の通りであるとすれば儒学の価値といふものは大に減殺される訳で、そは一種の心学たる以外、人間生活に何等の交渉なきものとなって仕舞はねばならぬ。

果して左様なれば、孔子の教とても亦尊敬に価するものではなくなる筈である」[16]と説明している。すなわち、渋沢は孔子の主旨を基準にして、それを解釈した朱子学において仁義道徳（義）と利用厚生（利）を引き離したとしていた。それによって「儒学の価値」が減ることになったとも述べている。このことは、渋沢は自分なりの孔子解釈を通して価値のある「儒学」を目指そうとしたのではないかともとれるのである。

そして渋沢は自分なりの孔子学の解釈、すなわち「論語算盤説」を展開している。彼は「仁義道徳、正しい道理の富でなければ、その富は完全に永続することができぬ、ここにおいて論語と算盤という懸け離れたものを一致せしめる事が今日の緊要の務」[17]と、論語と算盤の一致、もしくは仁義道徳と生産利殖の合一を主張していた。

渋沢は自分の『論語』読みと学者との相違について、「余は固より学者が論語を研究するやうに、考証的には読まない、唯だ論語の文字の上に孔子の精神の現はれたる処を付度して読むのが、予の論語の読み方である」[18]と区分したのである。そしてその活用法において、「論語の解釈は孔子本来の主旨に基づき須らくこれをその時代にあてはめて適応するやうに解釈すべきである。古人に拘はり文字に泥むべからず」[19]と述べ、時代に適応するように解釈するという実用主義を貫いたのである。また「論語の章句のうちにも時代の関係から今日の世には直其儘適用し得られぬものがある」[20]といい、取捨選択の方法を取っていた。これは彼が若い頃から尾高から習得した学問の方法につながっているのはいうまでもない。

上述した渋沢の儒学の特徴と比べれば、儒学の本拠地である中国の近代実業家はいかなる儒学観を示しているのか。次に張謇という人物を考察してみよう。

2　張謇の儒学

❖――（1）科挙志向

張謇は、字季直、号嗇庵、一八五三年七月一日（清咸豊三年五月二五日）、江蘇省海門長楽鎮に生まれた。

伝統的な中国社会では、儒学は制度化して官府の学となっただけでなく、官僚体制と一体化し、特に官吏登用試験である科挙制度の定着とともに、普遍的な社会と文化の価値基準になっていた。そして読書して官僚になることは、文化倫理上の最高の価値であっただけでなく、世俗社会における最も究極の目標でもあった[21]。科挙を通して、名誉を獲得し、地位も上昇することになる。平民の家庭にとっても読書人の子弟を培うことが理想であり、そのために苦労を惜しまなかった。張謇の家族もその一つである。

張謇が四、五歳の時、母親の金太夫人は文字を教えた。外へ学問を求める時期になると金太夫人はかなり厳格になり、晩に必ず当日勉強した内容を暗誦させた。無論、勉学を怠った場合、必ず厳しく叱られた[22]。ここからも当時の中国で自分の子供が科挙に合格するために親は、いかに厳しく学問を修めさせたかが想像される。

一八九四（光緒二〇）年六月に、張謇はとうとう科挙試験に合格し、清政府に翰林院修撰に任命された。

❖――（2）儒学観

近代に入った中国は、西洋列強に侵略され、民族の危機に瀕したとき、長らく続いていた「重義軽利」思想には徹底的に変化が生ずることとなった。維新人士をはじめ、西洋に追いつくように富強を追求し救国を狙おうとした思想は、まず反功利の伝統思想を取り除かなくてはならなくなり、『進化論』と『天演論』の出版により西洋の功利主義は広く伝播された。

このような社会背景の下で、張謇の強い救国の理念は、伝統的な〈義利〉観の突破を可能にしたと思われる。彼は「中国では士を尊び、商を卑しめ、『重義軽利』説が人心をとらえてから千年になり、……鎖国の時代は猶通じるが、二〇世紀という商戦の激しい時代においては、必ず天演淘汰（自然淘汰）の列に在る」[23]と「商戦」の危機意識を示しながら、「軽利」思想を批判した。また「義」について、彼は「朝廷が義を以って人民に国家の責任を負わせて、人民は亦義を以って奮ってその責任を担う」[24]と述べたように、救国のために人民は「義」を果たすべきである。しかも「士大夫は礼教の風を習い、匹夫が責任があるという言を深く認知し、亡国の無形の災いに直面し、整然と礼を持ち、誠を以って（責任を）請け負うならば国家の福」[25]であると述べ、救国の大義を負うにあたる士大夫の責任感を呼びかけたのである。こういう意味でいえば、張謇の「軽利」思想、また賎商思想への批判は救国の「義」に促された側面が大きいことが判る。これは孔子学における「利」を捉える彼の態度から窺うことができる。

張謇は「道」という言葉を論じた際、「道といえば、孔子より平易なものはなく、また大きいものもない。……その平易さは……、利を言わず……。曲儒（悪質な儒者）が経義を仮借して科挙利禄の途を為してから、孔子の道は日々暗くなった」[26]と述べている。すなわち、張謇は孔子が「利を言わず」とし、悪質な儒者が個人の「利禄」を貪り、「孔子の道」を暗くしたという。ここで彼は明らかに「利」と「孔子の道」を対立させていた。これは、渋沢が孔子の再解釈を通して、「利」を正当化させることと対照的である。

実は張謇の生涯からみれば、彼は科挙の及第にもかかわらず、一八九五年、国家の大「義」のために実業界に入ったが、いざ「士大夫が廉恥をしらず、利禄のみを貪り、一切の経書に再び目を通さず」[27]という世情を目にすると、彼は再び儒者の本領をみせ、「利」より道徳面の節操をあらためて強調したのである。

でも前述したように、張謇は確かに「軽利」思想を批判した。我々は彼の「利」観をどのように捉えるべきか。この問題の解明に、彼の〈義利〉観における「公利」思想を考察しなければならない。そのために、まず渋沢の「公利」思想をみてみよう。

3　渋沢栄一と張謇の「公利」思想

中川敬一郎は外国の侵略と圧迫をうけた後発国の経済面の特徴について、経済合理主義的な要素以外のある程度のナショナリスティックな企業目的が必要であったと分析した[28]。こういう意味でいえば、渋沢栄一と張謇の主張した「利」はある種の「経営ナショナリズム」の思想が入っていると考えられる。この思想は国家のための「公利」、あるいは公益への志向につながっている。

（1）両者の「公利」

渋沢は「利」の正当性について、「自己のみに偏せず、公利を害せぬやうに心掛け、道理に照らし義に従うて事を行へば他より怨まるるはずなし」[29]と述べている。即ち、公利を損なわなければ、義に従って利を謀ることが正当なのである。ここで渋沢は「公利」と義を同じレベルで捉えていた。また彼は『大学』の「国は利を以て利と為さず義を以て利と為す也」に完全に同意し、国の立場で義と利を合一したのである[30]。そして彼は事業家に対して「宜しく自重し覚醒して、国家的観念の外一歩も出でざらんことを力められ度い」[31]と呼びかけ、事業者の心掛けとしての国家的観念を期待していた。ここからみれば、彼の「公利」思想は国家観念に緊密にかかわっていることが分かる。しかも彼は「公人」と「私人」を区分した時、「公人として世に立つ場合は、常に国家的観念を以て事に任じ、凡ての仕事の上に私を忘れて一身を犠牲にするといふ覚悟を持たなくてはならぬ」[32]と述べた。すなわち、彼の「公」の性格は国家を指す意味であると理解しても間違いではない。益田孝は「渋沢さんは政治の話はなさらなかったけれども、いやしくも国家の為めとあらば、何んでも引受けて熱心にやられたことがわすれられません」[33]と回想した。これはいっそう渋沢の国家観念の強さを証明したのである。

では張謇はいかに「公利」を考えているのか。彼は「公衆の利」という概念を使用したことがある。では「公衆」は何を指しているのか。彼はまず自分なりの「公僕」「衆僕」説を展開した。すなわち「公司が成立して、公司の責任者に選ばれた者は大衆の委託をうけた公僕なり。公僕と衆僕は理において分別し、……大衆の資本家の委託を受け、大衆の資本家の私を計り、財を生ずるは衆僕の義である」[34]と説き、また「漸く投資合本の気風を開くは公僕の説なり。……数人の株主の牛馬を為し、彼らを喜ばせ、世間に関係しないのは衆僕の説なり」と説明した。すなわち張謇の「公僕」は株主のような資本家層のためでなく、「大衆」、または「世間」に奉仕する役である。最後に彼は「公僕を為すは可、衆僕を為すは不可」[35]と述べた。ここからすれば、張謇の「公」は「世間」、または社会につながる概念であることが窺われる。

以上からみれば、渋沢と張謇の「公」思想の構造が異なっているのが明らかである。ではこの差異が何故生じたのか。まず日中両国における「公」という文字の語源から考えてみよう。

中国の「公」の流れからみてみると、『説文解字』は「公」の語源について「公は平分なり、八ムに従う。八は猶背くなり。韓非曰く、ムに背くを公と為す」[36]と解釈した。つまり、中国の「公」の語源は利己を排し、公平に処することである。これに対して、日本の「公」(おおやけ)は首長・共同体という原義を拡大して、朝廷・国家を共同体とする、天皇・朝廷・官府のおおやけ＝公になったとされている[37]。ここからすれば、中国の「公」は日本の「公」の原義との間に、何ら共通性はない。

次に張謇の「公」の用い方からあらためて、彼の「公」の中身を考えてみよう。一九〇四(光緒三〇)年の「析産書」[38]によれば、両宅(張謇と兄の張詧)が家産を共同で管理し使うときは「公取」(共同で取らなければならない)と規定し、また使用する前に「公認」(お互いに認めなければならない)と決めている[39]。また義荘[40]に充てた資金が不足したら、「公補」(共同で工面)し、余ったら「公備」(共同で蓄積する)とある。この中の「公」は家族成員の「共同」の意味が大きい。上述した「公衆の利」の「公」と合わせて考えてみれば、張謇の「公」は家族、ひいては地方共同体の「公平・共同」を意味しているといえよう。

❖――(2)張謇の宗族と渋沢栄一の国家

次に中国当時の社会背景から、張謇が官界をやめて思い切り実業界に身を投じた動機付けを考えてみよう。

日清戦争後、馬関条約が結ばれ、日本は中国内地で工場を作る権利を獲得した。張謇の郷里通州地区の綿花が当時日本に買い取られ、次いで日本製機紡綿糸の流入によって、いっそう圧迫されるようになった。その利権の流出を防ぐために地元生産を行い、外国に抵抗しなければならない。すなわち、張謇が当時考えていたのは、郷土の利害と国全体のある種の「経営ナショナリズム」である。張謇は「通州に紗廠を設立したのは通州の民生を図り、亦中国の利源のためでもある」[41]と危機意識を強く示した。いい換えれば、張謇が直面したのは清王朝という帝政国家の危機であると同時に彼のいる郷紳社会の危機でもあった[42]。それゆえ、張謇の儒学を考察する場合、彼の郷紳[43]の性格を無視できない。しかも郷紳の性格の大きな特徴の一つは宗族意識の強さである。

張謇は父母の指示に従う傾向が強かった。彼は最初に読書に励み、科挙試験に合格することを一番の親孝行とし、何十回も受験したのである。また一時あきらめたにもかかわらず、父親の勧誘でまた試験場に出たのである[44]。ここからすれば、儒学の勉強ならびに科挙の及第は宗族を維持する手段とされて、大変重視されていたことが分かる。また宗族の維持において、張謇は一八九六（光緒二二）年に家廟と義荘を造った。この二者を造るとき、半分の資金は借金で賄われた[45]。これらはあらためて、彼の強い宗族意識を示したのである。

張謇の宗族意識の強さにくらべて、渋沢栄一はむしろこの点では柔軟な態度をとっていた。まず一八六三（文久三）年九月、栄一が攘夷暴挙を父母への不孝として、市郎右衛門の勘当を要請し、攘夷のために身を殉ぜんと決意した[46]。当時の心境について、渋沢は「自分の父に向って、これまでは家業も勉強して藍の商売も拡張したけれども、既に国事に一身を委ねるという以上は、父母に対してはこの上もない不孝の次第でありますが、とうていこの家の相続は出来ませぬから、速やかに自分を勘当して」[47]もらおうとしたと回想している。すなわち渋沢にとっては家業の継承より「国事に一身を委ねる」ことが重要であった。市郎右衛門の立場は「その方の説が分限を越えていわば非望を企てるということになる、根が農民に生まれたのだから ドコ《ママ》までもその本分を守って農民に安んじたがよい」[48]の立場であった。つまり市郎右衛門にとって、農民は本分を守るべきものであった。しかし、渋沢は父親の反対に逆らい、思い切って国事に奔走したのである。これは張謇にはどうしても考えられないことであろう。

そして市郎右衛門の死後、中国の伝統である、いわゆる子供として三年間孝道を守らなければならないとの慣習[49]に対して、渋沢は「先孝の遺法は理が非でも三年間は改めてならぬものだといふやうな意味に解釈すべきでは無い。須らく孔夫子が説かれた章句の精神を酌み取り、之を遵奉するやうに致すべきである」と述べ、中国の伝統的家庭儀礼に対して、むしろ柔軟な態勢をみせたのである。

以上の分析からみれば、渋沢栄一と張謇は家族あるいは宗族意識を大いに異にしていることが判明できる。

おわりに

一般に儒学の受容について、日本の風俗習慣と意識観念とは切っても切れない関係がある。

中国の伝統儒学においては、「仁」は「忠」の前に置かれ、「孝」によって反映される。「孝」は主に家族の血縁関係を中心に展開している[50]。張謇の強い宗族意識はすでに証明している。これに対して、渋沢は血縁関係の宗族意識よりも、むしろ国事に奉仕する、いわゆる国家の観念が強かったといえる。渋沢は「我帝国臣民として、忠と云ふ観念は、特に吾々が深い覚悟を以て待たねばならぬ……」と日本の「忠」が「帝国臣民」の徳目として重要であることを説く。そして「孝」については、「孝と云ふ字に対しては、今の日本の国の忠と云ふ字に対する如き特殊の観念をお持ちなさらんでも宜いか知れませぬが、孝と云ふ字の解釈を余り軽蔑なさらぬやうに致したい」と述べて、忠に比べてその二義的地位を示していた[51]。上述した渋沢と張の〈義利〉観における「公」の性格の相違はこれに緊密にかかわっている。

栗原彬は青年期の出来事が人の生涯に大きく影響すると論じている[52]。渋沢と張は少・青年期において、共に儒学の勉強を積み重ねたにもかかわらず、渋沢の宗族意識は伝統的な儒学の「孝」観念と大いに異なっていた。しかも、渋沢は若い頃、すでに家業の藍の商売を手伝い、各地へ旅をしていた。これよって、宗族意識より広域性が養成されたといわれている[53]。また彼の学問の形成からみれば、儒学の勉強において、尾高に私淑した結果、その学問的素養はすでに伝統的な儒学に属していなかったと考えられる。これに対して、張謇は科挙に及第するために、勉強したのは伝統的な儒学であろう。

それゆえ、我々は日中両国の実業家の儒学を捉える際、特定の社会・家庭背景と学問形成のもとで育ってきた個人差を無視することができない。

日本明治初期の資本主義の初期段階は国益志向的経営理念が優位を占めている[54]。上述した渋沢の「義利両全説」は国家主導の初期日本資本主義、ならびに国家に依存した初期の実業家に適合した思想として位置づけられよう。同時に渋沢の論語解釈は、新しい時代に適合しながら儒学を読みかえることが可能であることを示しているといえよう。しかし一九二八年には、渋沢は「義」と「利」との関係について、「義ト利ト、何時カ能ク両ツナガラ全ウセン」[55]と嘆いたのである。何故か。これは彼の儒学観の限界によるものであろうか。張謇の儒学観は彼に、よい参考を提供しえるのか。これらを今後の課題として検討してゆきたい。

注

[1] 宮嶋博史「東アジア小農社会の形成」溝口雄三・浜下武志・平石直昭・宮嶋博史編『アジアから考える[6]長期社会変動』東京大学出版会、一九九四年。またエズラ・F・ヴォーゲルは儒教の遺産のない国も工業化の達成ができたとし、儒教倫理と東アジアの経済発展との関係についての議論は留保が必要であると論じている。『アジア四小龍』中央公論社、一九九三年、一一八頁。

[2] 富永健一『日本の近代化と社会変動――テュービンゲン講義――』講談社、一九九〇年、一五〇―一五一頁。

[3]「義利の弁」は儒家の主たる哲学概念とされている。呂明灼等『儒学与近代以来中国政治』斉魯書社、二〇〇四年、四八六頁。

[4] 小島祐馬『中国の社会思想』筑摩書房、一九六七年、二〇頁、三五―三六頁。金日坤も儒教の農本主義が産業の発展を阻害し、営利の追求を妨げる気風をもたらしたと論じている。『儒教文化圏の秩序と経済』名古屋大学出版会、一九八四年、七一頁。

[5] 土屋喬雄『渋沢栄一』吉川弘文館、一九八九年、二七〇頁。
[6] 王家驊「渋沢栄一の『論語算盤説』と日本的な資本主義精神」渋沢研究会『渋沢研究』第七号、一九九四年。
[7] 章開沅『張謇伝』中華工商聯合出版社、二〇〇〇年。武芝凱（アメリカ）は張謇を中国実業家の代表と評している。「中国早期近代化与張謇的自強政策」『論張謇――張謇国際学術研討会論文集』江蘇人民出版社、一九九三年。
[8]『雨夜譚』岩波書店、一九八四年、一八頁。
[9] 同上、六九頁。
[10]「雨夜譚会談話筆記」渋沢青淵記念財団竜門社編纂『渋沢栄一伝記資料』渋沢栄一伝記資料刊行会、一九五五―一九七七年（以下『資料』と略す）第一巻、一二頁。
[11] 前掲書『雨夜譚』一六―一七頁。
[12]『政談』岩波文庫、一九八七年、三一頁。
[13]「通貨第十一」『柳子新論』温故堂、一八八四年、一三一頁。
[14]「利」を肯定する説もある。山鹿素行（一六二二―一六八五）は「利」を認め、それは「義の和」であるとしている（「聖学一・致知・義利を論ず」、『山鹿語類』）。渋沢は彼を「活学者」と評価している（詳しくは後述する）。とりわけ江戸中期以降、商業の発展に伴い商業の「利」を肯定する説が相次いで出されている。石門心学の始祖である石田梅岩（一六八五―一七四四）は「売利ヲ得ルハ商人ノ道なり」（『都鄙問答』）と述べ、商人利潤の正当化を主張している。海保青陵（一七五五―一八一七）も商業資本の発達を肯定して、「利」を棄て、商業を蔑む武士の姿を嘲笑した（『稽古談』）。
[15]『青淵百話・乾』同文館、一九一二年、一四六頁。
[16] 同上、二五五頁。
[17]『論語と算盤』国書刊行会、一九八五年、二頁。
[18]『実業訓』東京成功雑誌社、一九〇九年、四九頁。
[19]『論語講義』二松学舎大学出版部、一九七五年、五九四頁。
[20]「実践論語処世談」（三）『資料』別巻第六、六五七頁。
[21] 陳其南「東アジアの家族イデオロギーと企業の経済倫理」アジア知識人会議『東アジア地域の経済発展とその文化的背景』第一法規出版株式会社、一九八九年、を参照。
[22]「金太夫人行述」一八七九年、宋希尚『張謇的生平』台湾書店、一九六三年、二五二頁。
[23]「敬告通泰場商同胞意見書」一九一〇年『張謇全集』江蘇古籍出版社、一九九四年（以下『全集』と略す）第二巻、九五頁。
[24]「送十六省議員詣闕上書序」一九〇九年『全集』第一巻、一二八頁。

[25] 同上。
[26]「重修南通孔廟記」一九二一年、『全集』第五巻、一八七頁。
[27]「尊孔会第一次演説」一九一八年、『全集』第四巻、一四八頁。
[28] 中川敬一郎『比較経営史序説』東京大学出版会、一九八一年、一四四頁。
[29] 前掲書『論語講義』一六八頁。
[30] 前掲書『青淵百話・乾』二五五頁。
[31] 同上、二四八―二四九頁。
[32] 前掲書『青淵百話・乾』六七頁。
[33]「益田孝氏談話 小田原掃雲堂にて」一九三六年、『資料』別巻第八、三三九頁。
[34]「勉任蘇路協理意見」一九〇六年、『全集』第一巻、九九頁。
[35]「大生紗廠第八届説略並帳略」一九〇六年、『全集』第三巻、七三頁。
[36] 許慎撰『説文解字・附検字』中華書局、一九六一年。
[37] 溝口雄三『中国の公と私』研文出版、一九九五年、四一頁。
[38]「析産書」一九〇四年、『全集』第五巻、一四三―一四六頁。
[39] 同右。
[40] 氏族が共有する土地をはじめ、居住地、桑畑を含む。その収入を以て土地の差配及び使用人の賃銀以外、氏族中の貧困者または寡婦、孤児の扶助料、並びに年少者の教育に提供する。岡野一朗『支那経済辞典』東洋書籍出版、一九三二年。
[41]「廠約」一八九九年、『全集』第三巻、一七頁。
[42] 野村浩一「辛亥革命の政治文化―民権・立憲・皇権」(中)『思想』八四三号、岩波書店、一九九四年。
[43] 郷里に居住する退職官僚や高等文官の有資格者である。「紳士」、「紳衿」と同じように広い意味に用いられることが多い。現職の官吏と同じような特権をもつ特権階級とされている。市古宙三『近代中国の政治の社会』東京大学出版会、一九七一年、三四〇頁。
[44] 庄安正『張謇先生年譜』吉林人民出版社、二〇〇二年、一三七頁。
[45] 前掲「析産書」。
[46] 前掲書『雨夜譚』四〇頁。
[47] 同右。
[48] 同右、三八頁。

[49]「子曰く、三年父の道を改むるなきは孝といふべし」『論語・里仁』。

[50]富永健一は中国思想としての儒学は「忠」より「孝」を最も重視しているという。『マックス・ウェーバーとアジアの近代化』講談社学術文庫、一九九八年、九七頁。

[51]「東京高等商業学校に於て」一九一七年、『竜門雑誌』第三五五号。孔健は『孔子の経営学』の中で仁より忠を重んじる日本儒学の特徴を捉えている。PHP文庫、一九九四年、一一〇頁。

[52]栗原彬『歴史とアイデンティティ』新曜社、一九八二年、四四頁。

[53]瀬岡誠は、広域志向性とは個人がかれの属する社会体系の外部の状況に目を向けている度合いであるという。「渋沢栄一における革新性の形成過程」『大阪大学経済学』二六巻No.1・2、大阪大学経済学部、一九七六年。

[54]前掲書『比較経営史序説』一七三頁。

[55]「義利何時能両全」一九二八年一二月、『竜門雑誌』第四八三号、別巻第八余録談話四、一六三頁。

日本人の伝統倫理観と武士道

谷中　信一

はじめに

日本の伝統倫理の基本をなしている概念は、「恥」・「恩」・「世間」の三つに整理できるとされている。これまでも「恥をわきまえているかどうか」が自他の行動を判断する主要な基準であった。〝みっともない〟〝はしたない〟〝見苦しい〟〝体裁が悪い〟〝不調法〟〝恰好が悪い〟などは皆そのバリエーションである。同様に、「人に恩義を感じるかどうか」も自他の行動を倫理的に判断する主要な基準であった。実は「親孝行」というのも、中国のそれとは意味が異なり（中国では、祖先崇拝まで含む）、日本の場合は子供が自分を育ててくれた親に対する恩返しを意味する場合が多い。

そうしてこれらの「恥」や「恩」の倫理が機能する場としては「世間」がある。日本人が倫理規範に従って行動しようとする場合、自他の関係をすべて「世間」内関係として捉えていたために、日本人の倫理規範は「世間」の中でのみ有効であったと言っても言い過ぎではない。人はその与えられた世間の中で、好むと好まざるとにかかわらず、生かし生かされているのだから、世間に背いてはいけないと教えられてきたのである。

そこでこの三つのキーワードを軸に、昨今流行の「武士道」を、日本人の心理に底流している倫理思想という観点から考察してみようと思うのである。

1 武士道の起源

既に武士道については津田左右吉が、次のように述べている[1]。

・(武士の思想は) 彼ら自身の実生活から自然に生まれたもの (一二九頁)。
・武士の思想は道学者の説法から生まれたものでもなければ、冷ややかな文字上の知識から来たものではなく、彼らの現実の生活から長い間の体験によつて精錬せられたもの、現実の生活そのものの結晶であり精粋である (五一四頁)。
・武士道といふ語が何時から用ゐられてゐいたのかは明言しがたいが、遅くとも戦国時代の末ころにはできてゐたらうかと思はれる (五三一頁)。

などと言っていることからもわかるように、「武士道」の起源は判然とせず、強いて言えば日本の土着の社会から自然発生してきた思想であり、そうした意味で言えば広く日本の伝統倫理観と無縁ではなく、従って「武士道」を日本の伝統倫理と切り離しては論じることはできないであろう[2]。

また武士道と一口に言っても、時代によって変遷してきたことも忘れてはならない。例えば、「武士道というは死ぬことと見つけたり」で知られる山本常朝の『葉隠』は、平和な江戸時代に唱えられた〝江戸武士道〟であり、最近になって人々の関心を集めている新渡戸稲造の『武士道』は近代日本が世界に向けて発信した〝明治武士道〟である。とはいえ、津田左右吉が、畢竟、戦闘が彼らに敢為の気象と忍耐とを教へ、死を怖れざる勇猛心と死を見ること帰するが如き安心とを与へ、強者に屈せず弱者を侮らず、権勢と利益とに惑わされず、友を愛し人を慈しみ信義を守り礼節を重んずる気風を養はせたのである（同五二七頁）。

と述べているような意味では、大筋で共通していよう。

以下に、まず日本の伝統倫理観をどのようなものと見ることができるか、先行研究の助けを借りながら整理してみよう。

2 「恥」「恩」、そして「世間」

日本の伝統倫理の基本をなしている観念は、ごく大雑把に言って、「恥」と「恩」を挙げることができ、そしてその倫理観念を成り立たせている社会的基盤として「世間」があることは、「はじめに」で述べた通りである。

❖――――（2―1）「恥」

日本社会において、人は「恥」をわきまえているかどうか（つまり〝恥を知れ〟〝恥知らず〟〝恥さらし〟などの語）が、長いこと自他の行動のよしあしを判断する、つまり倫理的判断を下す際の主要な基準であった。このことは、関連する豊富な語彙から知ることができる。例えば「はじめに」で例示した〝みっともない〟などは皆そのバリエーションであるし、これらの他にも〝恥の上塗り〟〝旅の恥はかきすて〟〝四〇過ぎの恥かきっ子〟〝恥も外聞もない〟などという言葉もあった。古くルース・ベネディクトがその著『菊と刀』（長谷川松治訳、社会思想社、一九七二年）において、日本文化を「恥の文化」として規定したことはよく知られている。例えば、日本人は罪の重大さよりも恥の重大さに重きを置いている……真の罪の文化が内面的な罪の自覚に基づいて善行を行うのに対して、真の恥の文化は外面的強制力にもとづいて善行を行う。恥は他人の批評に対する反応である。……日本人の生活において恥が最高の地位を占めている（二五六―二五九頁）。

この指摘には全く異論なく、同意できる。

❖――――（2―2）「恩」

〝恥〟とともに、人は〝恩〟を感じるかどうか（〝恩返しする〟〝恩知らず〟）ということも、長い間日本社会において自他の行動を倫理的に判断する際のもう一つの主要な基準であった。

詳しい論証は省略させてもらうが、『鶴の恩返し』（鶴の恩返し）『浦島太郎』（亀の恩返し）『かさこ地蔵』（石地蔵の恩返し）などの童話があることからもわかるように、日本人は受けた「恩」はいつか必ず返さなければならないことを幼な心に教え込まれてきたのである。「はじめに」で述べたように〝親孝行〟というのも、日本の場合は子供が自分を育ててくれた親に対する恩返し（「報恩」）を意味するのであった。

❖――――（2―3）「世間」

ところでこれらの恥や恩といった言葉で語られる倫理意識を一人一人の日本人に求めているのが、「世間」という目には見えないが確固として実在する一種の社会環境であった。つまり日本人がある倫理規範に従って行動しようとする場合、自分と他者の関係を常に「世間」内の関係として捉えていたために、日本人の倫理規範は「世間」の中でのみ有効に機能したと言ってしまっても、実はそれほど間違ってはいないのである[3]。

3 「世間」とは一体何か

〝世間様〟〝世間の目〟〝世間体が悪い〟〝世間が許さない〟〝世間に顔見せできない〟〝広い世間を狭くする〟〝世間に申し開きをする〟〝世間に背を向ける〟〝世間知らず〟〝世間の鼻つまみ者〟〝世間を騒がす〟〝世間ずれ〟〝世間話〟〝世間離れ〟などという言葉が、これまで人々の日常会話の中でごく普通に使われていたことからもわかるように、人々は「世間」の中で生き暮らしてきた。つまり、人は、自分が身を置いている「世間」の中で、好むと好まざるとにかかわらず、生かし生かされているのだから、その「世間」に背いてはならないと、幼い頃から厳しくしつけられてきたのである。

それゆえ例えば〝悪事をはたらく〟といっても、それは神や仏に背くことを直ちに意味するのではなく、まずは「世間」に背くことを意味していた。従って、その報いは天罰でも仏罰でもなく、端的には「世間」からの制裁ということであった。この場合〝制裁〟とは、これまで「世間」で占めてきた自分の立場を失うこと、換言すれば、仕事や人間関係などこれまで自分が生きていくうえでの最大の拠り所であったもののほとんどすべてを失うことを意味する。誰でもそのような事態に直面すれば、極めて絶望的な気分になるであろう。だから、そうならないために日常生活において常に自制心がはたらくことになる。こうした自制心こそが、強力な規範力の源泉となっているのである。

つまりこういうことである。〝悪事をはたらく〟ことが刑法犯罪であることはもちろんのことであるが、何よりもそれは〝世間が許さないことをしてしまう〟ことを意味する。〝世間が許さないこと〟というのは、〝恥知らず〟な行為であり〝恩知らず〟な行為を指す。もし人がそのようなことをすれば〝世間体が悪い〟し、それが極端な場合は明日から〝世間様に顔見せできなくなる〟し、結局〝広い世間を狭くしてしまう〟ことになり、自分の（仕事や人間関係における）位置を失ってしまうのである。後から〝世間様に申し開き〟をしても、聞き入れてもらえるかどうかわからないから、最悪の場合は、〝世間様に背を向けて生きる〟か、〝世間に隠れて生きる〟か、どちらかの選択肢しか残らなくなってしまう。これは最低の生き方であるし、何よりも「世間」にとどまって暮らしている親兄弟にまで迷惑をかけることになってしまうではないか……。

これら「恥」や「恩」の意識は一義的には倫理規範として機能しているのであって、法規範ではない。また、「世間」というものにしても、政治や経済、法律などがシステムとして機能している国家としての「日本」そのものを指すのでもない。しかし、現実の日本人は誰もが多かれ少なかれ国家としての「日本」とは別に、自分の「世間」を持ちその中で暮らしてきたのである。これはアウトロー集団であるやくざとて例外ではない。

国家の「法」よりも、世間の「おきて」がうまく機能していたのである。日本は治安がよいとされてきた理由は、まさにここにある。

ところで「世間」とは、簡単に言えば〝人間社会〟のことであるはずだが、いわゆる〝国家社会〟ではないし、いわゆるパブリックな〝市民社会〟でもない。あくまでも血縁や地縁、職縁からなるある種の〝閉鎖社会〟(むら)であり、そこに暮らす人々にとっては〝運命共同体〟のようなもので、人はその中で生まれ育ち生活し仕事している。つまり人々は「世間」の中で「世間」とともに暮らしているのである。そう考えるところから、誰もが「世間」には「恩」があると感じるようになる、自分がこうして暮らしていけるのは〝世間様〟のおかげだと考えるのである。

だから、「世間」に背いて振る舞うことは、とりもなおさず「世間」から受けた「恩」を忘れることである。これはとうてい許されないことであるから、「世間」はそのような者に制裁を科して、そうした行為は省みて深く恥じて、以後再び繰り返さないことを約束させようとする。

だが子供の場合はまだ経験が少なく、そうしたことへの理解が少ない、つまり「世間」から受けた「恩」も多くはなく、何よりも〝世間知らず〟なのだから、大人と同じように扱ってはならないというわけで、〝大目に見て〟もらえる。

もっとも大のおとなでも、〝旅の恥はかきすて〟と言って、自分の属する世間から遠く離れてしまえば、「恩義」を感じて振る舞う必要はなく、またそれゆえ「恥」をかくことなど何でもないという気楽な気分になる。あの多くの悲劇を生み多数の犠牲者を出した日中戦争において、母国では律儀で穏和で従順なはずの日本人兵士が大陸のあちこちで中国人に残虐行為をはたらいたのは、こうした心理がはたらいたからであろうと、ある中国人研究者は分析している[4]。

逆に〝渡る世間に鬼はない〟と言う言葉がある。これは日本人が、お互いに顔を知り名前を知り気心が知れてくれば、そこに仲間意識が生まれ、善意の交際が始まるから、ひどい仕打ちを受けるはずはない、と考えていることによる。日本人は人見知りすると言われる。見知らぬ人にはとても警戒心を持つからである。だが、いったんうち解けると、嘘のように警戒心を解いて無防備になってしまうのも日本人である。だから、海外旅行先で、〝親切な〟外国人に出会って嬉しさのあまりすっかり気を許したために、詐欺や盗難に遭うといったことがしばしばあるのは、そうした日本人心理の裏返しの現象であろう。そこに、長年慣れ親しんだ「世間」があると錯覚してしまうのである。これが〝日本の常識、世界の非常識〟と言われることの真相ではなかろうか。

4 「恥」の倫理

❖――(4―1)「恥」の対極にある「名誉」

「名誉」は当然のことであるが、功績に対して与えられる。「恥」が世間の否定的な評価に由来するとすれば、「名誉」はその反対に世間の肯定的な評価に由来する。つまり、「名誉」は「恥」の反意語であると言える。人が何にもまして望むのは、〝世間が注目する〟ことであり、〝世間から誉められる〟ことである。これがすなわち「名誉」である。もっともこうした名誉を喜ぶ心理は日本人に限らず普遍的な欲求であろうから、特筆する必要もないかも知れない。ここでは、武士道とは「恥」を最も忌み、「名誉」を最も求めるところに成り立っている規範意識であるということだけを確認しておこう。

問題は、「名誉」をどのようにして得ることができるか、その方法であろう。それは、端的に言ってしまえば、〝自己のつとめ〟を十分に果たすことによって得ることができると考えられている。つまり「つとめ」という言葉が「名誉」の意識と深く結びついていると考えられるのである。

例えば、〝親のつとめ〟、〝師のつとめ〟、〝主君のつとめ〟、〝家臣のつとめ〟等々、それぞれの立場（これを「分」という）にあって、その立場にあるものが求められる行為（これを「本分」という）を立派にやり遂げることを、〝つとめを果たす〟という。「つとめ」の〝役割を果たす〟という意味が強調されて、現在では、ある会社に就職し、そこで仕事をして給料をもらうことの意味としても用いられているが、それは原義から離れている。誰かに雇われているわけでなくても、報酬をもらっているわけでなくても、人は皆自分の「本分」があり、それを果たすことが「つとめる（努める）」ことであり、また「つとめ（勤め）」というものなのである。

❖——（4—2）「恥」は世間との関係の中で感じる心理的負い目

ところで、漢語の〝破廉恥〟とか〝廉恥心〟とかはもっぱら普遍的な倫理道徳規範に照らしていう言葉である。

この〝廉恥〟という語は、古くは中国先秦時代の文献である『管子』牧民篇に見えている。

> 國に四維有り。……何をか四維と謂う。一に曰く禮。二に曰く義。三に曰く廉。四に曰く恥。禮は節を踰《こ》えず。義は自ら進まず。廉は惡を蔽わず。恥は枉に従わず。故に節を踰えざれば、則ち上位安し。自ら進まざれば、則ち民巧詐無し。惡を蔽わざれば則ち行自ら全し。枉に従わざれば、則邪事生ぜず。

とあるように、国家の秩序を保つための基準となる四つの規範（〝四維〟）のうちの二つを指していて、〝礼義〟と対をなしている。端的に言えば、国家秩序の維持に直接関係してくる観念である。〝廉〟であれば〝悪〟を蔽い隠すことはなく、〝恥〟であれば〝枉〟に従うことがない、つまり〝廉恥〟の心を実践すれば、行動は自ずから善になり、そこに不正は生まれてこないことになるというのである。こうして〝廉恥心〟とは、秩序を壊すような不正行為・不法行為に走らないという倫理的〝歯止め〟としての役割をしていると知ることができる。

一方、われわれが〝はずかしい〟と言うとき、これはある種の感情に過ぎない。だから倫理道徳に背くことをした場合ばかりでなく、人がやらないことや、やりたがらないことをやる、例えば、本来は成功するべきであるのに失敗してしまうとき、或いは、人から期待されていながらそれに応えられないときにも、〝はずかしい〟と感じてしまうのである。そこから、例えば、〝学生としてはずかしい〟〝男としてはずかしい〟〝女として恥ずかしい〟〝親としてはずかしい〟〝○○としてはずかしい〟などという言葉ができてくるのであろう。これは一言で言えば〝役割〟や〝使命〟つまり「本分」に背いてしまったので〝はずかしい〟という感情が萌すのである。日本人の場合は、むしろこちらの意味の方が重要である。従って、漢語の〝廉恥心〟とは少しばかり異なった意味を持っていると言えよう。

ところで日本人が〝はずかしい〟と自分が感じるとき、一体誰に対してそう感じるのであろうか。それは、自分が属している「世間」に対して〝はずかしい〟という感情がはたらくのである。つまりここで〝世間体が悪い〟という言葉が生きてくる。このことを逆に言えば、もし「世間」を遠く離れたところであれば（例えば、旅先の見知らぬ土地であれば）〝はずかしい〟と思う感情が極めて限定された範囲内に止まるか、或いは全くはたらかなくなってしまうであろう。そうすると多少〝破廉恥〟行為をしても構わない（つまり誰もその行為を責め立てない）と言うことになる。先に述べた〝旅の恥はかきすて〟のことわざはそれを言ったものに他ならない。もしもこの〝はずかしい〟という感情が普遍的な倫理道徳に関わるものであれば、時と場所は問わないはずで、〝掻き捨て〟とは行かないであろう。

このように考えてくると、〝はずかしい〟とか〝はずかしくない〟とかの感情は、自己の内面に確固とした普遍的な規範意識があって、その意識がそうした感情を発動させているわけではなく、「世間」で共有されている価値観がそうした感情を発動させる基準になっていることがわかる。従って、そうした感情を発動させるためには「世間」と一定の価値観・倫理観を共有していることが前提となる。だから、もしそうした認識を欠いていたり、あるいはそうした認識を必要としていない場面であれば、たとえ恥ずべき行為をしても、これを〝はずかしい〟とは感じないわけである。

〝恥知らず〟な行為とは、反倫理的行為のことである場合ももちろんあろうけれども、何よりも一義的には「世間」から受け入れられない行為を意味しているのだということがわかる。だから「名誉」とは、先にも述べたように、これとは全く逆のこと、つまり、(「世間」において)成功する、(「世間」の)期待に応える、あるいは(「世間」が期待する)役割を十分に果たしたときに、「世間」から与えられるものなのである。

5 武士道的倫理観

本章では、いわゆる武士道といわれるものが、武士階級という狭く限定された集団の中で形成された倫理道徳観念ではなく、広く日本人の伝統倫理観から演繹されて、武士というごく少数の支配階級に属する者たちによって完成していった道徳であることについて述べていこう。

❖——(5—1)武士の一般的心得

当然のことであるが、戦士としての武士には、死をいたずらに恐れることなく、常に勇敢であることが求められた。そこで第一に「死を覚悟して生きよ」[5]などということが言われた。〝死〟の恐怖を精神の力で克服せよというのである。このために不断の精神鍛錬が課された。第二は、その一環として、喜怒哀楽を表に出さないことが求められた。〝人前で涙を見せてはいけない〟とか〝歯を出して笑うものではない〟というのである。第三には謙虚であることが求められ、〝わたくしごとを人前であれこれ自慢したり吹聴するものではない〟とされた。第四に、日常生活でも常に凶器を携行している武士は何よりも怒りの激情を抑える自制心が求められ、〝ならぬ堪忍するが堪忍〟ということが言われた。第五に寡黙であることが求められ、本心はむやみに明かすものではないとして、これを〝はらの中にしまっておく〟ことが大切とされた。第六に、ものごとを好き嫌いや損得から判断すべきでないとして、〝損得勘定〟を最も忌んだ。これが後の「義理」の思想に通じるのである。こうした観念は、多かれ少なかれ日本人が共有してきた価値観であろう。

❖――（5―2）「はら」の思想

日本語には、元来哺乳動物の内臓のひとつひとつを指し示す単語はなかった。今、使われている心・肝・肺・腎・胃・腸等の語は皆漢語から借用したものである。日本語では、これら内臓を総称して〝はらわた〟（或いは〝わた〟や〝きも〟）と称していたようである。だから、キモという和語に対応する漢字は〝肝〟（肝臓）と〝胆〟（胆嚢）の二種類の漢字が、ハラという和語には、〝腹〟（内臓をおおい包むところで、物の中央部、〝背〟の対をなす語）と〝肚〟（腹と近い意味を持つが、もともと胃袋の意味）という二種類の漢字が、それぞれ当てられている。

さて、そうした中でとりわけ重要な意味を持って使われるのが「はら」という和語である。これには、ざっと記憶の中からたぐり寄せてみただけでも以下のような用法用例がある。

①「はらを＋（動詞）」（「はら」が目的語の位置にある）
〝はらを立てる〟〝はらを決める〟〝はらを括る〟〝はらを据える〟〝はらを割る〟〝はらを見せる〟〝はらを見抜く〟〝はらを読む〟〝はらを探る〟〝はらを切る〟等の語。

②「はらが＋（形容詞）」（「はら」が主語の位置にある）
〝はらが大きい〟〝はらが太い（＝太っ腹）〟〝はらが黒い〟〝はらが無い〟等の語。

③「はらに＋（動詞）」（「はら」が補語の位置にある）
〝はらに蔵っておく〟〝はらに据える〟（〝はらに据えかねる〟と否定詞を伴って用いられることが多い）等の語。

④その他
〝はら芸〟〝はらに一物〟〝はらわたが煮えくりかえる〟等。

以上のように、「はら」は自分の立場、考え方、態度を意味し、〝むね〟や〝あたま〟よりももっと人格に深く根ざしたものとされた。武士にとって、生死をかけた戦場で最も求められるのは物事に動じない胆力、死を恐れない度胸、すなわち「はら」であった。「はら」を据えて戦うからこそ、迫り来る強敵にも怯むことなく、勇気を奮うことができ、その結果として「名誉」を手中にすることができるのである。こうしたはらの思想は現代の日本人にも受け継がれているだろう。

❖――(5―3) 義理と人情の狭間での葛藤

「義理」とは、本来は〝正義の道理〟を意味し、武士として当然なさねばならぬこと、すなわち道義的義務を意味していた[6]。しかし、その〝正義の道理〟が普遍的な価値としてのそれを意味していたのかどうかということになると、必ずしもそうとは言えず、先にも述べた意味での「世間」、すなわちこの場合は当該の武士が属する「世間」において認められ通用する〝正義の道理〟であったと考えるべきであろう。

従って、武士は、たとえそれが自分の本心から出たことではないにせよ、「義理」にかなっていれば「意地」でもやり遂げねばならず、それこそが武士の「意気地」であるとされた。それができない者は〝意気地なし〟と蔑まれることになる。

ただ、こうした「義理」の観念が、必ずしも本心に基づく判断に由来するものではなく、専ら外部から求められ、ときに強制される〝よきこと〟であったために、やがて変質して〝たてまえ〟と言い換えられて、その価値が貶められていった。つまり、〝たてまえ〟ですることは、たとえそれが正義や道理に適っていても、自分の意志に依らないので、単なる〝見栄〟であり〝偽善〟だというわけである。そうして、近代社会の個人主義の風潮とともに、自分の考えを押し殺して〝たてまえ〟で生きることはすなわち〝偽善〟的行為であり、自己疎外的行為であるとして、嫌われ退けられることとなった。

一方、「人情」に従うということは、人としての生まれつきの性情に従って感じたり思ったりすることであり、またその感じや思いのままに行動することである。これは、(5―1)に述べた武士の一般的心得に反する行為であり、武士としての修練を十分に積んでいない未熟者がする卑しい行為なのである。そのため「人情」のままに振る舞うことが最も卑しまれ、当然克服されるべき感情としてそれは排除の対象となった。しかし、いつも義理が最優先され人情が卑しまれたわけではない。武士にも「情」というものがあった。武士も職業戦士である反面、人の子である。親もあれば、子もある、友もあろうし、恋人もあろう。ここに〝武士の情け〟ということが言われる。「義理」のうえでは許し難い、見過ごし難いことでも、「人情」において忍びないときは、例外的にこれを〝武士の情け〟と言って、「人情」のままに振る舞うことが許される。

だが、こうした観念は、武士の倫理が衰退するとともに〝ほんね〟という言葉で言い換えられて肯定的に扱われることとなった。そうして近代社会の個人主義は、〝ほんね〟で生きることに価値を置き、そうした生き方こそが素直で〝自由〟な生き方であるとして、むしろ積極的に肯定されていった。

このように武士の倫理としての「義理」を〝たてまえ〟、「人情」を〝ほんね〟と言換えると、過去と現在とでは、「義理」と「人情」の価値観の逆転現象が起きていることがわかる。

過去には、「義理」(〝たてまえ〟)を捨てて「人情」(〝ほんね〟)で生きることは、〝見苦しい〟・〝あさましい〟として排斥され、「人情」(〝ほんね〟)を殺して「義理」(〝たてまえ〟)を掲げて生きることこそが、その本分を全うする生き方とされたのであるから。

〝義理がすたれば、この世は闇だ〟(『人生劇場』の歌詞の一部)という反省がありはしたものの、結局現代では、「義理」を尊重すること、つまり〝たてまえ〟で生きることの方が、むしろ〝息苦しい〟〝堅苦しい〟生き方として嫌われるようになった。

ここに武士道的倫理規範が疎んじられている現実があると言える。

❖――(5―4) 武士道と儒教思想の関係

江戸時代には、「武士の儒者嫌い」ということが言われた。「修己治人」を掲げて中国の古典を『経』と称して尊重し、道理や倫理を説く儒者に対し、自分たち武士は、学問はなく、弁は立たずとも、主君のためには命賭けで戦う勇気のある戦士であることに自尊の念を抱いていたからである。

ところが、やがて武士が武士として活躍できた戦国の時代は終わりを告げ、武士の棟梁であり征夷大将軍である徳川家康が、江戸に幕府を開いて以来、長い長い太平の世を迎えることになる。もはや武士本来の仕事である戦争がなくなってしまったわけである。

武士たちは日本の政治指導者としての社会的責任を自覚するようになる。こうして彼らは、「儒者ぎらい」などとは言っておれず、長らく身に佩びていた武器を傍らに置いて静かに学問をするようになった[7]。武士が一概に儒者を嫌うとも言えなくなり、むしろその優れた思想を積極的に学び、政治に反映させようとするようにもなっていったわけである。武士は、政治と道徳の教えを説く儒学を尊重するのと比例して、為政者としての品位品格を磨くようになっていった。例えば、明の遺臣朱舜水を招き藩を挙げて儒学を尊重した水戸徳川の光圀公は、江戸上屋敷の庭園に「後楽園」(為政者たる者、〝民に先んじて憂い、民に後れて楽しむ〟べきことを言う)と名付けたり、同じく水戸徳川九代藩主・斉昭は水戸に一大庭園を造り三〇〇〇本の梅の木を植えて、これに「偕楽園」(為政者はいつも民とともに楽しむべきであり、楽しみを独占してはならないことを言う。「偕」とはともにの意味)と名付けて、自己の政治信条をそこに託したことは、よく知られている。

❖ ――――〈5―5〉「恥」と武士道

武士は、その〝名誉〟を得るためならば、普通の人間なら誰でもする〝損得勘定〟を捨てて「意地」でもやり抜かねばならない。そうしてこそ「名誉」は初めて得られるからである。だからそのようなときに、「名誉」を求めず、「損得」にこだわり、死を前に躊躇する者こそ、武士の「本分」を忘れた者であり、〝武士の名折れ〟であり、〝(武士の)体面を汚す〟〝恥ずべき〟者であり、〝武士の風上にも置けない〟のである。つまり武士にとって大切なのは、「利」ではなく、「義理」を果たすことによって得られる「名誉」なのであった。

その意味では、武士道とは「恥」の文化に支えられた規範意識と言え、そしてそれは同時に〝人前で恥ずかしめを受けることとは、死ぬよりつらいこと〟であり、それゆえ武士にとって最も大切なのは、自分の「命」ではなく、「名誉」であり「誇り」

であったことが頷けるのである。その名誉や誇りを損なうことが「恥」そのものだったからである。だが、ここでも確認しておかなければならないことは、悪を行って罰を受けることが「恥」なのではなく、自分が持っているはずの、また持っていると確信している名誉を失うことが「恥」だったのである。

こうした強烈な「恥」の意識は、日本人の倫理観に通底し響き合うのである。

6 武士の組織論

武士とは、そもそも戦場で勝利するための軍隊組織の構成員である。武士道とは、その中から生まれた規範、換言すれば戦闘集団の中で求められた特殊な規範（津田左右吉によれば「戦争によって形づくられた変態道徳」[8]）なのである。つまり、家臣は主人の命令には絶対に服従しなければならない。たとえ死が目前にあっても一所懸命に戦わねばならず、決して敵から逃げてはいけない。むしろ、こうしたときにこそ命がけで戦うことが、家臣たるものの「つとめ」なのである。主君は、家臣がそうした命がけのはたらきによって得た手柄に対して莫大な恩賞をもって報いねばならない。このとき恩賞をケチってはいけない。なぜなら、それこそが主君たるものの「つとめ」なのである。

莫大な恩賞を与えられた家臣は、その望外の「恩賞」に報いるため主君に対し更なる「報恩」の志を持たねばならない。その意味で恩賞とは単なる報酬を意味しない。一度限りの成功報酬ではないのである。いわば次の手柄に対する〝手付け金〟のような意味も持っていた。

ここにおいて、「主従」の関係とは「恩」と「報恩」の関係であり、近代的な契約関係ではないということの意味が理解できる。これを現代の企業社会の規範意識と比較してみると、どのようなことが言えるであろうか。

❖――（6―1） 近年の日本社会の規範意識の変化

これまで日本の企業においては、①従業員は終身雇用で、社宅を与えられ、年功序列で生活は保障され、②従業員は〝企業戦士〟として家庭を顧みず、会社に命を捧げ、③たとえいかなる不正であろうと会社に命じられれば無言のうちに引き受け、場合によっては会社に殉じることも已む無しとし、④その結果、日本企業は短期間のうちに世界の優良企業に成長し、数々の成功神話が作られていった、ことが割合よく知られているであろう。

今、これを武士の組織論と引き比べてみると、どのようなことが言えるであろうか。ごく大雑把で極めて印象的な見方であるが、①は一所懸命に主君のためにはたらいて勝ち取った「所領安堵」に、②は武士の主君に対するひたすらな「滅私奉公」に、③は武士の間のある種条理を越えた「主従関係」に、④はこのような戦闘集団が機能的かつ合理的に組織された結果日本の政権は武士の手に落ちたわけであるが、まさにこの「武家政権」の成立にそれぞれなぞらえることができないだろうか。以下、個々に述べてみたい。

❖――（6―2） 報恩より報酬――「所領安堵」への反省として

かつて自民党のある派閥が「〇〇軍団」と自称して鉄の結束を誇り、党内最大勢力として政権を牛耳ったことがあった。そうした派閥内における人間関係において伝統的な「恩」と「報恩」の関係が底流にあったことが、その強さを支えていたのではないかと考えられる。彼らの派閥は、いわゆる〝一族郎党意識〟に支えられた主従関係が形成されていたのであろう。更に典型的な例が、企業における雇用主と被雇用者との関係である。

終身雇用制の中で、社宅を与えられ、保養施設を提供され、慰安旅行や運動会など会社挙げてのさまざまな余暇活動を楽しんできたサラリーマンとその企業との関係は〝一族郎党意識〟に支えられた一種の主従関係であったと言えよう。つまり家臣（社員）は主君（会社）の命令には、たとえそれが家族と離れて地の果てまで赴任しなければならないといった過酷なものであっても、絶対服従しなければならず、与えられる社宅や給与なども、自己の労働に対する正当な対価・報酬というよりは、

「会社は自分のような者を雇い、こんなにたくさんの給料をくれるばかりか、こんなすばらしい住まいまで提供してくれている（＝恩）。だから自分は一生懸命はたらいて、その会社（＝主君）の恩に報いねばならない。（＝報恩）」と考えるのである。

日本のサラリーマンが、かつて〝企業戦士〟の異名を取ったのは、給料が自分の労働に対する対価・報酬という考え方の背後に、実は本人たちが意識するとしないとにかかわらず、会社から賜わった〝恩賞〟という、かつての武士と同じような受け止め方があったのではなかろうか。

「恩」と「報恩」の関係は一見〝貸すと返す〟の関係に似ている。借りは必ず返さなければならないように、受けた恩も必ず返さなくてはならない（＝恩返し）。しかし、いつどのように返すかは本人次第である。もちろん返さなくても違法行為とはならないから、法による制裁は受けない。この点が、借りると返す、つまり債権債務関係との大きな違いである。だが違法ではないからといって返さないままでいれば〝忘恩〟・〝恩知らず〟の汚名を着せられるのは間違いない。むしろその方が「世間」で生きていくうえでは深刻かもしれない。〝恩知らず〟の汚名を着せられてしまっては、誰からも信用されず、「世間」から爪弾きにされてしまうからである。

「恩」の方も与えるのであって貸すのではないから、返せとは言えない。もしそれを言い出せば、〝恩を着せる〟〝恩を売る〟行為として、今度はこちらの方が「世間」から嫌われ、非難されることになる。

それゆえ「恩」は〝貸す〟ことではないし、「報恩」は〝借りを返す〟ことでもないのである。つまり、近代民法にはなじまない規範なのである。しかし、近代社会の法規範が定着するにつれ、またその方がわかりやすいし合理的であると感じるにつれ、従来の「恩と報恩」の関係で社会関係を捉えることが次第に稀薄になりつつある。このことは当然終身雇用制度の見直し、反省に繋がっていく。以前は、それほど例外的でもなかった親子二代にわたって同じ企業に勤めるなどということが、今では前近代的な慣習として受け入れられにくくなっている。

❖——（6—3）大切なのは自分——「滅私奉公」への反省として

また武士道では、妻子よりも主君に、孝よりも忠に重きを置く。例えば、武士が〝お家の大事〟と言ったとき、それは〝自家〟のではなく〝主家〟の大事をいう。何よりも主君を最優先する。先君以来受け続けてきた主君の「恩」に命をかけて報いるためである。そこに「報恩」倫理の徹底が見られる。これは、「親よりも尊きは君」……「親子のよしみは内証、主従の忠義は世間末代」……「親兄弟も主人にはみかえるが身のたしなみ」……「不孝の子とはなつても不忠の人に与《くみ》してはならぬ」……「忠孝の道において忠が最も重い」[9]等と言われてきたことからも知られるように、その絆の強さは、家族の絆よりも遥かに強いものである。「主従は三世、夫婦は二世、親子は一世」という言葉も、そのことをより端的に物語っていよう。

『忠臣蔵』に対する根強い人気は、まさにそうした家族を犠牲に自分の命を投げうってまでも主君に忠実に生き抜こうとした武士達への共感が支えている。しかし近年では、仕事も大切だが、家族の方がもっと大切だという考えが普及するようになってから、今までのように『忠臣蔵』の主人公らに感情移入することもなく、むしろそうした歴史的事件を醒めた意識で見るようになってきている。これも個人主義の意義が説かれ、「滅私奉公」が見直され、反省されていったことによる意識の変化が反映しているのであろう。

❖——（6—4） 社会正義の実現——絶対服従への反省として

さて武士道は、『葉隠』において、武士としての道＝主君に仕える道＝「奉公人」の道とされた。そして、それはあたかも「忍ぶ恋」のごときものでなければならぬとされた[10]。

武士は主君の命令に絶対服従しなければならないから、主君の命とあれば、死なねばならぬこともあり、またそこまでいかなくても組織（藩・国）のためには敢えて不正をはたらくことさえ余儀なくされた。主君の命に背けば〝裏切り〟として、最大の〝忘恩〟に数えられた。なぜこのような不条理とも言える絶対服従が求められたかといえば、武士集団がかつて軍隊組織として機能してきたことに由来しているからである。戦闘集団にとって、最も重要なのは〝勝利する〟ことであり、そのために必要なのは組織の一糸乱れぬ規律と秩序であって、決して正義を実現することではないからである。つまり〝組織の繁栄〟と〝組織の防衛〟、これこそが武士集団に最も求められたことなのであった。

現在でも、一部の企業は、社会のみならず株主に対してさえ積極的にディスクローズしようとせず、また社内に不正があってもこれを隠蔽しようとする体質が拭えず、ときに内部告発者があれば、これを組織破壊者として悪意に受け止め、異端視する傾向があることも確かである。武家にあって至上命題であった〝勝利〟が、企業において〝利潤〟に置き換えられただけと考えれば、それもごく自然な成り行きであったと理解できる。

これらはすべて武士道が戦場の軍隊組織に起源を持ち、かつ現代企業がそうした組織論の影響を今なお引きずっていることの証左であろう。しかしこれも現在では、内部告発者を保護する法律が制定されるなど、もはや一企業の独善は容認されず、社会正義の実現、社会全体の利益追求が何よりも優先されるべきであることが常識になりつつある。

❖——(6—5) 日本発世界企業——節倹を当然とする習慣がもたらした果実

武士は団結心・互助意識が強く、仲間同士かばい合うことを〝武士は相身互い〟といって美徳としてきた。そうして自分だけ利することを〝抜け駆け〟と称して卑しんできた。そして先にも述べたように、彼らが何よりも惜しむのは富ではなく名誉であったから、日頃の節制と倹約が特に求められた。たとえ不幸にして貧しい境遇に落ちても、金銭にこだわりをみせず、常に恬淡として動じないことが武士の美徳とされた。このことを端的に言っているのが「武士は食わねど高楊枝」という言葉である。ただ、ここからは江戸時代の町人階級が富裕化するとともに武士階級が貧困化を極めていく中で、彼らが痩せ我慢している姿の滑稽さや哀れさも同時に窺えるのであるが……。

企業が高度成長の波に乗って高収益を上げても、経営者はこれを資本の蓄積に回し、また従業員は消費せず貯蓄に回した一時期があった。これが、巨額の投資を可能にし、ひいては急速な企業の発展に繋がった。このとき、従業員たちは黙々と会社の方針を受け入れ、給料の増額よりも企業の発展の方を選んだ。当時、電機メーカーなどに勤める社員がボーナスとして自社製品を支給されたということは、よく耳にすることであった。

三河地方の織機工場から身を起こして、今や世界第一位の自動車メーカーになろうとしているトヨタこそは、まさしくそうした武士道の組織論を巧みに駆使して成功を収めてきた日本企業の代表格ではなかろうか。この成功は、かつて、同様に三河の弱小領主から身を起こして、ついには天下を平定し江戸に幕府を開いた徳川家康と共通のメンタリティー（＝「三河武士道」と言われる）を持っていることに由来するとは言えまいか。

徳川家康が日頃節倹に務めつつ莫大な富を残していったことが、後に江戸幕府初期の潤沢な財政を支えてくれたことはよく知られているし、一方のトヨタも〝ケチ〟と陰口を言われるほどに生産流通コストをぎりぎりまで削減し、やがてトヨタ銀行と言われるほどに財政基盤を盤石にしていったことも周知のことであろう。

だが、今日では、個人主義的な価値観が優勢を占め、そのうえ現代の資本主義がＧＤＰを最優先し、節約倹約よりも〝大量生産、大量消費〟をよしとする結果、こうした倹約を美徳とする風潮は薄れ、今では、〝倹約〟と〝ケチ〟が同義語のように見られることもある。

ケニア出身の環境保護活動家であり、ノーベル平和賞受賞者・ワンガリ・マータイさんが日本語の〝もったいない〟という言葉を評価して以来、再びこの言葉が見直されてきているが、つい最近までは〝もったいない〟などとうっかり言えば、かえってケチなことを言う人として嫌がられたこともあった。その意味で、日本において美徳とされてきた〝倹約〟の意義が再評価された動きとして意義深い。

7 グローバリズムと日本の伝統倫理観

かつて八〇年代に、マックス・ヴェーバー著『プロテスタンティズムの倫理と資本主義の精神』（神の国、禁欲、勤勉、富の蓄積、投資、生産）になぞらえて、東アジアの急速な経済成長の謎を解くべく、「資本主義の精神と儒教倫理」（勤勉・節倹・現世の幸福・利よりも義を重んじる）ということが言われたことがある。

八〇年代までは、すなわちバブル前までは、日本の資本主義は、世界基準に照らせば、最も成功した社会主義（結果平等主義、終身雇用制度、低い失業率、小さい貧富の差、手厚い社会保障等）だとされた。

しかし、バブル後は、それが日本の構造的欠陥となって景気を低迷させている最大の原因だとして指弾を受けたことから、早急にその改革を実現しなければならないとされた。このために登場したのが小泉政権である。小泉政権は、「構造改革なくして経済成長無し」とのスローガンのもと、先に掲げた従来の美点が欠点に変わったとして、その改革を一気に進めたのである。その具体的な方針とは、端的に言えば従来の日本的資本主義をアメリカ流資本主義に変えることであった。

アメリカ流資本主義、すなわち現代資本主義（アメリカンスタンダードをグローバルスタンダードと言い換えられてしまったのだが）は、言い古された言い方に従えば、おおよそ以下のような人間観・世界観に支えられているのではないか。

①「人間の本質は欲望にある」という的確な人間観を持ち、世界の悪も善もこれに由来すると考える。

②「欲望の解放」を原則としつつ、厳格な市場のルールに基づいて監視し、ときに必要に応じてコントロールする。

③「弱肉強食」を原則としつつ、敗者には〝再チャレンジ〟で救済する。

つまり〝機会の平等〟は当然のこととして〝結果の不平等〟を容認するし、〝少数の勝者と多数の敗者の誕生〟を容認する。しかしこの多数の敗者のために〝再チャレンジ〟のチャンスが与えられるとされる。

この結果、わが国はこれまで述べてきたような伝統倫理の歯止めを喪失しつつあるところに、加えて厳格なルールは未成熟のまま、欲望だけがひとり歩きを始めてしまったところに、多くの社会問題が発生していることがわかる。

「欲望の解放」はとっくに実現したが、それを外部から規制する厳格なルールは、今なお未完成のままなのである。もっとも、「義理」よりも「人情」、〝たてまえ〟よりも〝ほんね〟を尊重するようになった頃から、その傾向は既に始まっていたと言えるのであるが。

また企業の相次ぐリストラ、ままならぬ中高年の再就職、増え続けるフリーター、起業への相変わらず高い敷居。つまり〝弱肉強食〟は当たり前となったが、〝再チャレンジ〟で救済する社会システム作りは、なお未完成のままである。

これには、負けることも「恥」であり、ひとたび戦いに敗れて世間に恥をさらした者は、二度と日の目を見ることができなくても仕方がないと、本人があきらめの心境になったり、或いは世間が本人に対し二度と世間にしゃしゃり出て来てはならぬ、出しゃばってはならぬとばかりに、その機会をほんの少ししか与えないというのがこれまでの通例だったことと関係しているのかも知れない。

以上のように考えてくると、グローバリゼーションは世界の趨勢であり、これを押しとどめることができないとすれば、われわれはこれまでの伝統倫理観をもう一度再点検するなり、再評価するなりしながら、いわば伝統精神文化の〝リストラ(Restructuring)〟、言葉の本来の意味での「再構築」が必要なのではなかろうか。

8 結びに代えて――〝他人に迷惑をかけなければ何をしてもよい〟という風潮

これも言い古されて目新しくもなくなったが、車内での化粧や飲食、駅ホームや路上でのしゃがみ込み、コンビニの前で座り込んでの飲食やおしゃべり、こういった若者の姿は、もはや日常の風景化している。これに大人たちは大いに眉をひそめ、口を揃えて非難したが、結局彼らに面と向かって〝やめなさい〟とはとても言えないことに気付いた。別に悪いことをしているわけではないからだ。

そして当の若者たちは、そうした大人たちの非難がましい視線を跳ね返すように、〝人に迷惑かけてるわけじゃないからいいだろう!〟〝他人は関係ない! 自分たちの自由だ!!〟と主張しているのである。われわれがこうした行為を〝見苦しい〟とか〝みっともない〟と考え、〝少なくとも自分たちの世代ではこのようなことははずかしくできなかった〟と言ってみても、彼らは全く聞く耳を持たない。何の説得力もないのである。

たしかに、〝人に迷惑をかけてはいけない〟という規範は日本伝統のものである。〝法を犯してはならない〟という以前に、

〝世間に迷惑をかけてはいけない〟、つまりは〝恥知らずなことをしてはならない〟という規範が根強くあって、これが結局、日本における犯罪行為を少ないものにし、ひいては社会の治安維持に貢献してきたことは既に述べてきた通りである。

ところが戦後アメリカ民主主義の流入により、この伝統的な「世間」意識がその実体を喪失してしまった。今では、「世間」という言葉はあまり使われず、「社会」という言葉がそれに取って代わったかのように見える。

ところで「世間」概念と「社会」概念の決定的な相違点は何であろうか。思うに、それは他者を自分との関係性の中で認識するかどうかということにあるのではなかろうか。つまり「世間」とは自己との関係性の中にその実在を感じることのできる社会であり、そこでは自分と「世間」との繋がりを意識することがさほど困難ではないのであるが、今日言うところの「社会」では、そうしたことが考慮されず、多数の個人によって構成される集合体と考えられており、しかもその個人と個人との間に、何らかの繋がりがあることを意識することが極めて困難な、いわば〝アカの他人〟同士からなる集合体ということになっているのである。

だから、今の世のひんしゅくを買う若者たちでさえ、自分との関係性の中に他者を位置づけることができる場合は、言葉遣いにも気を配り、振る舞いは実に礼儀正しく、何よりも彼らに迷惑はかけまい、はずかしいことはするまいと努めるのである。

このように彼らにも「世間」に迷惑をかけてはならないという規範はしっかりあるのである。だが、その一方で自分が属していると実感できる「世間」に属さない場所、つまり〝アカの他人〟ばかりの場所では、これまでの日本人がそうであったのと少しも変わらずに、〝旅の恥はかきすて〟とばかりに振る舞い、そこでは〝迷惑〟とか〝はずかしい〟といった言葉はほとんど意味をなさず、ただ悪いこと、つまりは違法な行為をしなければよいということになってしまうわけである。

つまり、今の日本人は二つの居場所を持っている。自分と他者との繋がりを意識することのできる極めて狭い範囲に限定される「世間」（今では〝仲間内〟と言った方がふさわしいかもしれない。）と、自己の位置すらもはっきりしないほど範囲が極めて広くそのために全く捉えどころのない〝アカの他人〟に囲まれた「社会」である。

〝別に法律に違反するのでなければ、自分のやりたいことはやってもいいはずだ。それに他人が干渉する権利はない。たとえ自分のやっていることで他人が迷惑に感じたって、そんなこと自分には関係ない。それは自分がやりたいことであるし、何しろ法律に違反しているわけではないのだから、誰にもとめられはしないはずだ〟という考え。これは自分が〝捉えどころのない〝アカの他人〟ばかりでできている社会〟に身を置いているという意識から極めて自然に導き出される考えであろう。簡単に言えば、それが、他人から見ていかにみっともなくはずかしい行為で、つまりどんなに「世間」の常識から考えて〝恥知らず〟な行為だとしても、このときの彼の意識の中には「世間」という観念はなく、従ってまた彼の倫理観の中にも備わっているであろう「恥」の意識が作動しないから、〝これは自分の勝手だ。あなたには関係ない〟〝私には自由がある〟ということになる、ということになるのである。このことは、とりもなおさず、重要な意味を持って機能していた「世間」に代わって、頻繁に使われるようになった「社会」という観念に対して、現代の日本人はあまりにも漠然としたイメージしか思い浮かべることができず、従ってこうした「社会」の中では自分との関係性の中で他者の存在を認識する心理回路がはたらかなくなってしまったことから生じた現象であると言えるのではなかろうか。

なお、本八節と前七節は、日本社会における倫理観の一面を示す現象について述べたものであり、武士道と直接の関係はないが、昨今の武士道の流行を鑑みて、併せて考察してみた次第である。舌足らずの論も少なくないと思う。読者諸賢の御批正を得られれば幸いである。

注

[1]『文学に現れたる国民思想の研究 二』岩波書店、一九一七年。

[2] 新渡戸稲造『武士道』奈良本辰也訳、三笠書房、一九九三年、が、「それは成文法ではない。せいぜい口伝によるか、著名な武士や家臣の筆になるいくつかの格言によって成り立っている。それは、時には語られず、書かれることもない作法である。……武士道はどのような有能な人物であろうとも、一個の頭脳が創造し得たものではない。また、いかなる卓抜な人物であったとしても、ある人物がその生涯をかけて作り出したものでもなかった。むしろそれは、何十年何百年にもわたって武士の生き方の有機的産物であった」一八―一九頁、と述べているのも、同じことをいうものである。

[3] 和辻哲郎は、「人間の学としての倫理学」全集第九巻、二一―二八頁、において世間の概念を「世の中」・「社会」の語と関連させつつ、倫理学的に分析している。また、西洋史学者である阿部謹也は、『「世間」とは何か』講談社現代新書、一九九五年、において、「世間」という日本独特の社会の枠組みを歴史学的に分析している。なお、井上忠司著『「世間体」の構造』講談社学術文庫、二〇〇七年一二月（原刊は一九七七年）も、この問題を論じていて、大いに参照すべきである。

[4] 尚会鵬『中国人与日本人』は、第八章「日本人と中日比較に関する若干の理論」の中でベネディクト理論を紹介して、その「恥の文化」の項において、「彼らが自分の慣れ親しんだ生活圏から離れているとき、あるいは見知った人がいないようなとき、彼らの行動は拘束を受けなくなる。日本のことわざに〝旅の恥はかきすて〟というのがある。つまりある人が全く知らない環境に置かれたとき、元々の道徳観の拘束を受けないで済むというものだ。よく知った人が端で見ていなければ恥ずかしいとも感じないし、生活圏外の人に対してならたとえいつもの決まりを破っても罪悪感はない。これが、日本の侵略者が中国で犯した残酷で非人道的な罪行の文化心理的根源なのだ」北京大学出版社、一九九八年、拙訳、但し未公刊、と述べている。

[5] 大道寺友山『武道初心集』一八三四年、に、「武士たらむものは、……日々夜々、死を常に心にあつるを以て、本意の第一と仕候」とある。

[6] 新渡戸稲造『武士道』第三章「義」において、「義理」とは〝武士道の光り輝く最高の支柱〟であり、〝正義の道理〟であって、〝無条件の絶対命令〟と述べているのを参照。

[7] 江戸時代を待つまでもなく、中世室町時代、すでに一部の武士達は学問を志すようになっていたのであるが、組織的に儒学教育がなされていたわけではない。例えば建武本『論語』を見ると、その奥付に、明経博士清原頼元が武士の飯尾金吾に『論語』を個人教授したことが詳しく記されている。

[8] 津田前掲書三〇一頁参照。

[9] 津田左右吉『文学に現はれたる国民思想の研究　三』三〇九頁参照。

[10] 「……恋いの部《はま》りの至極は忍恋なり。〝恋ひ死なん後の煙にそれと知れ終《つひ》にもらさぬ中の思ひは。〟かくの如きなり。命の内にそれと知らするは深き恋にあらず、思ひ死《じに》の長《た》けの高き事限りなし。たとへ、向より、〝斯様《かやう》にてはなきか。〟と問はれても、〝全く思ひもよらず。〟と云ひて、唯思ひ死に極むるが至極なり。……」（『葉隠』第二ノ三三）とか、「（武士道とは）……恋の心入の様なる事也。情けなくつらきほど、おもひを増すなり。偶《たま》にも逢ふ時は、命も捨つる心になる。忍恋などこそよき手本なれ。一生言ひ出す事もなく、思ひ死する心入れは深き事なり。又自然（万が一）偽《いつはり》に逢ひても、当座は一入《ひとしほ》悦び、偽の顕はるれば、猶深く思い入るなり。君臣の間斯くの如くなるべし。奉公の大意、これにて埒《らち》あく（きまりがつく）なり。理非の外なるものなり（同二ノ六一）」とあるのを参照。

文化象徴による接近
——四君子の蘭と十二支の亥——

濱田　陽

序　日中韓異文化研究への文化象徴による接近

筆者は、文化のズレに着目する異文化研究（王敏、二〇〇六年）として、文化象徴によるアプローチを試み、普段、意識化されない差異に注目したい。手垢がつき、容易な解決を寄せ付けない難問となってしまっている靖国問題や歴史認識問題のような意識化されたテーマに加え（濱田陽、二〇〇七年）、日本、中国、韓国の文化的差異の豊饒を別の角度から眺め直してみることが、真の文化親善のために喫緊《きっきん》の作業だと思うからである。

ここでは四君子の中から蘭を、そして十二支動物の中から亥を選び、文化のズレを考えてみたい。このような作業を試みる理由は、植物と動物にかかわる文化象徴のズレを理解することで、文化のディテールへの関心を喚起したいためである。植物と動物にまつわる文化象徴は宗教、思想、文学から、生活文化全般に及ぶ幅広い領域から素材を得、多くの人々にシンボルとして影響を与えてきた。それだけに文化象徴を取り上げれば、多領域にわたるズレを考察するのに便利である。

意識化されない文化のズレは相互理解を阻むマイナス・ファクターだが、異文化研究のアプローチにより意識化されれば、相互関心を高め、文化交流を活性化させるプラス・ファクターに転ずることができる。そもそも日中韓の文化象徴の性格がまったく同じであれば、互いの文化に対する強い関心も生じることはないだろう。違いがあり、ズレが生じるからこそ、関心をもつことができるのである。そして相手を知り、違いを知ることで、自分の特徴も自覚することができる。ここから一歩踏み出せば、自他の違いをわきまえた、いっそう豊かで柔軟な文化交流を構想できるだろう。そして、自他の差異性にきめ細かな関心をはらう文化交流が可能になれば、ステレオタイプ化しない文化的共通性を再発見するチャンスも増え、共存の文化を創造するためにも役立つのである。ズレがあるからこそ、それをバネにして一歩進んだ共通性に到達するキッカケにできるし、またするべきなのだ。

ところで、自他の差異性を描写すること（この作業がなければ自文化の特徴を提示できない）と共通性への通路を見出すこと（この作業がなければ本当の文化交流は成り立たない）は、どこかで関係づけられていなければならない。この二つの作業が自己目的化し、一人歩きするとき、一方で不必要な壁がつくられ、他方でズレが無意識化されてしまうからである。

こうした異文化研究の利点と難しさを意識しながら、蘭と亥の文化象徴を取り上げる理由は、第一に、先に述べたように植物と動物の文化象徴を一つずつ組み合わせることで、限られた紙幅で少しでも総合的に文化と自然の関わりを論じたいからである。第二に、それらが四君子、十二支に含まれているためである。同じ植物、動物を取り上げるにしても、文化との関わりをより効果的に考察できるだろう。さらに、四君子、十二支に関わるテーマは、日中韓の共通性を前提に論じられることが多いため、文化のズレを意識化する作業はかえって新鮮な試みとなろう。第三に、蘭は四君子の植物の中でも、竹菊梅に比べて日本での文化象徴としての事例を見出し、位置づけることが難しいと思われ、十二支動物の最後を飾る亥は、知られるように中国、韓国では家畜のブタ、日本では野生のイノシシと一見して明白な違いを示している。つまり、目立たないが、実は日中文化のズレを意識化するのに格好の対象である。

1　蘭にみる文化のズレ

❖——1　独特な生命力で現れる日本の蘭

蘭を王者の香とたとえた孔子の故事をすぐさま引いてくることができる中国と異なり、日本には蘭を語るときに依拠できる目ぼしい古典は少ない。日本書記（七二〇年）に蘭の字が登場するが、これはラン科植物でなくキク科のフジバカマをさしている。万葉の歌人山上憶良は秋の七草を詠んでいるが、その中にフジバカマが入っている。秋に花を咲かせる七種類の植物を列挙しただけの歌であるが、七草を見つめる憶良の視線を目前にするかのような印象を受ける。このほか約四五〇〇首の歌を集めた万葉集には、わずか二カ所で春蘭と思われる用例があるが、いずれも歌そのものでなく地の文である。

ただ、だからこそ、日本人は自由な立場で蘭に関わってきたのだともいえる。たとえば、蘭の文字は使われていないが、出雲国風土記（七三三年）には紫蘭《しらん》や石斛《せっこく》などラン科の植物が掲載されている。石斛は薬用として用いられたようだ。さらに、ラン科植物でありながら蘭の名がつかない品種には、平家物語に描かれる美顔の武将で若くして命を落とした平敦盛の名がつく敦盛草、園芸花として人気が高い海老根のほか、ウズラ、サギ、トキ、千鳥のような鳥、鈴虫、トンボの名にちなんだものがあり、蘭の形態に眼差しを向ける日本人の自然観察眼がよく現れている。

このように中国文化の影響を受けながらも、その背後に自然そのものの蘭を見つめる日本列島人の息吹を発見することができる。松尾芭蕉は「蘭の香やてふの翅《つばさ》にたき物す」と詠んだが、この句にも自然と人間がスッと一つになるような光景が浮かびあがる。芭蕉が茶店に立ち寄ったところ、彼を知った女将が紙をもって出てきた。昔は遊女であったが、今は店の主人の妻となったこと、名前を「てふ（蝶）」ということを彼女は語り、この名を使って句をつくってくれるようせがむ。たき物とは衣裳などに薫香をしみこませることで、芭蕉にしては珍しい艶のある句である。この女の名から連想して、自然の蝶と蘭の関係を句に表現したのだ。

蘭の字や蘭にまつわる文化が中国から伝えられる以前から、日本列島に住む人々は自生するさまざまな蘭を目にし、親しんできたことだろう。だからこそ、中国から蘭の文化がうちよせるたびに、これを理解し、親しむ素地があったのである。中国文化の影響を受けながらも、日本の風土に根づいた自然の中で、人々は蘭に関わってきたのである。

君子としてのイメージの範囲を超えて、自由に蘭をとらえる感覚は、現代の小説にも描かれている。日本の大衆小説家・山本周五郎に「蘭」という短編小説がある。一九四八（昭和二三）年八月、雑誌『家の光』に掲載されたこの作品では、若い青年の気高い魂が美しい寒蘭にたくして表現されている。舞台設定は江戸時代の秋。主人公の生乃助は琉球から渡来した珍しい寒蘭を三年越しで育てていたが花は咲かなかった。彼には幼なじみの親友がおり、二人とも藩主に将来を嘱望された若侍であった。また、同じ女性に恋をしていた。ある日、藩主は二人のうち一人が江戸に赴くようにと命を与えたので、生乃助は藩の将来を担う人物として親友を推薦した。ところが、親友は藩の秩序を乱す有力者の息子と衝突し、決闘の約束をしてしまう。そこで生乃助は、事をおさめるからと親友を説得し、江戸に発たせるが、実は自分が身代わりになって死にのぞむことを決めていた。決闘前日、生乃助は寒蘭が一輪、ひっそりと濃い紫の花を咲かせていることを知る。根の近くにはあざやかな朱の点の模様があり、これから流す血を象徴しているかのようだった。後日、江戸にいる親友は生乃助の訃報を知らされる。藩の将来をおびやかす悪者を討ち、自害したという。使者に渡された形見の文箱をあけると、高雅な香りが広がった。中には一輪の蘭の花がおさめられていた。生乃助は親友に出世の道と恋を譲り、藩の将来のため一身をささげたのである。

このストーリーには、日本人の宗教性が蘭の花に投影されている。寒蘭は命をささげた主人公の高潔さのメタファーとしてのみ描かれているのではない。作者の山本は、主人公の命が寒蘭の花の中に、そして、その気高い香りに転生したといいたいのだろう。人を主人公にしながら、かくれた主役として蘭を描き、両者が季節の中でふれあい、融けあう様がさりげなく表現されているのだ。

もう一つ、まったく気色の異なる作家、中上健次の「蘭の崇高」をひこう。これは一九八八（昭和六三）年秋、ある編集部の依頼で執筆をはじめ、中上の急逝によって中断された未完の小説である。古来、日本の聖地として名高い紀伊半島南部一帯の熊野（現和歌山県・三重県）が舞台である。一九歳の青年ワタルは、崖の中腹に咲く美しい羽蝶蘭を見つける。山の神に二重、三重に守られているかのようなその姿に彼は憧れる。知り合いの体育教師が勤務する中学校の温室で華やかな洋蘭も見るが、ワタルは山奥の湿気の多い崖に自生する羽蝶蘭しか目に入らない。地元では、樵や山仕事の人夫が山の神に頼み事をするときに、山の神に向かって男性器を見せる一風変った信仰があった。ワタルは蘭を求めて山の神にむかって自らのズボンを下ろし健康な裸体をさらす……。この小説では、体育教師との同性愛的な微妙な関係も描かれているが、人工的に身体を鍛え上げた体育教師に西洋蘭を、オリンピックをめざそうという体育教師の誘いを断り、抜群の身体能力をもちながら自由に生きようとするワタルに和蘭を想起させる構成である。今日の西洋蘭は一八世紀に英国が熱帯植民地から持ち帰ったものに品種改良を重ねたことに由来し、自然の突然変異種を重んじる東洋蘭、あるいは自生蘭とはいうまでもなく性質を異にしている。中上は、この作品で彼の故郷熊野の自然に根付く思想の可能性を探求しようとした。とりわけ象徴的に描かれる羽蝶蘭の生命力が印象的である。それは根から水や養分を吸い、光や風を葉に受けて歓喜する。晩年の中上が熊野の可能性を考えようとしたとき、自生の蘭をモチーフに取り上げたことが興味深い。熊野は古来、修験道の地であり、熊野本宮大社をはじめとする熊野三社で有名で、平安時代には阿弥陀信仰の高まりによって浄土と見なされるようになった森林地帯である。歴代の上皇も参詣している不思議な生命力にあふれた土地柄である。中上が試みた小説世界では、山の神を介して、蘭と人間の生命がとけあわさっていきそうなイメージが垣間見える。

ちなみにギリシャ神話では、酒好きな山の精サテュロスの息子オルキスが女官を襲った罰として八つ裂きにされ、蘭に変わったという伝説がある。西洋では、自生蘭の中に根に男性器の睾丸に似た二個の塊ができる種があり、俗に水中に入れて沈むほうがアダム、軽くて浮くほうがイブといわれ、媚薬や精力剤として用いられてきたという。この神話も自生種にちなんでおり、人の植物への転生や自然の生命力をテーマにしていることから、山本周五郎や中上健次の作品に通じるものがある。つまり、日本の蘭は四君子のイメージを逸脱する傾向が強いのだ。

季節の移ろいを感じ、自然の中で蘭の独特な生命力を観察してきた古から現代に至る日本の生活者の経験の総体を想像してみよう。それは人と蘭との命を連続性の中で見る感覚であり、おそらく日本の蘭文化の中に時代を通じて発見できる水脈である。

❖――2　中国の蘭文化の影響と近代の爪痕

こうした日本の特徴を念頭に置いた上で、中国文化の影響を確認してみよう。蘭の字は中国の古典『説文解字』にあるように、もともと香りある植物をさした。日本においてその伝統は踏襲され、思わぬところに蘭の文字を見ることができる。たとえば、奈良東大寺の正倉院に伝わる国宝に蘭奢待《らんじゃたい》という香木がある。インドシナ半島原産、長さ一・五メートル、重さ二〇キロの巨大な沈香で、中国から伝えられたとされる国宝である。日本でもっとも有名な香木で、室町時代の東山文化を築いた足利義政、戦国武将の織田信長、明治天皇の三人が木片を切り取り、その箇所に付箋がはられていることでも知られる。蘭・奢・待の三字の中にそれぞれ東・大・寺の文字が見られること、東の奢れる侍とも読み取れることから、権力者が揶揄されているという解釈もある。組成分析によって一二〇〇年前の芳香を保っていることが明らかとなったその香りのように、今日にいたるまで香道関係者の大きな関心をひいており、香草の意味での蘭の字が用いられて伝承されている興味深い事例である。

また、室町時代後期に成立してきた香道を江戸時代の香人・鈴鹿周斎が集大成した『香道蘭之園』という書物が皇室に伝わり、近年、翻刻されているが、この書なども蘭の字が香りに結びつけられて観念された例といえる。源氏物語などの古典文学作品に由来する香木の組み合わせによる二〇〇種の組香を図柄とともに収録したこの書は、組香がいたずらに変形されて創出されることを戒め、古典作品にのっとった古法を守ることを特色とする。東洋蘭の世界において自然の突然変異種を重んじ、西洋蘭のような人間の手による品種改良を戒めるのと相通じる精神があるといえるだろう。

さて、東洋蘭を日本で園芸として栽培するようになったのは、鎌倉時代から室町時代といわれ、報歳蘭や素心蘭などが僧侶や貿易商によって中国からもち込まれた。書画も今日に伝えられている。建仁寺や南禅寺の住職をつとめた室町時代の僧梵《ぼん》芳《ぼう》（一三四八―一四二四）は、北宋時代末の文人画の影響を受けて蘭を優れた人徳のたとえとして墨で描く墨蘭を得意とした。

また浄土真宗の東本願寺の高僧として江戸時代に活躍した雲華《うんげ》（一七七三—一八五〇）は、蘭を愛し、詩歌や書、水墨画に好んで描いている。これらの蘭は、まさに梅菊蘭竹の高潔な美しさを四君子にたとえた大陸文化の影響のもとに描かれたものだ。日本では仏壇を家の中にまつって、家族の位牌や仏像に礼拝する習慣があるが、現代につくられている仏壇の装飾に四君子が取り入れられているものがある。ちなみに、四君子はホテルの会場の名称などにも良く用いられている。二〇〇五年一一月に天皇家の長女・紀宮清子様と東京都職員・黒田慶樹《よしき》さんの神前結婚式が執り行われたのは、帝国ホテル二階の「蘭の間」であり、そのコンパクトな式場がお二人にふさわしいと話題になったものである。

蘭を愛でたのは学僧だけではない。とくに江戸時代には日本産の春蘭、寒蘭、風蘭、石斛などにも目が向けられ、公家、大名、豪商ばかりか一般商人の数寄者や農家でも盛んに園芸品として栽培された。芭蕉が蘭の句を詠んだのは江戸前期であるが、庶民にもすでに親しみのあるものになっていたのだろう。また、葛飾北斎や歌川国芳らの浮世絵師にも蘭を描いた作品が見られる。享保年間から天明年間にかけて流行し、数々の出版物にも取り上げられた。その盛んさは天保の改革で高価な鉢植草の禁止の布令がなされるまで続くほどであった。

明治期には皇室、政治家、豪商が西洋蘭の本格的な培養に取り組み、天保の改革で衰退した東洋蘭の園芸も、西洋蘭に刺激されて発展する。日本画家横山大観（一八六八—一九五八）が一八九八（明治三一）年日本美術院の第一回展に出展した「屈原」は、中国戦国時代の楚の高潔の士がモデルで、潔白を象徴する蘭の花を右手にもち、逆風に立ち向かった姿で荒野に立っている。讒言によって国を追われた屈原を東京美術学校校長職を追われた師・岡倉天心にも重ねて完成させた大作だ。近代日本美術の画期を示すこの作品は、明治期の東洋熱（中国熱）を考える上で示唆的な例である。政治家の勝海舟や大隈重信も東洋蘭を愛好したといわれている。大正、昭和期には特権階級に限らず、大衆にまで蘭の趣味が広がり、江戸時代のように宗教に憑かれたともいえるほどの熱狂的なファンによって投機的に売買された。以上を見ると、中国文化とのつながりもさまざまに見出せることがわかるだろう。

しかし、実は近代以降の蘭ブームは、日本の大陸進出と切り離して考えることが難しい点も留意しなければならない。多くの珍しい蘭が売買され中国からもたらされて紹介された。今日、台湾で人気がある報歳蘭も台湾領有以降多くの変種が輸入されている。西洋蘭は西洋諸国の海外進出によって熱帯からもたらされたものが発端であるが、戦前の東洋蘭についても植民地支配との関わりの中で再考する必要がある。加えて、日本の傀儡国家である満州国の国花は蘭であった。国章のデザインとして当時の紙幣に刷られ、一〇〇円が孔子、一〇円が財神、五円が孟子であり、いずれも中央上部に蘭の国章が飾られていた。その蘭は五つの花弁をもち、日、満、漢（中国）、朝（朝鮮）、蒙（モンゴル）の五族を表していた。国花となったのは、皇帝溥儀が蘭を愛し、国花に希望したためといわれているが、傀儡政権の象徴として蘭が用いられたことは歴史の皮肉である。さらに、満州映画のスターとして活躍した大陸生まれの山口淑子は、日本人の両親をもちながら、奉天市長の娘、生粋の中国人、李香蘭として内地日本で紹介され大ブームを巻き起こした。彼女の芸名・香蘭は日本人である父の俳号からとられていたのだが、一九三九（昭和一四）年、映画『白蘭の歌』に日本を代表する美男スター・長谷川一夫と出演し、日本映画界初の大陸映画として紹介され、日満親善の象徴的存在として宣伝された。「あの山かげにも　川辺にも　尊き血潮は染みている　その血の中に　咲いた花　かぐわし君は　白蘭の花」ではじまる映画と同名の歌もヒットした。李香蘭は戦後、日本名で再スタートし、女優、司会者、参議院議員として活動しながらも、中国人として喧伝されてしまった戦前の自らの存在を問い直しつづけなければならなかった。

つまり、文化象徴としての蘭を考える場合、日本はたしかに中国文化の影響を受けてきたのであるが、そのシンボルが植民地主義の中で利用され、相互の差異を覆いかくすことに利用されたこともあった点を見落とすことはできない。この事実は文化象徴の用い方の難しさを、私たちに想起させてくれる。

❖――3　東アジア蘭文化の課題

戦後日本では、高度経済成長により東洋蘭、西洋蘭ともにいっそう大衆化された。一九七〇年の大阪万国博覧会以降、展覧会も数多く開催されるようになった。東京ドームで開かれる「世界らん展」には毎年四〇万人以上の愛好家が訪れている。二〇〇六年の展示では球場の内野にあたる一角を東洋蘭が占め、残りの広大なスペースに西洋蘭、蘭の販売エリア、化粧品メーカー・資生堂のブース、いけ花流派の展示、審査部門が設けられていた。草花と香りと器全体に親しみ自然の自生変種が重んじられてきた東洋蘭と、花の視覚的な華麗さを追求するために人為がつくされてきた西洋蘭という、まったく趣を異にするものが同じ空間に展示され、その上ミャンマーなど東南アジアの蘭の特別ブースが設けられているその光景は今日、蘭文化を語ることの難しさを象徴している。日本、中国、台湾、韓国の蘭が展示されるが、東洋蘭の世界でその文化的背景をどう理解し活かしていくかについて、栽培関係者の間では共通認識が育っていないようである。近代科学を生み出した西洋のキリスト教文化によって開発された西洋蘭に対抗して、東洋蘭の美を禅と結びつけて説かれることもしばしばである。しかし、鎌倉や室町期の僧侶による水墨画などの文化交流の「伝統」が参照されることはほとんどない。

蘭という花そのもの、そして、その花を愛した古人が培ってきた文化の魅力は素晴らしいものである。日本の歴史をたどれば、自生するラン科植物やキク科のフジバカマは、日本書紀や風土記がつくられ万葉集が成立する遥か以前から知られていただろう。そして、中国の古典とともに香草を表す蘭の字やそれにまつわる故事が伝えられ、鎌倉、室町、江戸を経て、園芸種として発展してきた。近代以降は、日本の大陸進出や西洋蘭の導入の中で東洋的価値を付与されるなど曲折を経たが、戦後の高度経済成長にともなって大衆化され、バイオテクノロジーへの対応や野生種の保護など環境問題ともからんで、関係者と愛好家の間で模索が続けられている。

このような流れにおいて、東アジアの蘭文化がもっとも課題とすべきことは何だろうか。香草や四君子の蘭の例は日本においても見出せるが、四君子のイメージは逸脱されることもあり、東洋的な蘭のイメージも、戦前の大日本帝国において、ときに一人歩きすることがあった。こうしたズレは心にとどめておく方が相互理解のために安全である。その上で大切なのは、やはり花の視覚的な華麗さを追求するために人為がつくされてきた近代西洋蘭と、草花と香りと器全体に親しみ自然の自生変種が重んじられてきた東洋蘭とは背景思想が大きく異なることを確認し、それぞれの特徴をふまえて相互の蘭文化を守り育てていくために協力することではないだろうか。

2 亥にみる文化のズレ

次に、亥の文化におけるズレを取り上げてみたい。そのためには、まず日本の亥を表す野生の猪をめぐる文化の考察からはじめる必要がある。

❖——1 山の神としての猪——人と自然が出会う原風景

日本の古代伝説上の英雄・ヤマトタケル（日本武尊）が人生の最後に出会った神は白猪の姿をした神であった。彼は有り余った力に美しい容姿と知恵をもった皇子として生まれた。とくに、その猛々しさは父である第一二代景行天皇が危ぶむほどのものだった。天皇はヤマトタケルを恐れ、都のある大和国にとどめず、たった一人で西国を征服してくるように命ずる。彼は美しい少女に変装して西国の熊曾建兄弟を討ち、土地の山の神と川の神を降伏させ、知恵によって偽の刀をもたせて出雲建を刺し殺し、西国平定をなしとげる。しかし、天皇は戦功を挙げて戻ったヤマトタケルに、今度は東国一二国の平定に出かけるよう命令する。兵士もつけず、西国から戻ってすぐに東国に行けとは、死んでしまえとお思いになっているのだと嘆く彼は、伊勢神宮の巫女で叔母の倭比売命《やまとひめのみこと》から草薙剣《くさなぎのつるぎ》を授けられて出発する。火難、水難を逃れ、東国の諸部族と山河の神々をも平定したヤマトタケルの活躍により、ついに古日本全体を天皇の権威に秩序づけるという事業が景行天皇の時代に達成された。しかし、ヤマトタケルは悲劇の皇子であった。彼の荒々しい力は、平定事業が済んだ後には、天皇の秩序をはみ出るだけのお荷物であったのだ。父は、はじめから息子に無理難題をおしつけて殺してしまうつもりだったのである。ところが、ヤマトタケルの死は天皇の権力と関わりなく、思いがけないかたちで訪れる。

東国平定をなしとげた後、ヤマトタケルは尾張国の美夜受比売《みやずひめ》のもとに草薙剣を置いて、伊吹山の神を素手で討ち取りに出かける。草薙剣は天皇の権威を象徴する剣であり、彼がこの武器を置いて出かけたことは、天皇の権威によらず一人の人間として、山の神に向き合おうとしたことを意味する。『古事記』はヤマトタケルの最期を、次のように描く。

「この山の神は、素手で直接討ち取ろう」とおっしゃって、その山を登っていった時、白い猪と、山のほとりで出会った。その大きさは、牛のようだった。そこで、ヤマトタケルノミコトは、「この白い猪の姿をしているのは、この山の神の使者である。今殺さなくても、山から帰る時に殺すことにしよう」と大きな声で言い立てられて、山を登っていらっしゃった。すると山の神は激しい氷雨を降らして、ヤマトタケルノミコトを前後不覚におちいらせた。この白い猪の姿になっていたのは、山の神の使者ではなくて、その神自身にほかならなかった。誤って言い立てられたために、前後不覚におちいらされたのである。

大きな声で言い立てたのは言葉の呪力を働かせるためだが、言葉に誤りが含まれている時、その力は逆に働いてしまう。そのため、神を討つヤマトタケルの力は無効になった。ヤマトタケルは急速に疲労し、憧れの故郷、大和国へと向うが、足は折れるように曲り、病み衰え、ついに途半ばで息絶えてしまう。その勇猛さ、美しさ、知恵によって日本中の部族と山河の神を平定してきた英雄は、自分が発した誤った言葉が原因で、あっけなく亡くなってしまうのである。

伊吹山の神との最後の戦いは、日本中が天皇の権威に服した後の戦いであること、草薙剣を用いなかったことなど、それまでの戦いと明らかに異なっている。それまでもヤマトタケルは多くの山の神、川の神を降伏させてきた。しかし、それは本当の意味で神の霊威に向き合う行為ではなかった。伊吹山は滋賀県の最高峰であり、周囲の優美な山々と異なる、荒々しく力強い山である。冬には雪で真っ白に染まる雄姿を見せる。ヤマトタケルが出会った牛ほどもある大きな白猪は、まさに伊吹山を想わせる。彼は、この白猪を神ではないと勘違いしたのであるが、その勘違いによってこそ神の霊威と対面したのだ。つまり、彼は自らの身で、はじめて神の霊威(=氷雨)を受けとめた。ここに描かれる神、巨大な白猪となって現れる神は、ヤマトタケルを異世界へと導くむき出しの自然であり、天皇の権威とは異なった次元に、そびえ立っているのだ。

このことは、死に臨むヤマトタケルを見るとよく分かる。彼は、氷雨に打たれた後、大和国に向かいながら、「私は心では、いつも空を飛んで行こうと思っている。しかし今、私の足は歩けなくなり、でこぼこになってしまった。」とつぶやく。そして、有名な望郷の歌を歌う。「大和は国の中でももっともよいところだ。重なりあった青い垣根のような山々の中にこもっている大和は、美しい。」（大和は　国のまほろば　たたなづく　青垣　山籠もれる　大和し麗し）。病いが急変して危篤におちいった彼は、ついに息絶える。ヤマトタケルの死が大和にいる彼の后たちや子供たちに伝えられると、彼らはやってきて御陵をつくり、泣き崩れた。すると、ヤマトタケルは大きな白い千鳥となって、天に羽ばたき、泣きながら追いかける家族を置いて、天皇の地である大和国を素通りして飛び去っていったという。

つまり、ヤマトタケルは、山の神たる白猪に会い、その霊威たる氷雨を受けることで、足が鳥のように変態し、ついには大きな白い千鳥となり、この世のしがらみから自由になって飛翔したのである。『古事記』は、このヤマトタケルを天皇と同等に待遇し、彼を葬るときに家族が歌った歌が、今日にいたるまで天皇の大葬の時に歌われると語る。しかし、ヤマトタケルはこの世の故郷を美しく歌いながらも、それに縛られることのない自由な霊へと飛翔した。このヤマトタケルの変身を可能にしたのが、白猪との出会いであったのだ。彼は、白猪をきっかけに、生の神の霊威に身をもってふれたのである。

ヤマトタケル伝説は、日本人が猪に対してもつ敬虔な感情をうまく表現することに成功した物語といえるかもしれない。日本人にとって猪は、あくまでも野生の生き物であり、山に住み、突如として人間の前に姿を現す動物である。それは山の神の使いであり、時には、山の神そのものだ。そして、この神は、この世の秩序と異なる霊威をもっているのである。

ところで、山の神としての猪を考えるときに興味をひくのが、秋の収穫祭に見られた亥の子の習俗である。西日本では、多くの農村で旧暦一〇月亥の月のはじめの亥の日に、とれたての新米をついて餅をつくり、田の神を家の神棚にまねいて餅をささげ、またこれを食する習俗が続けられてきた。この神は稲を守って実りをもたらしてくれた神であり、祭の日からは亥の子神、亥の日神と呼ばれ、再び農作業がはじまる春まで山に帰って山の神になると考えられていた。つまり、この神は春から秋にかけては田の神や作神であり、冬の期間に山の神となった。このように亥の子は農耕儀礼であるけれども、あきらかに山の神を意識した祭である。そして、これが、わざわざ亥の日に行われ、神も亥の名をつけて呼ばれていることから、日本人にとっての十二支の亥は家畜の豚でなく、野生の猪として伝えられてきたことがわかる（宮本常一、一九八五年）。

実は、亥の月、亥の日、亥の刻（午後九時—一一時）に亥の子餅を食べ、無病息災や安産多産を祈る風習が平安時代に、中国から宮廷にもたらされていた。平安の女流文学を代表する『源氏物語』にも「亥の子餅」の語が登場するほどである。もっとも、この風習は皇室の収穫祭との直接の関係はなかったと考えられる。皇室には新嘗祭という収穫祭が別にあり、これには亥の日でなく卯の日が選ばれる。しかも、天皇が新米をささげて共食するのも皇室ゆかりの神々に対してで、亥の子神は登場しない。考えられることは、この亥の子餅の風習が、平安時代、鎌倉時代を経て、貴族や武士に広まり一般庶民にも伝承され、村落の収穫祭の中に取り入れられるようになったのではないかということだ。そして、収穫祭にも亥の日が選ばれるようになり、亥の子神や亥の日神という神の呼称が生まれ、定着していったのだろう。天皇の権威から離れているところが、農村の亥の子の興味深いところである。

ヤマトタケルが出会った白猪と西日本の農村に伝承されてきた亥の子神は、いずれもこの世の政治権力に秩序づけられない山の神であることで一致している。そして、猪は生存能力が高く、牛や馬など他の動物に比べ多産でもある。そのため、無病息災、安産多産を祈願する対象として格好の生き物だった。初期の亥の子餅のかたちは、まさしく猪の子をかたどったものだったという。平安時代に伝わって以来、人々は野生の猪をイメージして亥の子餅を食し、祈願してきたのだ。また、動物としての猪は頻繁に田畑を荒らし、人々の生活に打撃を与えることが多かった。猪の出没を防ぐ土塁が多くの農村でつくられてきた。人々が猪を山の神につなげて考えたのは、猪の野生への畏れの感情が働いていたことが大きな原因であろう。日本人にとって十二支の亥は、なによりも野生の猪を示し、その猪は山の神のイメージに結びつけられることが多かったのだ。

❖——2 日本の亥の特異性

一般の日本人にとって猪と豚は日常生活の中で結びついていない。そのことをあらわしているのが、この動物の呼び名である。猪の和語イノシシと豚の和語ブタには言葉としての共通性がなく、猪と豚の漢字も区別して受け取られる。つまり、中国や韓国で、猪が家畜化された種をあらわし、野猪が野生種をあらわすように、呼び名からすぐに両者の結びつきが分かるような語彙が存在しないのである。猪を家畜化したものが豚だと聞けば、多くの日本人がはじめは首をかしげるだろう。

このような場面を想像してみよう。たまたま亥の年生まれの日本人と中国人、韓国人が三人でトンカツ（豚肉を油であげた料理）を食べにいく。そこで、十二支が話題に出る。中国人と韓国人は同じ豚年生まれだと盛り上がるが、日本人は困惑する。そして、「いや、自分は、豚年じゃないよ、猪年だよ」と主張するだろう。日本人は中国人と韓国人の友人から「亥は豚年だよ」と聞いて、亥は猪だと思ってきた自分のアイデンティティが、ぐらぐらとゆらぎはじめるのを覚える。それから噛みしめるトンカツの味は美味だが、今まで自分が食べてきた味でなくなっているにちがいない。このようなことは、マクドナルドのハンバーガーを丑年生まれの仲間で食べにいっても、ケンタッキー・フライドチキンを酉年生まれの仲間で食べにいっても起こらない。亥の年生まれの日本人だけが、中国や韓国の同年生まれの友人と仲間になれないのだ。

このように、十二支の最後を飾る亥は日本と中国、韓国の文化を分けている。日本人にとって十二支の亥は、なによりも野生の猪を示し、その猪は山の神のイメージに結びつけられることが多かった。中国、韓国では、野生種と家畜種の両方をいうが、日本では亥はイノシシであり、ブタではない。イノシシを家畜にしたのがブタとは寝耳に水である。イノシシとブタの関係は忘れ去られているのだ。

これは猪を家畜化した豚の飼育が、日本ではほとんどの地域で定着をみなかったことと深い関係がある。農耕が伝わった弥生時代、そして大和（奈良）に都があった古代に養豚が行われたらしいことが推定されているが、結局、それは根づかなかった。琉球（沖縄）、薩摩（鹿児島）など、中国食文化圏と交流の深かった特別な地域は別として、養豚は、近代になってはじめて、全国的に広まったのである。とくに大正一二（一九二三）年の関東大震災以降、豚肉食が栄養源として推奨されてからのことだ。日本では、家畜の豚との文化的なつながりはほぼ断絶しており、豚は十二支に取り入れられていない。この事情は中国や韓国の人々が、その文化の中で豚への親しみを培ってきたことと大きく異なっている。たとえば、日本には折々の祭りや定礎儀礼で豚の頭を祭る習慣は見られない。

しかし、中国や韓国の人々が豚に親しみをもってきたように、日本人はこの猛々しい猪を、ときに文学的想像力によって親しみのある存在に変換させることもあった。

たとえば、「伏猪《ふすい》の床」という和歌の特別な表現がある。これは猪が萱や萩などの枯れ草を集めて眠る場所及びその様子を表した。鎌倉時代末期の歌人吉田兼好は、日本の随筆文学の最高傑作の一つ『徒然草』を書き、和歌論を展開した第一四段の冒頭で、この「伏猪の床」を紹介している。

「和歌こそは、何といってもやはり趣の深いものである。身分の低い、賤しい者や山の木こりなどのすることも、歌に言いあらわしてしまえば趣があり、恐ろしい猪も、「ふす猪の床」といえば、優雅になってしまうものだ。」

兼好の言葉には、山に住む木こりへの蔑視と猪に対する恐れの感情が読み取れるけれども、それらを趣ある優雅なものに変えてしまう和歌の力が讃えられていることに注目したい。

「伏猪の床」という詩的表現を生み出した古代人は、幸せそうに眠る猪を観察し、その姿に親しみを感じたに違いない。平安時代の有名な女流歌人・和泉式部も、この表現を和歌に用いている。最愛の恋人であり歌人として尊敬してきた敦道親王の死を体験し、和泉式部は嘆きの歌を詠む。「刈藻かき伏す猪の床もいを安み　さこそねざらめかからずもかな」（枯れ草をかきよせ猪が寝床に眠り安らうという。そうは眠れずとも、このようでなければいいのに。）彼女の嘆きは、眠る猪の幸せそうな姿とのコントラストにより、いっそうの詩的効果を高めているのである。

現存する日本最古の歴史書『古事記』にも、猪への文学的想像力をかきたてる恋物語が収録されている。第二一代雄略天皇は、ある日、河のほとりに衣を洗っているたいへん美しい乙女を見つけた。天皇が名を尋ねると、乙女は「私の名は赤猪子《あかいこ》と申します」と答えた。男が名を尋ねて女が答えることは古代世界では、求婚の承諾を意味した。そこで天皇は「おまえは男に嫁がずにいなさい。まもなく召そう」といって宮廷に帰った。ところが、赤猪子が天皇のお召しを期待して待つうちに、なんと八〇年が経ってしまった。そこで、彼女は待ち続けた自分の心を表したい一心で、宮中に参上した。

約束を忘れ、「おまえはどこの老婆か。どういうわけで来たのか」と問う天皇に、「お言葉をいただいて、心待ちにして今日にいたるまで八〇年が過ぎました。今はすっかり年老いて、もはや頼みの美貌もありません。けれども、私の志を申し上げようとして参ったのです」と答える赤猪子。天皇は彼女の志に心動かされ、若い時を無駄にさせてしまったことを憐れみ、また互いに年老いて結婚できないことを悲しみながら歌を詠んだ。そして、涙で着物をすっかりぬらして歌を返す赤猪子に、多くの賜り物を与えて故郷に帰してやった。

この悲劇でありながら、どこかユーモラスな物語に描かれた美しい乙女の名が、猪に由来し赤猪子となっていることは興味深い。普段は猛々しい猪と対比されることで乙女の美しさ、いじらしさが、いっそう印象的に訴えかけてくるからだ。また、猪という動物が、実はこの乙女のように純粋な魂をもっているのだと古代人が感じていたようにも、この物語から受け取れるのである。

文学的想像力を介してみた猪は、日本人にとっても時には親しみのもてる横顔を見せているといえるだろう。日中の亥文化はズレをもっているのだが、全て分かり合えないとは、はやまって断言できないのである。

❖——3　循環する亥——新しい文化交流の象徴として

猪は不思議な動物である。多くの家畜の中でもかなり早く、およそ八〇〇〇年前からユーラシア大陸の各地で家畜化が進んだようだ。環境考古学の中には、猪の家畜化は人間が無理やりに進めたものでなく、人間と猪に生き物としての親和性があり、それが自然な家畜化を促したのだとする説がある（野林厚志、二〇〇五年）。つまり、猪は人の生活圏に近い山に生息し、少ない個体群をつくるため扱いやすく、しかも人間が消化できない細菌をタンパク質として吸収するため人糞や廃棄物を食するので、おのずから両者は共に暮らすようになったというのだ。そのためか、猪は家畜化されても、人の手を離れれば数世代で簡単に野生に戻ってしまう。近代畜産業が導入される以前、家畜種と野生種との境界は、もっと曖昧なものだった。前近代の家畜種は適度に人の手が加わりながらも、自然の豊かな恵みの産物としての性格を多くもっていたにちがいない。

ここまで考えてくると、意外なことに中国や韓国の亥と日本の猪との接点が見えてくる。日本の猪は、山の神にたとえられるような猛々しいイメージをもっているが、それはまた、この世の権力に取り込まれない自然の豊かな力を象徴するものだった。さらに、それは文学的想像力によって、親しみある存在に転換されることが可能なものだった。そして、近代化される前の中国や韓国の家畜種も自然の営みの中で誕生し野生にふれているのだから、この豊かな力に関係していたのである。

中国や韓国の亥は、決まったときに供給できる食糧源であり、富をもたらす象徴でもある。日本では、野生の猪は狩猟採集生活の縄文時代から食べられてきたが、家畜種のように富をもたらす象徴にはなっていない。しかし、冬に山に帰っている亥の子神は春から秋にかけて田の神になり、米のかたちで富を農村にもたらしてくれた。どちらも自然の恵みにつながっているのである。

山の神につながる日本の猪文化は、人間が自然の豊かさと出会う原景的イメージを表し、中国、韓国の亥の文化は、人がその豊穣に近づく親しさのイメージを表している。両者は異なっているように見えて、実は自然の豊穣にふれる素直さにおいて共通性をもっている。中国、韓国の伝統的な亥の文化にも日本の猪文化にも、自然の恵みへの畏敬と率直な感謝の気持ちが介在しているのである。

伝統的な養豚が野生の猪と人間の親和性から発生し、家畜化された豚が容易に野生の猪に戻るならば、猪と豚は生物学的には循環の関係にあるといえよう。このような循環の特徴をもつ猪と豚を文学的想像力によって、東アジアの新しい文化交流のシンボルとしてとらえることができれば、素晴らしいだろう。

たとえば、現代日本人にとって、豚肉は欠かせない栄養源になった。にもかかわらず、豚に関する物語は少なく、文化の中に根づいていない。この状況は、食文化に限ってみても、とてもアンバランスである。中国や韓国の十二支動物として豚に親しむ文化から日本人が学べるものは多くあるはずだ。他方、エコロジーの時代に日本の猪文化は、中国や韓国の人々に人間が本来もっている自然への畏敬の念を思い出させるだろう。

日本人が豚を食べ、豚の恩恵を受けつづけるなら、また中国人や韓国人が野生種の住めるような里山の自然環境を大切にしていくなら、お互いの亥文化と猪文化から学び会うことは、非常に有益ではないだろうか。

動物を生んだ自然への畏敬とその動物への親しみ、このいずれもが人間の貴重な精神文化である。それを狩猟文化対牧畜文化という、単純な二項対立的思考で線引きしてしまうなら、私たちは伝統文化の豊かさを、近代という灰色の壁の中に閉じ込めてしまうことになる。猪と豚は東アジアの文化交流の未来を象徴し得る、将来有望な動物なのである。

結語

以上、蘭と亥という限られた例を通じてであるが、文化象徴を通じて日中韓異文化研究への接近を試みてみた。いずれの場合も、文化の意識化されないズレを事例をあげて浮かび上がらせることで、逆に相互理解の通路や今後の展望を見出そうと努めた。四君子、十二支などの文化象徴は文化の共通性を想起させやすい。それは象徴として優れた点であるが、かえって差異を無意識化させてしまう面もある。文化象徴に異文化研究の視点を取り入れることで、多岐にわたる文化事例を比較検討してみることが可能となるにちがいない。

文化象徴は、前近代、近代、ポストモダンの通時間の中の境界を乗り越えていくばかりか、日本列島と中国大陸、さらには朝鮮半島の空間的境界をも越境する性質をもつ。それぞれの文化の差異を掘り起こしながら、その上で文化象徴のプラス面を再評価していけば、文化の交流や共存に資するところが大きいだろう。ここで取り上げた例では、蘭の場合には人工的分析的な美に対し、自然的総合的な美の意義を検証すること、亥の場合には自然への畏敬と親しみの相互理解を進めることを新たな課題として見出すことができた。

つまり、文化象徴が偏狭なナショナリズムや経済至上主義に悪用されるのを防ぎ、国際性や創造性を保持していくことが必要であり、そのためにも異文化研究が大いに役立つと思われるのである。

文献

蘭

佐藤鶴吉『元禄文学辞典』芸林舎、一九二八年。
飯野哲二編『芭蕉辞典』東京堂出版、一九五九年。
日本銀行調査局編『図録　日本の貨幣11』東洋経済新報社、一九七六年。
加藤郁乎編『江戸俳諧歳時記』平凡社、一九八三年。
山本周五郎『山本周五郎全集　第21巻』、一九八三年。
『古事類苑　植物部一』吉川弘文館、一九八五年。
下中直也編『世界大百科事典』平凡社、一九八八年。
大岡信編『大歳時記　第二巻　句歌　秋冬新年』集英社、一九八九年。
日本香料協会編『香りの百科』朝倉書店、一九八九年。
相賀徹夫編著『園芸植物大事典　5』小学館、一九八九年。
唐澤耕司監修『参渓カラー名鑑　蘭』山と渓谷社、一九九六年。
植物文化研究会・雅麗編『図説　花と樹の大事典』柏書房、一九九六年。
白川静『字通』平凡社、一九九六年。
中上健次『中上健次全集12』集英社、一九九六年。
八尋洲東編『朝日百科　植物の世界』朝日新聞社、一九九七年。
大貫茂『萬葉植物事典』株式会社クレオ、一九九八年。
富山昌克『ラン科植物のクローン増殖』トンボ出版、二〇〇〇年。
四方田犬彦編『李香蘭と東アジア』東京大学出版会、二〇〇一年。
尾崎左永子・薫遊舎校注『香道蘭之園』淡交社、二〇〇二年。

亥

上田正昭『日本武尊』吉川弘文館、一九六〇年。
宮地伝三郎『宮地伝三郎動物記1　十二支動物誌』筑摩書房、一九七二年。

吉井巌『ヤマトタケル』學生社、一九七七年。

吉田敦彦『ヤマトタケルと大国主』みすず書房、一九七九年。

大場磐雄『十二支のはなし』ニュー・サイエンス社、一九八三年。

山中裕『和泉式部』吉川弘文館、一九八四年。

宮本常一『民間暦』講談社学術文庫、一九八五年。

中村禎里『日本動物民俗誌』海鳴社、一九八七年。

諸橋轍次『十二支物語』大修館書店、一九八八年。

金子浩昌他『日本史のなかの動物事典』東京堂出版、一九九二年。

南方熊楠『十二支考（下）』岩波文庫、一九九四年。

神田秀夫・安良岡康作・永積安明校注・訳『新編日本古典文学全集44　方丈記・徒然草・正法眼蔵随聞記・歎異抄』小学館、一九九五年。

国立歴史民俗博物館編・発行『動物とのつきあい――食用から愛玩まで――』便利堂制作、一九九六年。

山口佳紀・神野志隆光校注・訳『新編日本古典文学全集1　古事記』小学館、一九九七年。

五十嵐謙吉『十二支の動物たち』八坂書房、一九九八年。

野林厚志「イノシシとブタ――ドメスティケーションの観点から」『日本熱帯生態学界ニューズレター No.59』日本熱帯生態学会、二〇〇五年。

共通

王敏・梅本重一編『中国シンボル・イメージ図典』東京堂出版、二〇〇三年。

王敏「中国における日本研究の研究と中心に――国際日本研究方法論試論――」『国際日本学の構築に向けて』法政大学国際日本学研究所編、法政大学国際日本学研究センター、二〇〇五年。

王敏「異文化アプローチによる日中相互認識の「ずれ」考察」『東アジア共生モデルの構築と異文化研究』法政大学国際日本学研究所編、法政大学国際日本学研究センター、二〇〇六年。

濱田陽「独特な生命力として現れる日本の蘭」『蘭　韓・中・日文化コードを読む――比較文化象徴事典』（韓国語書籍）李御寧編、Jonginara 出版社、二〇〇六年。

濱田陽「戦争と日本宗教の軋轢の彼方へ」『東アジアの終戦記念日――敗北と勝利のあいだ』佐藤卓己・孫安石編、ちくま新書、二〇〇七年。

日本文化をどう理解すべきか
――異文化の視点によるアプローチ――

楊　暁文

はじめに

本稿は異文化という視点から日本文化に対する理解、とくに外国人がどのように日本文化を理解すればよいかについて考察を試みるものである。本題に入る前にまず、異文化とはなにかを明らかにしておく必要がある。

最近、「異文化理解」「異文化コミュニケーション」「異文化体験」「異文化論」「異文化発見」……などと盛んにいわれるようになってきた。だが、一々詳らかに検討してみると、その「異文化」が必ずしも同一の事物を指すとは限らないことがわかってくる。そもそも「異文化」とはなにかという点については根本的にあまり研究されていないし、異文化そのものの定義もほとんどなされていない。

筆者はこれまでの研究を踏まえて、異文化を次のように定義する――異文化とは、二つ以上の文化が接触しているとき、固有文化を座標にしつつ、未知を知る過程の対象としての他者文化である。

この定義に基づきつつ、異文化の視点から日本文化の理解について考察してみたい。

1 「接触」について

こちらから積極的に接触していかない限り、異文化の面影を見ることはできず、永遠に近づくこともないだろう。すると、異文化間のコミュニケーションなどは、ただの空論に終わってしまう。とにもかくにも接触してみよう。接触して初めて、異文化が生起してくるのである。

したがって、ここでいう接触とは異なる文化とのふれあいを意味する。そして、この接触には、いろいろな形式や様式があり、さまざまの次元やレベルがある。

異文化の接触は、まず「間接接触」と「直接接触」に分けられる。異文化との接触が間接的であるか、直接的であるかを指している。まず「間接接触」について見ておこう。「間接接触」の場合は、二つのルートを通して行われる。

その一つは書籍である。「世界、この大きな本」という西洋の哲学者の言葉がある。また古くから「行万里路　読万巻書（万里の路を行き、万巻の書を読む）」を中国の知識人が座右の銘としてきたように、本を通じて別世界のことを知ろうとするのは人類の人類たる重要な証の一つでもある。一二九九年に完成された『東方見聞録』は神秘のベールに包まれていた東方の魅力をヨーロッパ人に見せ、森鷗外の『舞姫』や夏目漱石の『倫敦塔』は当時の外国留学が今日のように容易ではなかった明治時代において日本の人々に異国情緒をたっぷりと味わわせたのである。日本にとって一衣帯水の近隣中国においても、清末の詩人・黄遵憲によって書かれた四〇巻からなる『日本国志』と二〇〇首を詠んだ『日本雑事詩』、政治家の戴季陶が一九二七年に執筆した『日本論』などが出現するまで、中国人における日本人像は実質的には『魏志倭人伝』に描かれた「倭人」のままであった、ユン・チャンの『ワイルド・スワン』やエィミ・タンの『ジョイ・ラック・クラブ』が現れるまで、日本人、否、世界中の大部分の人がパール・バックのノーベル賞受賞作『大地』の主人公たちを現実の中国人だと思い込んでいたように。

ゆえに、日本文化を知ろうとする際、書物はもっとも身近な、もっとも便利な手段の一つであるには違いない。しかし、世の中の変遷はめざましいので、新しい情報を絶えずキャッチしておかないと、入手したつもりの日本文化もすでに今日性を失っていて、後に述べる虚像的なそれとなってしまう恐れがある。

もう一つのルートは映像である。今日、マルチメディアが人々の話題にのぼることが多くなった。その中心的な役割を果たすものの一つが映像であるが、その映像は主にテレビを通してわれわれの生活と密接に結びつき、われわれの日常に大きな影響を与えている。われわれはその映像を通じて違う文化にふれあうチャンスを持つ。

だが、ヤラセという言葉も生まれたように、普通の山水でも製作者の意図、撮影の角度、美しいＢＧＭ、すぐれたナレーションなどによって、本来の姿とは違ったものになってしまうことも、しばしばある。映像はあくまでも映像であって、実物そのものではない。

そこで、「百聞は一見に如かず」と古人がいったとおり、人の書いた本やテレビの流した映像も悪くないが、それらよりも異文化そのものを自分の目で確かめたい、異文化自体にこの手で触れたいと思うのであれば、接触の第二段階、「直接接触」を提案したい。

ただし、一口に「直接接触」といっても、その時間や場所、態度や方法によって、「表層接触」と「深層接触」の区別ができる。「表層接触」とは文字通り、表面的な接触を指している。これにも二種類のケースが考えられる。

その一つは旅行、観光である。日本における日常生活では、森鷗外や夏目漱石のいた昔とは違って、海外旅行は国内旅行の感覚で行われている。だが、その国へ旅行することと、その国で生活することとは勿論イコールな関係にない。旅行者はその国の観光名所を回ったり、設備の整ったホテルに泊まったり、美味しい料理を頰張ったりして、一応は異文化に接触したことにはなる。しかし、その接触は、まだ表面的なものにとどまることが多く、真に異文化の心に触れてみようとすれば、その接触の度合いを深めていく必要がある。京都を例に考えると、観光客は大体、金閣寺、銀閣寺、清水寺、西陣（健脚を競って桂離宮のような遠いところへ足を運ぶ旅行者の姿も見られるが）などを回って帰るといったお決まりのコースをたどるのであるが、それは京都のごく一部分に触れたに過ぎず、異文化としての京都を理解したことには到底ならない(旅行者にとっては、「お茶漬けでもどうどす……?」という京都人の真の姿には永遠に出会えないかもしれない)。

もう一つは、国際シンポジウムに参加したり、ビジネスの関係で外国出張したりするような専門的接触である。普通の旅行とは異なり、かなりの業務上の接触があるので、その方面での違った文化の先端的な部分に触れられるかもしれないが、接触したのは限られた専門家だったり実力者だったりする。それゆえ、質的には一般の旅行より収穫が大きいかもしれないが、全体的には観光と大差なく、その異文化の一部に触れただけにすぎない。日本を訪れた各国の代表団やビジネスマンにおける日本文化に対する理解は、このレベルにとどまっていよう。

これらの「表層接触」とは違った「深層接触」もある。そして、この「深層接触」にも二つのケースがある。

その一つは前述の一時的な逗留に相対する長期的滞在である。長期にわたる留学や海外赴任などが、これにあたる。というのは、もう旅行者の立場ではなく、その異文化のなかで生活しなければならないからだ。時間がたつにつれ、表面的ではなく、その異文化に対して一定の深さを有する認識をもつようになる。日本で暮らしているアジアからの留学生たちの例を見れば、来日したばかりのころは驚きの連続で、苦しんだり喜んだりして眠れない夜も経験するが、だんだん畳にも慣れてくるし、納豆も食べられるようになる。しかし、留学生にしても海外赴任の商社マンにしても、往々にして外国人として扱われ、自分も意識的に或いは無意識的に外国人の目で日本の国柄や国民性や民俗的特徴を見てしまいがちなので、つまるところ日本文化の核に接近することが難しい。

「深層接触」のいちばん徹底したやり方は、身分変換的接触である。日本の歌謡曲に、「異邦人」という美しいメロディーの古い流行歌がある。しかし、実際の異邦人は歌に出てくるような、のどかな存在ではめったになく、異国でホームシックにかかったり、異なる文化のはざまをさまよったりしている。この複雑で名状しがたい多くの試練に耐え、これらを乗り越えたときこそ、異文化を完全に把握するときなのである。そしてこの完全な異文化の把握を成し遂げるには、さまざまな原因によって身分的変換、すなわち異邦人のような「余所者」から「仲間」や「身内」への変換が行われ、異文化が自らの文化と化するモーメントがあったことが見受けられる。まだ十分に開かれた社会とはいえない日本において、この身分変換的接触を試みた外国人は多くはないが、完全に日本文化を理解しようとすれば、この身分変換的接触はどうしても必要なように思われる。

2 「座標」について

われわれは「異文化」というとき、意識的に或いは無意識的に自らの文化を前提としている。異文化の「異」は「異人」「異郷」「異国」「異状」「異物」「大同小異」などの「異」とは根本的に同じく、「自」とコトナル、身の回りの「普通」とチガウ人、物、事を指しているからである。

ゆえに、自らの文化をスタートラインにして、われわれは異文化に立ち向かっていく。解析幾何学の用語を借りていえば、われわれは自らの文化を「座標」として、他文化を凝視するのである。そしてこの「座標」をよく吟味してみれば、そのなかに「社会システム座標」、「生活座標」、「価値座標」があることが発見できる。

まず「社会システム座標」を見てみよう。

福地桜痴が、大変な苦労して society を「社会」と訳したように、この「社会」は複雑すぎるほどのシステムをなしている。異文化における「社会システム座標」の場合も、具体的に「体制的パーセプション」と「仕組的ファクター」を内包しているのである。

社会体制といえば、今の世界を大別すると資本主義と社会主義の二種類に分けられる。その間には残念ながら、超えられない数多くのギャップが存在している。ともすれば、それぞれが自己流で相手にアプローチしがちである。「体制的パーセプション」とは、これらを指しているのである。

それぞれの社会は、一時的にせよ、長期的にせよ、それにマッチした仕組みによって構成され、運営されている。ここでは日本社会の政治システム、特に「金権政治」の仕組みを例に見てみたい。

あるシステムに属している個々人は、それがどんなシステムであれ、ある意味でもちろん、そのシステムの失敗や欠点に集団として責任がある。しかしそれも、失敗や欠点を防止するのに必要な手段がちゃんとあって、初めて成り立つ議論である。

日本の個々の政治家は、「金権政治」の体質に直接の責任はない。彼らがつくりだしたわけではないし、変えるのが仕事だと思われているわけでもないし、変えたいと思っても個人の力では変えられない。「金権政治」を完全に追放した政治システムを考えることはできても、これほどの大きな仕事は一人の政治家の力ではとてもやれるものではない。だとすれば、平均的な政治家に対して「金権政治」の倫理的な責任を追及することはほとんどできない、ということになる。新聞は個々の政治家に責任があるかのように偽るのをやめなくてはいけない。

さらに、このシステムをそっくり支えているのはだれか、と考えはじめると、日本の政治家が「金権政治」に道義的な責任があるという認識の妥当性は、ますます疑わしくなってくる。日本の構造腐敗についての論評はたいてい、それが独立した現象であり、主として政治家の問題であると論じる。政治家以外にもときどき容疑者とされる者はある。野心的で厚かましいビジネスマンがメディアの集中砲火を浴びるのだ。しかし、分析はふつう、そこで終わりになる。「金権政治」をはびこらせるについて大きな役割を果たしている一大容疑者集団のことがすっかり忘れ去られている。それは官僚たちだ。

そもそも官僚の権力がなければ、政治家にこれほど大金を払おうというビジネスマンはいないだろう。官僚たちは、すべての野心的ビジネスマンの活動をあれこれ規制できる生産と流通のコントロール・システムを操っている。彼らは、許認可権を駆使して企業活動を指導したり制限したりできるし、ほかのもっと非公式なやり方で日本の企業家の野心を挫くこともできる。たいていのヨーロッパ諸国とアメリカでは、このようなことは法律によって規制されている。日本にも法律はあるが、その解釈をおこなうのも当の官僚たちだ。そうであれば、日本のビジネスマンがどこの省庁を相手どって訴訟を起こしても、まず勝ち目はないだろう（カレル・ヴァン・ウォルフレン『人間を幸福にしない日本というシステム』篠原勝訳、毎日新聞社、一九九四年、三五―三六ページ)。

以上はオランダ生まれのジャーナリスト、カレル・ヴァン・ウォルフレン氏による日本「金権政治」論であるが、そこから政治家・ビジネスマン・官僚という三者の係りあいによって生み出された「金権政治」の仕組みを析出することができる。ビジネスマンが自らの事業を拡大したりするとき、官僚の恣意的な「行政指導」や「通達」といった一方的な決定から身を守り、障壁を乗り越える必要がある。そのための有力な一手段が政治家にとりなしを頼むことである。政治家は両者の間をとりなし、その見返りとしてリベートをもらう。そこでビジネスマンはその野心を遂げ、官僚は権力をほしいままにし、政治家は自らの経済的基盤をさらに強化することになる。三者はそれぞれ必要不可欠なファクターとして日本の「金権政治」を形成し、それを持続させていく仕組みをつくり出したのである。

次に「生活座標」であるが、文字通り生活に関する「座標」である。衣食住、風俗習慣、礼儀作法はそのバックボーンをなしているが、冠婚葬祭、祝日節句、交通手段、性のいとなみ、容貌、皮膚の色、髪の毛の形……といった生活の細部のすべてがこの範疇に入る。例を挙げれば、紙幅がいくらあっても足りなさそうなので、省くことにする。

「社会システム座標」「生活座標」と密接な関係にあるのは、「価値座標」である。

価値というものは、時間、空間、人によって違ってくるように、文化によっては当然といっていいほどに、その「座標」が異なっていくものである。だが社会体制が空からも地のなかからも生まれてこないのと同様で、「価値座標」も確実に「伝統意識」と「宗教観念」とに支えられて、その働きを果たしているのである。

「伝統意識」とは字面通り、自らの伝統に培われてきた意識であり、それは意識的に注入された場合(教育)もあれば、無意識的にその生活環境や接触する人々からの影響を受けて育ったケースもある。封建日本の伝統が、いかに現代を生きる日本人に影響を及ぼしているかを見てみたい。

封建日本は、多くの基本的な点で中国よりもヨーロッパに似ていました。「サムライ」〔「侍ふ」が語源〕つまり「従僕」という名で知られた武士たちは、勇気、名誉、鍛錬、ならびに平然として死に向かう心構えといった、武人としての徳目に非常に重きを置いていました。自殺を禁ずる宗教的なおきてがなかったために、戦いに敗けて捕虜としての辱しめと拷問を受け入れるよりは、自分の命を捨てるのがふつうでした。自分の腹を切るという、激痛を伴うおぞましい手段が、意志の力を示すとともに、名誉を保つ儀式の一種となりました。俗に「ハラキリ」、もっと適切には「セップク」として知られる。この栄誉ある自殺の形式は、近代にいたっても、ときおりその姿を見せます。また、切腹よりはいくらか困難でない他人の手を借りる自殺の手段も、耐えがたい状況を逃れるために認められ、基本的には名誉ある行為と考えられています。

日本の封建制度は、ヨーロッパの封建制度と同じく、個人的忠誠心のきずなに依拠していました。もちろん、忠誠心は、実際には封建制度の中で最も弱い環であって、日本とヨーロッパの中世の歴史は、変節と裏切り行為の例に事欠きません。ヨーロッパでは、ローマ教皇という背景があったため、君臣の関係は相互的かつ契約的、言いかえれば法的なものと見られていました。しかし、中国式の制度をとっていた日本では、法律よりも道徳に重きが置かれており、法は支配者の道徳的なリーダーシップに従うべきものとされていました。これは、支配者の権利が建前上はそのすぐれた英知と道徳とにもとづくものだったからです。主従関係は、たんに両者間の法的契約関係だけではなく、臣下の側からする無制限かつ絶対的な忠誠の関係と見られており、このため、日本では、西欧で生まれたような政治的権利という考え方の発展する余地がなかったのです。

中国の儒教体制においても、支配者への忠誠は重要でしたが、これは家族への忠誠の前には影が薄いのがふつうでした。事実、儒教倫理における五つの根本的人間関係〔父子の親、君臣の義、夫婦の別、長幼の序、朋友の信〕のうち三つまでは、孝行およびその他の家族的忠誠心にかかわっていました。日本では、主君への忠誠は、全体制にとってそれより重要でした。家族は重要とされてはいたものの、主君への忠誠は家族への忠誠に優先していました。このため、近くして日本では、超家族的集団が、家族そのものよりも根本的なものとして早い時期に確立されました。このため、近代において、忠誠心が国家や非血族集団に対するものへと移行することが容易になったのです。

とはいえ、中世日本の社会においては、家の血統や名誉は非常に重要でした。世襲が財産の所有だけでなく、権力や威信を決定したからです。家族の継続性がきわめて重要な関心事だったことは当然です。日本人は、西洋の世襲制度にまつわるような多くの問題を避けるため、息子たちの中の最も適切な者が地位を継ぐことができ、また、世襲すべき男子が生まれないときには養子をとることも認められました。娘の夫、若い親類、あるいは、まったく縁戚関係にない人間も、まっとうな跡継ぎとして養子にすることができました。現代日本の社会ではもはや世襲は最も重要なものではなくなりましたが、この種の養子縁組が行われることはいまなおふつうです。

日本の封建社会は、これ以外に二つの点でヨーロッパと明らかにちがっています。日本では、女性が弱く劣ったものであることは認めるにしても、ロマンティックな尊敬の対象とするというような騎士道がありませんでした。日本の武士たちは、女性が自分たち同様に頑健であり、主君や家族に対する忠誠心から自害をためらわぬことを期待しました。また、日本の武士は、西欧の武士同様に剣の人ではありましたが、西欧の封建貴族のような学問や芸術への軽蔑心を抱いてはいませんでした。書や詩歌をよくすることは彼らの誇りでした。おそらく宮廷の文化と地方武士社会の興隆との長い共存関係の中で、前者の持っていた能力や精神が後者へ完全に移転することが可能となっていたのでしょう。

中世日本の政治社会組織は、現代の日本社会のそれとはまったくちがっていますが、当時発達し、保存され、日本の封建制度の後半に再形成された心的態度の多くは、現代にも生き残っています。したがって、近代日本の軍隊は武士の精神やその価値観を容易に再生することができましたし、忠誠心、義務、鍛錬、そして自己否定などが封建時代からまだ尾を引いていて、それが現代日本人の人格を形成しているのです(『ザ・ジャパニーズ・トゥデイ』E・O・ライシャワー著、福島正光訳、文藝春秋、一九九〇年、七六―七九ページ)。

まず指摘しておきたいのは、ライシャワー博士が何度も「ヨーロッパ」と「西欧」を基準に日本社会を論じていることである。筆者の言葉でいえば、それがまぎれもなく彼の「価値座標」であるからだ。

歴史的に見てみれば、封建日本と現代日本とは社会環境も時代的雰囲気も、かなり異なっているが、封建日本に築き上げられた伝統は近代を経て現代の日本に脈々と受け継がれており、日本文化の特質を形作っているのが実状であるらしい。

「日本では、超家族的集団が、家族そのものよりも根本的なものとして早い時期に確立されました」とあるように、この集団至上主義とでも呼ぶべき伝統が確立してから、それを意識した日本人は次第に集団を中心とする心的態度を培われ、行動のパターンに反映させている――

・一家団欒に優先して会社のためにベストを尽くす。
・世界中の空港や観光地で、群れをなして移動する日本人の旅行者たち。「まとまって行動するように」は彼らの口癖のようである。
・静かでおとなしい一人一人が、集団のなかに入ると、その豹変ぶりは甚だしい。「赤信号、みんなで渡れば怖くない」はこのことを雄弁に物語り、最近テレビや新聞によく報道されるイジメによる小中学校での自殺の背後には、決まって集団が存在していた。

これと関連して、「忠誠心、義務、鍛錬、そして自己否定などが封建時代からまだ尾を引いていて、それが現代日本人の人格を形成している」ことも肯綮に中っている。人格形成はさておき、「忠誠心、義務、鍛錬、そして自己否定など」が互いに絡み合い、複雑にかかわりあって、日本特有の事象を出現させているのは事実だ。今日の日本の多くの職場で見受けられる「サービス残業」（ひいては「過労死」）は、その典型的な例である。

「伝統意識」のほかに、価値の座標を左右する有力な「候補」がもう一つある。それは「宗教観念」である。


明らかに現代の日本人は徳川時代の祖先とちがって、儒教信者ではありません。しかし、儒教倫理の価値観は、日本人の思考様式の中に深く浸みこんでいます。儒教はたぶん他のいかなる伝統的な宗教や哲学よりも日本人に大きな影響を与えてきたでしょう。日本人は近代科学、進歩と成長に関する現代思想、普遍主義的な倫理原則、民主的な理念や価値を全面的に受け入れていますが、その背景には、政治とは道徳にもとづくものだという信条や、個人間の人間関係や誠実さを大切にすべきだという考えや、教育と勤勉が大切だという信念など、儒教的性向が根をはっています。今日では、自分自身を儒教信者であると考える日本人はほとんどいませんが、しかし、ある意味ではほとんどすべての日本人が儒教信者だと言えるのです（中略）。

神道が仏教思想を支配した死後の世界の問題について関心を欠いているのに対して、大乗仏教は排他的でも嫉妬深くもなく、その普及の間に土着の信仰に容易に適応していきました。そのため、仏教と神道は心地よい共存関係に入り、神道の社は管理の都合からしばしば仏教の僧院と並設されるようになりました。日本人は、西欧のみならず南アジアや西アジアで行き渡った、人は何か一つの宗教に帰依すべしという考えを持つにはいたりませんでした。こうして近代以前の日本人は、同時に仏教信者でも神道信者でもあるのがふつうであったばかりでなく、しばしば儒教信者でもあったのです（中略）。

キリスト教は知的には影響が大きかったとしても、数の上から言えば日本における小宗教にすぎません。そして、神道と仏教は、大部分の人びとにとって信仰として意味があるというよりは、習慣や風習といった性格のものです。今日、強い宗教的欲求を覚える日本人はかならずしもそう多いわけではないとしても、かなりの数の人びとが、三大宗教以外に目を向けて、日本の農村や教育水準の低い人びとの間に普及している迷信的な民間信仰にすがったり、あるいはきわめて多くの通俗宗教運動に走ったりしており、それらは一括して「新興宗教」という名で呼ばれています。通俗の迷信的信仰は、神道、仏教、および中国の土俗的な迷信を起源とする観念の混合物であるのがふつうですが、日本には多種多様で無数の土着の信仰があり、吉日や凶日、星占い、易者などに本気で関心を抱く人びとが少なくありません（前掲『ザ・ジャパニーズ・トゥデイ』二五八―二六八頁）。

ライシャワー博士の観察には鋭いものがあった。

日本における宗教観念について考えようとすれば、いつも外国人を悩ませているのは、日本人はいったいなにを信仰しているか、という問題である。

敬虔な信者なども、たまに見受けられはするが、全体的に見てみる場合、ある特定の宗教に厚い信仰を寄せる人はそれほど多くない。いいかえれば、いろいろな宗教的行事のみに興味と関心を示す人が多い、というのが外国人における日本の宗教的イメージであろう。

具体的に見てみると、

- 新年に初めて社寺に参詣して、過ぎ去った年においてお世話になったことへの感謝、新しい年への望み、人によって異なる数え切れないほどの願い、などをする初詣は神道・仏教の融合した合同行事だといえよう。
- 祖先霊を供養しようと、迎え火・送り火をたき、精霊棚に食物を供えるなどの盂蘭盆は仏事であるに違いない。だが、忙しすぎるほどの日本では、むしろ新幹線や国内線の飛行機が一〇〇%の利用率を誇り、それらを利用した帰省客にとって、お盆はひとときの息抜き、故郷の人々に会える得難い機会との捉え方がより現実に近いように思われる。
- クリスマスはキリスト教徒の多い欧米人には特別の意味があるが、日本では洋式の祭りであり、絶好の商戦のチャンスでもある。現に早いところではその一カ月ぐらい前からクリスマス用のイルミネーションを飾り始める商店街が見られる。

こうなると、日本人になんの信仰があるのか、という疑問が外国人の間に浮上してくるのも不思議ではない。しかし、仏教的・神道的な儀式を大切な習慣にし、キリスト教的なものを洋式の行事と位置づけ、そして儒教も宗教の一種だとすれば、それを無意識的に或いは意識的に自らの倫理道徳の基準とし、そこから価値を見出していく、というのが一般の日本人における宗教観念の実態ではないだろうか。

3 「未知」について

「エドがあのさもおかしいといった様子で笑ったので、わたしはまたもや自分の知らないアメリカの未知の部分に触れたことを悟った」(レ・リ・ヘイスリップ『天と地』アメリカ篇、上、角川文庫、一九九三年、六九頁)と初めてアメリカに足を踏み入れたベトナム人のレ・リ・ヘイスリップが悟ったように、「未知」が異文化の魅力的なところであり、そのなかに異文化の具体的な内容が包み込まれている。「未知」に遭遇してはじめて、われわれは異文化の存在を実感することになる。そして詳しく見てみると、「未知」には「相似的未知」と「差異的未知」があることがわかる。日本と中国のことを例に、これらについて考えていきたい。

普通の日本人にとって、中国は「未知」の世界であり、一般の中国人にとって、日本は「未知」そのものである。しかしながら、日中間を旅することが昔に比べてそれほど難しくなくなった今、実際に行ってみると、意外にその「未知」のなかに相似した部分が存在していることに容易に気付くであろう。日中が共有している漢字は、その一例に数えられる。

思うに異文化は、もともと人間によって創り出されたものである。どの国の人であろうと、どの民族に属しようと、皮膚の色が違おうと、同じ人間である以上、形而上にも形而下にも共通項をもっている。それが「相似的未知」の存在と出現を可能にしたのである。そして地理的に近い場合、文化的に何らかの接点を共有している場合には、それが異文化への接触をより容易なものにすることができる。この「相似的未知」を通して、人々は異なる文化に親近感をおぼえ、そこから生まれた安心感によって、異文化にアプローチする意欲も強まっていく。

とはいえ、盾に両面があるように、物事には表と裏、正と負がある。また漢字を例に考えてみると、中国人と日本人は共に漢字を用いていて、地理的にも一衣帯水の関係にあり、顔などもよく似ているので、互いに知っているつもりでいるが、似ているからこそ誤解が生じやすく、相似しているからこそ相互に異文化に対する認識不足が起こりやすいということもある。

中国から漢字が日本に伝わってから、日中両国の人々は同じ漢字を使うようになり、それをもって大いにコミュニケーションを行ってきた。しかし、同じ漢字を用いても国柄が異なる以上、その使い方も当然異なってくる。ゆえに、中国語を習う日本人の学生にとっても、日本語を身につけようとする中国人の留学生にとっても、ないがしろにされがちだが、きわめて重要な課題の一つが漢字の問題である。

「深刻」という言葉について考えてみよう。

日本語においては、「深刻」はマイナスの意味合いで使われる場合が多い。たとえば、一九九四年の夏にたいへんな水不足に見舞われていた頃、テレビは毎日のようにそれを話題にとりあげ、「水不足、深刻」という字幕をよく目にしたものだ。そのとき「深刻」が切実で好ましくない重大な事態を指していたことはいうまでもなかろう。

しかし、中国における「深刻」はプラスのニュアンスで用いられる。「他很深刻」（彼は深みのある人だ）、「這篇文章内容深刻」（この文章は深い内容をもっている）、「那部影片給我留下了深刻的印象」（その映画は私に深い印象を残した）などの用例が、数え切れないほどある。

このように「未知」のなかに親近感と安心感をもたらすと同時に、誤解や認識不足をも生み出しかねない「相似的未知」もあるが、それを遥かに超える規模で「差異的未知」が陣取っている。

差異があっても、それを知らないから「未知」なのであって、そのなかには相似した部分があったりするかもしれないが、異なった部分のほうが圧倒的である。これが「差異的未知」の意味するところである。

「差異的未知」を前にして、好奇心がまず湧いてくる。これは必然的な反応であり、当たり前といっていいほどの異文化に接触するときの特徴的現象である。

だが、好奇心は異文化への接近のスタンスを整えてはいるが、あくまでも表面的なタッチに過ぎない。換言すれば、好奇心は異文化への接触に必要欠くべからざるものではあるが、あくまでも基礎的なレベルのものであって、それをスタートラインにして高次元へ飛翔しないかぎり、異文化の核に近づくことは永遠にないであろう。

異文化の核に近づくには、表面的、一時的になりやすい好奇心ではなく、奥深い本質的な探究心が必須の条件である。

「接触」、「座標」、「未知」は異文化構造の三本の柱である。

固有文化以外の文化に「接触」する意欲がないかぎり、「座標」の必要性も否定されて、「未知」の真の姿を目にするチャンスが永遠に訪れないであろう。

だが、「接触」の客観的、または主観的な条件が整ったとしても、森を探検するときにコンパスが欠かせないように、なにかの「座標」がごく自然に求められるようになる。もっとも固有文化が異文化への「座標」になりやすく、また実際になる可能性と現実性を大いに備えている。この二つが成り立てば、「未知」への道が見えてくる。

「未知」を知ることは「接触」の当然の使命であり、究極の目的でもある。それを実現させるために、「座標」の重要性が浮かび上がってくる。

固有文化の「座標」を道標に、どのような局面にも対処していく強靭さと柔軟性のある「接触」を続けていけば、神秘のベールに包まれがちな「未知」の深部に到達することも、時間の問題（認識過程の問題）となってくるであろう。

こうして、「接触」「座標」「未知」を支柱に、異文化の構造ができあがり、社会的、学術的な価値をもつようになっている。

4 異文化構造から生み出されてくるもの――むすびにかえて

言語を基本的な建材に、「接触」「座標」「未知」を三本の柱として、一定の「偏差値」を内包しながらも、異文化構造はようやく最終的に、いつでも機能できる形で竣工式を迎える。

さて、この異文化構造から、どのようなものが生み出されてくるだろう。

まずその副産物について述べていきたい。ここでいう副産物とは、虚像的な異文化、言い換えれば、歪んだ異文化像を指す。この副産物の生まれる原因の一つは、時間的な制約である。

日本人の義務並びに反対義務一覧表

一「オン」〔恩〕　受動的に蒙る義務。人は「恩を受ける」、又「恩を著る」、即ち「恩」とは受動的にそれを受ける人間の立場から見た場合の義務である。

「コーオン」〔皇恩〕　天皇から受ける「恩」

「オヤ・オン」〔親の恩〕　両親から受ける「恩」

「ヌシ・ノ・オン」〔主恩〕　主君から受ける「恩」

「シ・ノ・オン」〔師の恩〕　教師から受ける「恩」

生涯の中のいろいろな接触に於て人から受ける「恩」

註　自分が「恩」を受けるこれらの人々は、すべて自分の「オンジン」（恩人）になる。

二「オン」の反対義務　人は恩人に、これらの負債を「拂ふ」、又「これらの義務を返す」、即ちこれは、積極的な返済の見地から見た場合の義務である。

A「ギム」〔義務〕　どんなに努力しても決してその全部を返しきれず、又時間的にも限りのない義務である。

「チュー」〔忠〕　天皇、法律、日本国に対する義務

「コー」〔孝〕　両親並びに祖先（子孫をも含む）に対する義務

「ニンム」〔任務〕　自分の仕事に対する義務

B「ギリ」〔義務〕　自分の受けた恩恵に等しい数量だけ返せばよく、又時間的にも限られてゐる負目。

（一）世間に対する「ギリ」
主君に対する義務
近親に対する義務
他人に対する義務　その人から受けた「恩」、例へば、金銭を貰つたり、好意を受けたり、仕事の手傳ひ（「共同作業」の場合の如く）をして貰つたりしたことに基く。
遠い親戚（伯父、伯母、従兄弟、従姉妹）に対する義務　これは別にこれらの人々から「恩」を受けたからではなくて、共通の祖先から「恩」を受けた事に基く。
（二）名に対する「ギリ」　これは die Ehre〔プロシャの「名誉」〕に當る。
人から侮辱や失敗のそしりを受けた時にその汚名を「雪ぐ」義務、即ち、報復、あるいは復讐の義務（註この仕返しは不法な攻撃とはみなされない）。
自分の失敗や無智（自分の専門とする事柄に於ける）を全然認めない義務
日本人の礼節をふみ行ふ義務、例へば、あらゆる行儀作法を守ること、身分不相應の生活をせぬこと、濫りに感情を表に出さぬこと等（『菊と刀――日本文化の型――』、上巻、ルース・ベネディクト、長谷川松治訳、社会思想研究会出版部、一九五二年、一四七―一四九頁）。

〝殿様〟の姿がすでに消えてしまった今日、主君から受ける恩の「主恩」というのは、一般の日本人にとってはほとんど意味のない言葉のようだし、「皇恩」という言葉も同じ位置付けがなされるかもしれない。自分の子供を虐待したり、自分の親を放火や刃物で殺したりするなどの凶悪な犯罪がしばしば報道される今日、「親の恩」はあまり感じられなくなり、「学級崩壊」や教師への暴力が増加の一途をたどる教育現場の実状からすれば、「師の恩」も死語の運命をたどるであろう。いずれにしても「義務」や「義理」は、リストラやストレスに悩まされて二一世紀を生きている日本の人々にとって、もう構ってはいられない概念であり、「忠」や「孝」なども現実性を失いつつあるのではないか。そのような状況下にありながら、ルース・ベネディクトが『菊と刀』で「義理」「汚名」「人情」「徳」などをめぐって繰り返し論じていたのは、「私は一九四四年六月に日本研究の仕事を委嘱された」（同上、一三頁）からである。半世紀も前に書かれた時代的制約（時間的制約）を受けた、そのような論で現在進行形の日本文化を理解していけば、けっして正しいとはいえない日本文化像が形作られてくることであろう。

また、副産物が生まれてしまう、もう一つの原因は空間的な制限にある。

現実的にわれわれが異文化に接触しようと思うとき、地理的な困難が立ちはだかり、さらに心理的な面では、もっと大きな飛躍が求められる。「接触」のしかたにしても、前に述べたように、日常的には本屋や図書館の「書籍」とテレビの流す「映像」が主である。自分の読んだ範囲の書物やテレビ番組で見たニュースやスクープ、特集などを総合してできたのは、われわれにおける「異文化像」の実態である。われわれが目にした文字の資料にせよ、画像の情報にせよ、そこにはいろいろな限界があるため、そこから得た「異文化情報」も実は限られている。そして、われわれの受けた教育や置かれた環境も、われわれの異文化への理解に大きな影響を与えている。

植民地時代が終わった翌年に生まれた私は韓国でも最も厳格な反日教育を受けて育った世代である。習字の時間に私の書いた「反日」という字を先生が褒めて教室の壁に貼ってくれもした。その時から私は「反日においては優秀な生徒」となった。

大学生になってからの初めての出会いも、屈辱外交に講義する反日デモであった。国交は正常化された。そして日本人観光客が溢れんばかりに入ってきた。経済大国をなしとげた日本人たちである。彼らは「隣りの国」の文化や植民地時代における韓国の痛切な歴史には何の関心も示さなかった。

「妓生パーティ」として、よく知られている韓国の観光政策を私は首を深く垂れたまま眺めるほかなかった。植民地時代の何も清算されてはいなかった。親日派、植民地時代の対日協力者たちの問題は放置されたまま、時間の中に消滅されていった。

日本に対する葛藤は、それだけではすまなかった。経済発展のために力を注いでいた時代の若者として、日本は韓国経済においてなくてはならないパートナーであり、学ばなければならないモデルであった。このように私の精神史の中においての日本は、暗くしかも堅固にこびりついていた（中略）。

ソウルオリンピックをひかえたある日、私は二人の子を連れて日本に行った。私が抱いている対日観というものは誰かによって屈折されたか変質されているのかもしれないと思いつつ。日本がもっと憎く思えるようになってもいい。もっと不幸な認識を抱くようになってもいい。しかし、自分自身の眼で日本を見てみよう。

それから何年かした後、私は少なくとも日本人を「隣りの人」と呼ぶようになっていた（『隣りの日本人　韓国からは日本がこう見える』韓水山、方千秋訳、徳間書店、一九九五年、一―三頁）。


空間的な制限を受けた異文化理解における変化が、もっとも顕著に見受けられる例の一つに数えられよう。来日前と来日後の対日観が大きく変わっている。地理的な制約を越えて、彼は最終的に大きな収穫を得た。

四年余りの日本での生活を振り返ってみるとき、脳裏に浮かぶ顔の数々は数え切れぬほどである。かつて私が読んだ教科書でも、二国間の条約でも、また政治的懸案でもない。人びととの出会いを通して私は、日本の真の姿に出会ったと信じている（同右、一頁）。


ここで、筆者がとくに強調したいのは、「日本の真の姿」である。外国人が日本を理解しようとする、この決して容易とはいえない作業の究極の目的は「日本の真の姿」を明らかにすることにある。

今一つ、異文化構造の副産物を生むのは部分的ビジョン、すなわち異文化の「氷山の一角」を、その全体像とする認識の方法、理解のパターンである。たとえば、ほとんどのアメリカの若者にとっての日本は、「ＴＯＹＯＴＡ」「ＳＯＮＹ」「お寿司」

「お辞儀」……であるようだ。しかし、その一つ一つが日本を知る手掛かりとはなるが、それだけで日本という国を意味付けようとすれば、いびつな日本の虚像をつくってしまうことは確かである。

それでは逆に、明治維新以来、欧米一辺倒だった日本において、異文化として欧米が全面的、本質的に知られてきたのであろうか。その経済的、商業的な部分ばかり重要視されてきたのが実情ではなかろうか。近年、アジアの経済事情により、日本で起こりつつあるアジアブームも同じようなことがいえそうだ。二一世紀の世界経済のなかで重要な役割を果たすことになるアジアの魅力あふれる市場に目標を定めて、日本は着実な戦略を展開している。だが、経済の根底をなしているアジアの人々を本気で理解することを抜きにしては、そのおいしい商売が果たしてどこまで実現できるだろうか。現に、中国といえば中華料理、韓国といえばキムチ、インドネシアといえばバリ島、タイといえば僧や象……というのが一般の日本人におけるアジア像の実態ではないか。

異文化に対する部分的な認識は、往々にして表面的なところにとどまり、猟奇的な心理にとらわれやすく、皮相で浅薄な見方や考え方を生み出しがちなので、結果として、いびつな異文化像を生んでしまう場合が多い。

以上述べてきた時間的制約、空間的制限、部分的ビジョンによる虚像を克服して初めて実像的な異文化、換言すれば真の異文化を求めることが可能となるのである。これを異文化構造の正産物と呼びたい。この正産物が得られるように、外国人は日本文化を理解しなければならないのではないだろうか。

Ⅱ　日中比較コミュニケーション篇

戦後六〇年の日本人の中国観

厳　紹璗

はじめに

文明史的に見ると、中国は日本との間に、二〇〇〇年以上にわたり抜き差しならぬ関係を持ち続けてきた。日本はアジアの大陸文明、とりわけ中国文明の中から、自身が存続し、発展していくための極めて大きな養分を得てきた。そして、「東亜文明圏」の重要なメンバーとして、日本の存在と発展もまた、中国文明の発展に積極的な役割を果たしてきたのである。いま問題なのは、日本の近代文明の歩みが、一世紀近くもの間、隣国に対する侵略と略奪と同時に進んできたことである。二〇世紀の半ばから、こうした「近代性の狂気」は深刻な打撃を受け、抑制されているとは言え、日本を支配するイデオロギーの主流は、しばしば「国家主義」や「皇国主義」を以て人類の文明の進歩に挑戦してきた。その結果、東アジア文化圏内の各国は当然、中国も含めて、日本との関係において様々な面で危険な状態の中に置かれ、ひいては非常に冷えた関係に陥っている。しかし、歴史も現実も、そして未来もが、日中両国が政治的、経済的、文化的に相互に働きかける望ましい形を作り上げ、日中両国の国民の相互理解を進め、その理解の上に立って協力関係を推進し、協力の中で友好関係を築くことが、東アジアにとって、ひいては世界にとっても、絶対に必要であることを示している。

私自身は、こうした基本的立場に立ち、「文化をまたぐ研究」という角度から、一貫して現代日本の社会的・文化的思潮、その中でも特に「中国観」について注目してきた。日本と中国の間に長い歴史関係、複雑な利害関係があるがゆえ、古代から現在に至るまで、日本は政治的な面・文化的な面で様々な問題を取り扱うにあたり、中国や中国文化との関係をどのように取り扱うかという問題を常に抱えてきた。それは日本自身の運命にかかわる問題なのである。私が議論したいのは、まさにこの問題である。第二次世界大戦以来、すなわち日本の敗戦以来、ちょうど六〇年という「還暦」の年だが、この大きな周期の中で、日本人はどのように中国を見てきたのか。私は今日、比較文化研究者という立場にのみ立ち、私個人が接触することができた日本、私が体験し観察した日本、もちろん私が文献を通して読んだ日本を含めて、そこから帰納的に導き出される日本人の中国に対する考え方について述べる。それは、我々自身がこの歴史の中の一時期に「日本人がいかに中国を見てきたか」という大きなテーマについて考える際の参考とするためであり、我々自身の思考の材料とするためである。

特殊な事情から、私は日本と接触する機会が大変多く、一九七四年から現在までに、三七、八回ほど日本を訪れている。私は日本の文部省の研究機関で二年間、学術研究者として過ごし、また日本の大学で客員教授をし、財政上の予算、決算、教員の昇進、学術プラン等についても関与したことがある。それらを合わせれば七年近くなる。この過程で、私は東アジアの文化や文学の関係について研究し、次第に「日本人の中国観」について材料を蓄積し、若干の概念や判断を形成してきた。

戦後における日本の中国観について、私は三つの時代に分けることができると考えている。第一の時代は、日本の敗戦から文化大革命までの時代、一九四五年から一九六六年の二〇年前後の時代である。第二の時代は、文化大革命の一〇年であり、文化大革命の後、一九七〇年代の末から現在までが第三の時代である。このそれぞれの時代が、またそれぞれに多くの段階に分けられる。私が紹介したいのは、私が体験し、観察した、この三つの時代における日本の社会で主流を占める中国観である。日本の社会も他の社会同様、立体的で、多くの層を持っており、一人一人の日本人がそれぞれに中国に対する見方を持ちうるが、こうした時代において主流を占めた中国観である。

1　反省の中国観、原罪の中国観

第一の時代である一九四五年から一九六六年までの二〇年間、日本の社会に現れた「反省の中国観、原罪の中国観」は大変に強烈なものであった。それは、この日本人の中で知識階級を代表とするグループの戦争中の罪悪に対する反省と追及という形で現れた。周知の通り、ひとつの見方は多くの社会的要素によって形成されるものであり、比較文化の言い方を借りるなら、そこには複雑な「文化の言語的脈絡」がある。「日本の中国観」について言うなら、それはまず日本国内の政治、経済、そして文化的な状態によって左右され、また日本の世界全体における地位や関係によって左右され、中国の世界における地位や関係によっても左右される。つまりそれは極めて複雑で多層にかかわる「言語的脈絡」なのである。

戦後の最初の二〇年間、日本の知識人層の主流は、なぜ原罪と反省の中国観を形成したのであろうか。

第一の原因は、日本が中国を中心とするアジア地域に対して侵略戦争を発動したことにある。この戦争は日本の壊滅的敗戦によって終わりを告げた。戦争はアジアの人々に極めて深刻な結果をもたらしたが、同時に、日本の国土や国民にも非常に深刻な結果をもたらした。戦争が終わったとき、日本は崩壊と滅亡の一歩手前に置かれていた。一九四六年の日本の経済状況について数字をあげて説明してみよう。一九四三年に連合軍のアメリカ軍が日本の国土に対する持続的な爆撃を開始し、一九四五年に日本が降伏した際には、一一九の都市はほとんど廃墟と化していたのである。たとえば、私が暮らしたことのある名古屋市と仙台市は当時、駅付近を除いて町全体が平らになっていたと言う。一九四六年、日本の鉄鋼生産量は八〇万トンだったが、これは一九四一年の一五％であった。石炭の生産量は六三三〇万トンであったが、これは一九四一年の二一％相当であった。石油の在庫量は四九四万バレルで、一九四一年の一〇％であった。当時は、自由に供給されるのは空気のみで、全国的に完全な配給制度が行われていた。日本人一人当たりの一日の穀物は二九〇グラムで、そのうち四〇％は豆類であった。彼らは、こうした完全に零落した環境の中に置かれていたのだ。そして一九四五年末から始まり、一九四六年までに、海外、すなわち中国、東南アジアで壊滅した日本の軍隊の三六〇万人が帰国してきた。軍隊につき従う家族もまた三五〇万人いた。また、国内ではかつて軍事工業に従事していた四〇〇万人が全面的な生産停止で社会に放り出された。日本本土では当時、なお二五〇万人が軍隊と警察の任務についていたが、これも連合軍によって解散させられた。こうして合わせて約一八〇〇万人前後が瞬時にして帰る場所を失ったのである。一九三〇年代の日本の人口は六〇〇〇万人近かったが、戦争で一部が亡くなり、当時の人口は合わせて約五三〇〇万人であったが、そのうち一八〇〇万人がこの小さな土地をさまようこととなった。当時、彼らは極めて困難な状況に置かれていた。道端でごみをあさり、アメリカ軍の兵営のそばでアメリカ人が食べ残した缶詰を拾った。何十もの缶詰からかき集めた残飯に水を加えて火にかけて煮て、缶詰の残りかすを何日も食べるのだった。公園には、「自殺禁止」と目立つように書かれた標語があちこちにかけられていた。どこもかしこも生きるすべを失った人たちばかりだったからである。こうして日本が深刻に痛めつけられた状況で、知識人を中心とする一部の日本人たちは、自分たちが歴史上の罪責を背負っていることを意識し始め、反省を始めたのである。

第二の原因は、日本人がこのように困難な状況に陥っている時、戦争中に元々国外に亡命していた反戦の民主活動家が本土に集まり始めていたことにある。周知の通り、日本が次第に軍国主義化し、ファシズムによる専制が日増しに深刻化する過程で、戦争に反対していた一部の民主活動家は投獄され、また一部の人たちは世界各地に亡命していった。そのうちかなりの人数が中国に来た。たとえば、野坂参三を初めとする民主活動家は、中国の解放区で生活していた。戦争終結後、国外に亡命していた民主活動家が帰国を始め、国内で捕われていて命の助かった民主活動家も釈放された。日本は、アジア地域では最も早くマルクス主義が伝播した国であった。中国がマルクス主義をとり入れる前、一九世紀の末から二〇世紀の初め、すなわち明治時代後期から大正時代にはマルクス主義が日本に伝播していた。今日、我々が用いている中国語の語彙「共産主義」、「社会主義」等の概念と範疇は、日本語の漢字の組合せから導入されたものである。毛沢東主席がその著書に何度も慣れ親しんだ経済学者の河上肇は、京都大学で『資本論』の講座を開設していた。また、劇作家の坂本勝は『資本論』を一七幕の演劇にした。それは非常に理念化された演劇であり、理解できる人はいくらもいなかったが、『資本論』という資本主義の原理を解明してみせた経済学の大著を演劇にして、舞台で上演したということから、我々はその頃の日本にマルクス主義が伝播していたことを十分に知ることができる。日本はまた、アジアで最も早く共産党が成立した国でもあった。しかしその後、軍国主義の発展と国の政権のファシズム化により、共産党は分裂した。一部の人は思想を翻し、一部の人は海外に逃げ、一部の人は投獄された。そして戦後、国外に亡命した民主活動家と釈放された民主活動家が結びついて、日本国内の反省の思潮を後押しした。

第三の原因は、一九四七年から急進的な民主活動家が日本の社会で改めて多くの社会革命に関する著作を紹介するようになり、社会革新の世論が形成されたことにある。私は現在、一九五二年に日本で出版された「国民文庫」を持っているが、計一一四種の著作のうち、マルクスの著作の翻訳が七種、エンゲルスの著作の翻訳が八種、マルクス、エンゲルスの共著の翻訳が五種、レーニンの著作の翻訳が二二種、スターリンの著作の翻訳が一五種、毛沢東の著作の翻訳が九種、劉少奇の著作の翻訳が二種ある。この他、中国のマルクス主義理論家である胡喬木、胡華等の著作も合わせると七一種類にのぼり、これは全作品のうち六二%を占める。マルクス主義系統の著作は、一九五〇年代初期、「国民文庫」として、大きな力を持っていた社会の急進派によって推進され、国民の思想形成にかなりの影響を与えたのである。こうした理論的な著作の他、当時日本の社会では中国の「人民文芸」もはやっていた。「人民文芸」とは、一九五九年一二月に日本で出版された『現代中国学辞典』の解釈によれば、抗日戦争中、延安を中心とする解放区で成長した人民文学を指す。一九五六年までに日本で翻訳、出版された中国の「人民文芸」には、周立波の『暴風驟雨』、馮雪峰の『魯迅の思い出』、老舎の『四世同堂』、叶聖陶の『芳のおくりもの』、柳青の『銅壁鉄壁』、孔厥と袁静の『抗日自衛隊』、趙樹理の『李家庄の変遷』等があった。この他にも、『太陽が桑干河を照らす』、『ベチューン医師』、『八路軍』、『東洋鬼軍敗亡記』(つまり馬烽の『呂梁英雄伝』)、『新中国短編小説選』、『中国解放区詩集』等がある(「人民文芸」の日本での伝播の詳細については、私や帝塚山学院大学教授の王暁平氏の『日本における中国文学』を参照いただきたい)。こうした強力な社会科学的な著作や「人民文芸」が日本ではやったことで、日本国民は新しい精神と思想を得ることができ、その考え方の変化が促された。私の師である竹内実は現代日本の著名な中国研究者であり、京都大学名誉教授である。竹内実は、「こうした著作から中国の別の一面を見ることができ、光り輝く中国を見て、大変強く励まされた」と言う。一九五二年五月一日メーデーの日、何万人という学生と愛国者が東京の皇居前広場でデモを行い、日本の政治的な民主化と独立を求めた。デモに参加した人々は警官に火炎瓶や燃焼弾等を投げた。これが当時世界に衝撃を与えた「メーデー事件」である。竹内実は、「私はデモに参加し、当時の現実を見た。私は『人民文芸』の中からも啓示を受けた。そしてデモから戻ってきて、私は日本共産党に参加した」と語り、自身でも中国の「人民文芸」の翻訳に従事するようになり、多くの有益な仕事を残している。

第四の原因として、日本人に罪責心理を持たせたものにはこの他、中国政府が戦後、日本に対して採った三つの重要な政策があげられる。現在、中国国民の中には、当時採られたこの政策について様々な見方がある。しかし、極東の発展の歴史から見ると、この三つの政策は偉大な戦略的意味を持つ、遠い将来を見通した政策であった。

第一に、中国は日本のファシズム軍国主義の侵略の最大の被害者であったが、日本が降伏を宣言した後、中国政府は軍隊を派遣せず、占領に参与しなかった。それゆえに、東西ドイツや南北朝鮮のような局面が生じることなく、日本は領土の全体を保つことができたのである。

第二に、中国政府ならびに中国国民は、日本の軍国主義の重大な戦争犯罪人に対して、懲罰と教育的配慮を組み合わせて対応した。それは日本の軍国主義の核心メンバーであって、その罪業は多大であった。その中でも罪業が特に重い者は当然死刑に処すべきであった。中国政府は極東軍事法廷でも国内の軍事法廷でも、この基本原則を遵守した。国内の軍事法廷では、大部分のメンバーを処刑した後、悔い改めた者に対しては、教育的配慮を中心とする原則を貫いた。一九五六年六月一七日、中華人民共和国軍事法廷は一七名の戦犯に対してその罪に応じた量刑を行い、同年六月二一日にはまた、三三五名の日本人戦犯の罪を認定した。中国政府はその上で、深い人道主義の精神に基づきこの三五二名の日本人戦犯に特赦を行うことを宣言し、これを帰国させた。こうしたやり方は東アジア地域ならびに全世界に極めて大きな反響を呼んだ。今日から見ると、おそらく多くの人々がこの処理方法について様々な異議を唱えることであろう。しかし、当時、この政策は日本の反省、罪責意識を促す上で、大変積極的な役割を果たした。こうして帰国した旧軍人の中には、帰国後、自分の戦争犯罪について悔い改める者がかなりいた。私は、『天皇の軍隊』という本を持っているが、これは当時、中国政府が特赦した元日本軍第五九師団の師団長・藤田茂中将の口述史である。藤田茂は戦犯であり、中華人民共和国軍事法廷で一八年の懲役刑を言い渡され、その後特赦によって帰国させられた。彼はその後、「中国帰還者連絡会」を組織し、「日本軍国主義の中国侵略の罪業を明らかにすることが日中友好運動の出発点である」との考えを打ち出した。彼は記者であった熊沢京次郎に、自分が指揮した第五九師団が中国で犯した数々の罪業について語った。本の中には、彼の部隊がいかにして中国の民衆を虐殺したかが詳細に記録されており、同時に彼の後悔の念が語られている。熊沢京次郎は『天皇の軍隊』で、この「天皇の軍隊」の真の姿を世界に対して告発した。

一九七五年、藤田は「日本旧軍人訪中団」を組織して中国を訪問した。周恩来総理は重病にもかかわらず、この日本の元軍人に接見している。同九月三〇日、彼らは北京大学を訪問した。また、同時に特赦された遠藤三郎という陸軍中将は一九五六年に釈放された後、同年末には中国訪問を申請した。彼はその時、接見した毛沢東主席に日本の軍刀を自ら手渡し、日本軍人が永遠に二度と中国と戦争をしないという気持ちを表した。毛沢東主席は彼の軍刀を受け取り、彼に斉白石の絵を贈った。絵には、「遠藤三郎氏からの大切な贈り物に応えるものがない。謹んで斉白石の画一幅を贈る」と毛沢東主席が筆を入れた。遠藤三郎は帰国後、その年に『旧軍人が見た中共――新中国の経済、政治、文化、思想の実際の情況』という本を書いている。一九七二年、遠藤三郎は再度、「日中友好旧軍人の会」会長として中国を訪問し、今度は周恩来総理の接見を受けた。帰国後再び『日中十五年戦争と私』という本を著し、その中で彼は、将軍レベルの人間としてどのように一五年間の中国侵略戦争に参与したのかについて語り、彼自身と彼の軍隊が中国侵略戦争で犯した罪悪について反省している。この政策は、間違いなく非常に大きな積極的意味を持つものであったのだ。

第三は、現在論争が最も激しい政策である。つまり、中国政府は日中両国ならびに将来の極東の発展についての最も長期的で深い戦略的意義の考慮から、政府間の戦争賠償の放棄を正式に表明したのである。極東軍事法廷の計算によれば、一九三一年の柳条湖事件に始まった日本の中国に対する一五年の侵略戦争が中国に与えた直接的な経済損失は一〇〇〇億ドル前後、間接的な経済損失は三〇〇〇億から五〇〇〇億ドル前後に達すると言う。それを加えると五―六〇〇〇億ドルとなる。一九四六年の日本の外貨残高はわずか二〇億ドルであり、中国に六〇〇〇億ドルの賠償を行うとすれば、毎年一〇億ドルずつ返済するとして、中国に対する債務返済の基本的完了まで六〇〇年もかかる。この計算方法に照らすなら、日本という国は五年以内に経済的に破綻してしまう。中国政府は東アジア全体の戦略を考慮し、日本民族生存の条件を確保するため、戦争賠償請求の放棄を宣言したのである。このことが今日多くの議論を引き起こしているのも歴史の必然的な流れであるが、しかし当時において、極東の戦略的高みに立って考えたなら、この行動は深遠な戦略的意義を持つものであったと私は考える。その戦略的意義の支点はどこにあるのか。それは第一次世界大戦後に戦勝国がドイツに対して採った処置をめぐる歴史的教訓に基づいていたと考えられる。極東の構造あるいは世界の構造からすれば、日本という国の生存条件を保持し、その民族の完全性を保持することは、東アジアに長期的な平和を保つ上で、積極的な意味があったのである。その意義は、この六〇年間の世界構造の極めて大きな動きの中ですでに明らかになっている。

これまで述べたような複雑で多層的な原因があったからこそ、日本の戦後二〇年の原罪と反省の中国観が形成されたと私は考えている。それでは、こうした原罪と反省の中国観はどのような面に現れたか。私は主に三つの面に現れたと考えている。

一つは原罪意識である。彼らは自分に罪があると認めた。もう一つは恩に感謝する意識である。中国が彼らの民族を保持してくれたことに対する感謝である。更にもう一つは、追い求める意識である。すなわち、新中国を日本の将来の手本とする意識である。この三つの意識は互いに溶け合ったものであった。

すでに触れた竹内実は、一九五三年に日本で殉難した中国人労働者の衣服や物品を中国へ護送した日本の船舶「黒潮丸」に、通訳として同行した。天津の大沽埠頭で、中国の廖承志が話をした際、彼は流れる涙で通訳ができなかった。日本のこの世代の人々にとって、当時の中国は非常に重いものであり、また非常に熱いものであった。それは新生、平和、人道の象徴であり、神聖なるイメージであったのだ。一九六〇年、毛沢東主席は親しく竹内実と会見している。私には、現在早稲田大学で教授をしている古い友人がいるが、彼女は五〇年代の中期に幾多の困難を乗り越え、香港から初めて中国へやってきた。彼女が私に話してくれたところによれば、当時の彼女の日記には、「ああ、これが自由の国だ、神聖なる国だ！　私は、中国に行くという目標を実現した！　私は、中国のような自由で幸せな日本を創るという夢を実現するのだ！」と書いてあると言う。これは当時彼女が書いた日記だが、今日、私たちが中国人として読んでも、大変感動的なものである。

日本の知識人達がこうして目を覚ましたことは尊いことである。一九六〇年、実藤恵秀は当時、中国から強制的に持ち去られた文献書籍を中国に返還した。彼は自ら、「日本の侵略軍は、『危険な書籍』を取り締まるとの口実で、占領した中国各地の大学から大量の図書雑誌を奪い、日本へ持ち帰った。……私は整理の名目で一部の資料を受け取った。今日よく考えてみると、これは実に法も神もない罪業である」と記している。実藤恵秀は実際の行動で自らの真心からの悔悟反省の気持ちを表したのである。彼は中国を訪問し、「私は自分が中国から正当でない手段で持ち去った四〇冊あまりの図書を中国に返したのだが、中国側は対外文化協会の長、楚図南氏が受け入れてくださった。当時私は全身から冷や汗が出た」とも語っている（実藤恵秀『日本中国留学生史』を参照いただきたい）。

これは偉大な行いであり、日中両国の国民に対して、また世界に対して、正義感を抱いた日本の知識人の心からの悔悟を示す良心の行いであった。

こうした情況は、戦後から最初の二〇年間、両国国民の心が次第に通じ合い、日本の民族の中で良心を持ち目覚めた社会の階層が、まさに中国の国民とともに日中友好の推進に努力していたことを表している。それが当時、アメリカとソ連が対立する厳しい「冷戦」の情勢の中で、東アジアの平和を創り出し、また中国の世界における地位を増進していったのである。もちろん、これは日本の国内に戦争の残存勢力がいなかったということではない。当時は、強大な民主化運動の下で、こうした戦争の残存勢力が押さえつけられ、顕現して来なかったというだけである。そのため当時、日中の政府の間ではそれほど友好的ではなかったにもかかわらず、民間における友好のルートは反対にますます拡がっていった。一九七二年に日中間の国交が正常化した時、周恩来総理は語った。「これは、基本的に、両国の民間の友好運動によって推進され獲得されたものである」と。

2 文革の中国観

第二の時代、一九六六年に中国で文化大革命が発生した。これは世界の歴史の流れに重大な影響を与えた社会運動であり、世界の民主化運動に与えた大きな影響とそれによってもたらされた打撃は、たとえようもないものであった。この大きな国の多くの人口が、まるまる一〇年間にも及んだこの運動を経験したことで、日本人の中国に対する基本的な考え方が変化し始めた。この文化大革命運動の中で、日本の知識人層の主流であった反省と原罪の中国観は、次第に分裂を始めた。私はこの時期の考え方を「文革の中国観」と呼ぶ。文化大革命が日本の社会に与えた衝撃は非常に大きかった。戦後から最初の二〇年間は日中の民間の友好運動によって生じた巨大な慣性ゆえに、日本の知識人層には中国の文化大革命に対して様々な評価が生まれた。今日私たちが分析するとしたら、結局のところ、二種類の人間、つまり一種類は中国の文化大革命に賛成の人、もう一種類は中国の文化大革命に反対の人に分類するしかないであろう。私たちの通常の論理から見ると、文化大革命に賛成する考え方は誤ったものであり、賛成しない人たちはおそらく深慮遠謀の人、または思想的な境地が非常に高い人である。しかし実際の情況は非常に複雑なものであった。

私の観察と体験に基づくなら、中国の文化大革命に賛成した人は主に三つに分けることができる。第一は、理論的にマルクス主義を信仰する人、中国に対して信仰心に満ち溢れている人であった。注意していただきたいのは、私が言うのは通常の好意ではなくて、一種の信仰であるということだ。一種の「中国信仰」である。こうした知識人は若い頃、日本や世界の別の地域でマルクス主義の運動に従事し、その上かつてマルクス主義の理想のために国内や国外で抗争を続けたか、または闘争を行った経験を持つ。しかし、彼らは日本でマルクス主義を実現することができず、中国にマルクス主義国家の誕生を見た。そこで彼らは中国こそマルクス主義を成功させた実例であると考え、そこから中国のすべてがマルクス主義の現れであると思い込んでしまったのだ。ところが、彼らは中国の歴史と革命の流れの複雑さを理解していなかった。彼らは中国の道に憧れていながら、中国の道を完全に理解することはできていなかったのである。私は二〇〇一年に亡くなった井上清を尊敬している。彼は公に「魚釣島は中国の領土である」と主張し、亡くなるまで一貫して魚釣島は中国の領土であるとの認識を持ち続けた。このためにしばしば銃弾やらナイフやらを送りつけられたのだが、それでもその考えを変えなかった。彼は若い頃にマルクス主義に憧れ、新中国をマルクス主義の象徴であると考えた。そのため中国で文化大革命が始まった際、彼は非常に喜んだ。中国の文化大革命運動はマルクス主義の純潔さを保つための運動であり、アジア地域の最大のモデルであると考えたのである。彼のような人物は真心、善良な心を持った人だと私は思う。しかし、彼の中国に対する執着は、時に中国の実際の情況をより深く理解するのを妨げることとなった。中国の文化大革命終結後、彼は日本で厳しい非難を受けた。私はそれを考えると大変つらい思いになる。

第二は、日本の知識人の中でもかなりの人が、自分が生きている実際の情況から、中国の文化大革命を信じる気持ちを生じさせていた。たとえば、多くの日本人は自分が生活している現実や日本の教育制度に不満を持っていた。彼らは自分の情況から考えて、中国の革命に新鮮な要素をたくさん見出したのだ。一九七四年、ある年配の日本人は私に、「あなたたちの教育革命はとてもおもしろい。学生を学校にすべて集めて、毎晩一一時には電気を消して寝て、毎朝六時には起きてジョギングをするそうだが、なんと健康的な若者たちだろう。日本の学生は夜は寝ず、朝は起きない。本当にどうしようもない世代だ」と言った。彼は中国の「教育革命」でいったい何が起こっているかを知らなかったが、外観を見て、こうした訓練は生気に満ち溢れている、健康的な世代だと考えたのである。こうした人も、やはりたくさん存在した。彼らは文化大革命自体を経験したわけではなかったから、大変意味と価値のあるものだと思ったのである。

第三は、日本で中国の文化大革命を支持した人の中には一部、極端な個人集団があった。それはチャンスを狙い、うまく立ち回る集団、私利を模索する集団である。日本人の一部の政治的な山師は、中国のような大国に追随すればメリットがあることを知っており、様々な団体またはわけの分からない党派を結成して中国の文化大革命を支持する声明を発表した。たとえば、『人民日報』に「日本労働党声明：日本労働党全党は中国の文化大革命を断固として支持する」という声明が発表されたことがある。この日本労働党とはいったいどこにあるのかと思えば、実は六、七人で組織された集団で、我々の「戦闘隊」にも及ばないようなものであった。そのような集団が声明を発表し、我々の『人民日報』も彼らの声明を掲載する。当時の中国の「指導集団」も全世界の支持を必要としていたからである。それもまた一種の政治的投機であった。我々は新聞で、日本の団体が中国の文化大革命を支持する声明をよく目にしたが、調べてみるとそれがとても小さく基盤もない、中国の文化大革命を利用して自分たちの力を形成するような投機的な小団体であることが分かるのだ。

当時は文化大革命に反対する人もかなりいた。そしてこうした反対は後期になるとますます強大化していった。反対する人の事情も様々であったと私は考える。

第一に、中国の文化大革命に反対した人々は、中国の伝統的な文化に強く引き付けられた学者または文化人であった。こうした人たちは、中国の伝統的な文化を非常に尊敬し、また非常に好む人たちであった。文化大革命が伝統的な文化を革命のターゲットとするもの、文化の打倒を看板に掲げるものであることを知ったとき、彼らは理解しがたいと感じ、強い反感を持ち、そして憤怒した。一九七四年一二月一日、京都大学にてある学術報告会が行われた。報告者は中国学研究の重鎮、著名な吉川幸次郎であった。彼は当時、日本の外務省の顧問を務め、京都大学名誉教授、日本芸術院会員、東方学会会長であった。その報告のテーマは、「物茂卿とその他先哲の中国の諸子に関する研究——日本の江戸時代における儒法思想の闘争」で、彼は日本の江戸時代における儒法思想の闘争を借りて、孔子や儒学に対する中国の批判を批判しようとしたのである。彼は、演台に上がるやいなや、一冊の本を振りかざして皆に示した。それは『論語新注』という本であった。彼は、「その本は自分が著したもので、すでに一六刷、三万部が印刷されたが、何度も印刷されたということは大変多くの日本人がその本を読んだということだ」と言った。そして、「ある日本人は中国のことを知らないかもしれないが、孔子を読めば、魯迅を読めば、中国を知ることができる」と言った。中国に対して大変強い気持ちを抱いていたのだと私は思う。彼はそう言ってまた本をかざして見せ、私の名を呼んで、その本を私にくれると言った。これは非常に危険な行為だった。中国で「林彪、孔子批判」運動が高潮を迎えている時、一人の外国人が公の場所で一人の中国人に、中国における批判対象として最も代表的な『論語』を贈ったのだから、重大な政治問題である。私は少しばかり怖かったが、思い切ってその本を受け取った。その日の夜、私は大使館の文化参事官に電話をかけた。彼は非常に心の広い人で、その本を北京大学の図書館に送るように言われた。その『論語新注』は現在も北京大学の図書館に保管されている。吉川幸次郎はその中で、中国が行っていた「林彪、孔子批判」運動を徹底して批判した。吉川幸次郎は中国の伝統的な文化に深い思いを抱いていたから、この「革命」に反感を持っていたのだと思う。日本の多くの学者がこれと同じ心情であったと私は考えている。

第二に、中国の文化大革命に批判的な態度をとっていたのは、中国の歴史の発展、中国社会の実際の情況を比較的よく理解していた学者であった。彼らは自身の生存の過程において、中国の歴史や現実について大変よく分かっていた。そのため、彼らはこの革命は文化という名を借りて行われる政治的な革命であって、革命の過程で中国の多くの優秀な学者や知識人が政治的な罪名により迫害されていると考えていた。たとえば竹内実は新聞で、「私がどうしても理解できないのは、紅衛兵は資産階級を打倒するのに、なぜ翦伯賛のように中国民族に対して非常に忠実な学者を肉体的に消し去ろうとするのだろうか」と書いている。彼は、「各地の紅衛兵が入り乱れてたたかっていて、その背後で様々な勢力がそれを支持しているのを見ていると、中国が北洋軍閥時代のように分裂してしまうのではないかと心配なのだ」と言っている。そうした深い思考の中で、彼らは中国の文化大革命に対して批判的な態度をとっていた。

第三は、中国の革命精神に恐怖を感じていた日本人である。日本は長期にわたって中国に一種の恐れを抱いてきた。一方で自分たちには実力があると思いながらも、内心では自分たちはアジア東部の小国にすぎないのだということを知っている。彼らは強大な中国は必ず自分たちの脅威となると感じているのだ。中国は文化大革命で、非常に「革命」的な姿勢で自らを全世界の革命の聖地と称していた。そのためこうした考えを持つ日本人は非常に怖いという気持ちを持ったのである。ある日本人は私に、毛沢東主席が紅衛兵を観閲する時、トラックに乗った紅衛兵が『毛沢東語録』を振りかざし、耳を聾するばかりにスローガンを叫びながら一台、また一台と天安門広場を通過していくのを見ると、非常に恐ろしいと言った。「いつか、中国の軍隊があのように耳を聾するばかりのスローガンを叫びながら天安門広場を通りすぎるようになったら、あの勢いで中国人は日本を滅ぼそうとするだろう」とも言った。そこで私は、「中国人は絶対にそんなことはしない。あるいは日本人だけがそんなことをし、そんなことを考えるのかもしれない」と答えた。しかし、彼は確かにその空論を非常に恐れていた。だからこそ、こうした日本人は中国に対して一種の神経質な感覚を持ち、常に強大な中国が自分たちにとって危険なものになると考え、中国に対していつも不支持の態度をとるのである。文化大革命の期間中、彼らが目にしたのは中国の経済力の強さではなく、政治力の強大さであったが、こうした強大な政治力のイメージは、彼らに恐怖心を起こさせるものであった。現在、こうした日本人は強大な経済力に恐れを抱いている。

第四に、中国の文化大革命に反対する力は、長期的に中国を敵視してきた日本人であった。たとえば「青嵐会」で、これは日本の国会議員によって構成されている。こうした人たちは、文化大革命が中国に起こったから反対するのである。彼らは中国で起こることには何事にも異議を唱え、反対し、攻撃する。彼らは中国を敵視する「職業的反中国」の日本人であって、中国に対して長い間にわたって不満を抱き続けている。この層には、日本の国家主義、民族主義、日本の皇国国家観を持つ者たちが集まっていた。

第五は、日本共産党の問題である。我々が知っている通り、日本共産党は中国の文化大革命に断固として反対していた。そこには特殊な原因があるが、しかし、それについてはここでは触れない。

3　変異した中国観

文化大革命以降、日本人の中国観は第三の時代に入る。それから現在まで、すでに三〇年近い時間が経っている。文化大革命以降の中国観は一種非常に複雑な状況を呈した。私はそれを「変異した中国観」と呼ぶ。一九七〇年代後期から現在に至る三〇年の間に、日本人の考え方に非常に大きな変化を生じさせたのは何だったのだろう。

まず第一に、比較文化の理論に照らすと、「文化の言語的脈絡」に変化が生じ、生存条件に変化が生じ、東アジアの経済と政治の情勢に変化が生じた。一九六四年に日本でオリンピックが開催されてから、この国の国力は大きく向上し、経済力も次第に発展して、日本はアジアで最も強大な国となった。経済的な実力において、かつて崩壊の危機に瀕した日本は、二〇年という時間で、アジアにおける経済的最強国へと変化を遂げ、経済力において他に類を見ない優位性を有すると同時に、科学技術面でも大変向上した。一九四九年に京都大学の湯川秀樹がノーベル物理学賞を受賞して以来、日本は、物理学、文学、平和、化学、生理学・医学の部門で一二のノーベル賞を受賞してきた。また科学発達の思想、科学優先の思想もこの時期に急速に高まった。これは日本国民の精神形態に非常に大きな刺激を与えた。一九六〇年代中期から七〇年代前後に、彼らの間で大国意識が著しく育ち、国全体の意識の中で、大国主義的感情が急速に膨張し、上昇した。

第二に、国力の向上とともに、日本の国際関係における地位が強化された。日本の名声は東アジアの国々の間では芳しくないが、国際的な面ではある種の重要な役割を有している。今日に至るまで、主要国首脳会議、いわゆるサミットには、アジアでは唯一日本だけが世界の先進国の一つとして参加している。こうした世界情勢の中における地位は、その覇権意識を助長した。

第三の変化として、戦後の歴史の自然な流れの中で世代交代に伴い、新しい世代の人々は、伝統的であり且つ西洋化された教育環境の中で、歴史の記憶を喪失した。その中で特に重要なのは、彼らが幻想の中で日本の文化を純化したことである。幻想の中で日本文化を純化するとはどういうことだろうか。東アジア文化史を研究する者なら誰でも知っている通り、日本の文明の発展の基本的な動力は当然その本土にあったが、同時にこうした動力を支える背景にはアジア大陸がある。アジア大陸の文化は主に中国の漢字文化である。日本の文明史は東アジア文明の歴史を離れては成就しない。人類の文明史上には、「純粋な」日本文明など存在したことはなく、東アジア大陸、南アジア地域および世界の文明の成果と彼らの本土の文明の融合を離れて日本文明があろうはずがない。ところがこの三〇年間、彼らの意識の主流は次第に歴史の記憶を喪失し、幻想の中で日本文明は一種の純粋な島国文化であり、単一の文明であるとの意識が生成し始めたのである。彼らは、中国は地理的には大変近いが、心理的には大変遠い国であると思っている。戦後の世代は次第に歴史の記憶を喪失し、一種荒唐無稽な大国文化意識を持つようになった。

第四として、戦後、日本の軍国主義に対する見直しの過程で、一九五〇年代の初めにはアメリカとソ連の「冷戦」が生じ、冷戦の情勢が形成されたことがあげられる。アメリカは朝鮮戦争に突入し、日本はその戦争を支える「後方基地」と化した。こうして、第二次世界大戦に同盟を結んだ国は完全に分裂し、対立するようになって、日本の古い天皇国家体制について徹底的に見直し、改造するだけの時間もなければ、力もなくなった。時間が経つとともに、その後遺症が発作を起こすようになり、表面に現れるようになった。第一の後遺症は当時、戦争に参与したすべての戦犯に対する責任追及が徹底されず、網から漏れた者がいたことである。そのうち戦犯でありながら刑の判決を受けなかった岸信介、中曽根康弘は前後して日本の首相となった。第二の後遺症は、日本の軍国主義国家の象徴、たとえば靖国神社、国歌の『君が代』、国旗「日の丸」等を温存したことである。日本は現在に至るまで「日の丸」を使い、新しい国旗を作っていない。もちろん、現在日本が使用する国旗と国歌であるから、我々はあらゆる公共の場で、これに対して厳粛な態度を保たねばならない。それは、主権国家の尊厳に対する尊重である。しかし、戦争責任を追及する立場からすれば、それは依然として日本の軍国主義の象徴である。最も深刻なことは、軍国主義国家体制全体の象徴、天皇制が現在まで保たれ、それが日本の国粋主義、皇国思想の温床となっていることである。第三の後遺症は、第二次世界大戦の際、日本、ドイツ、イタリアの戦争終結の形態が異なるものであったことである。たとえば、ドイツは連合軍が共同で攻め入ってこれを占領した。しかし日本はただ一つの国、つまりアメリカのみによって占領された。これが日本の国民に一種の取り返しのつかない意識を生んだ。それはすなわち、日本は連合軍に負けたのではない、もちろん中国に負けたのでもなく、アメリカにだけ負けたのだという意識である。これは一種の歴史の錯覚である。日本の国民は、日本は最も強大な国に負けたのだから、つまり世界で第二の強国だと考えている。こうして、戦前と戦中に形成された中国、朝鮮、東南アジアなど、アジア各国を蔑視する意識が、それに相応しい土壌で再発し引き起こした結果は、極めて深刻なものであった。

この時期、日本の中国観の変化の中で三つの考え方が急速に膨張し、変異を遂げた。

変異した観念のうち、一つ目の考え方は皇国観である。それは日本を神の国、最も優秀な国であると鼓吹する。二〇〇〇年五月、森喜朗首相は「日本は神の国である」と語り、これに対して日本の民主勢力やアジア各国が抗議をしたが、その概念は彼にとって、すでに深く根付いた考え方なのである。こうした考え方の背景には、神話を基礎とする皇国史観がある。そこには三つの内容が含まれている。第一は「万世一系」を核心とする無比の優れた国家体制である。第二は、『古事記』や『万葉集』を核心とする日本文化の優越性である。第三は、全国を一つの大家族とし、天皇を一家の家長とする比類のない優れた家族体制である。日本は今日、すでに経済大国となり、政治大国となった。現在、日本は更に文化大国となり、世界でも無比の優越性をそなえて、一九世紀末期のイギリス人 Lafcadio Hearn のように世界が日本を仰ぎ見ることを期待するわけである。

変異した観念の二つ目は、「アジア解放論」の発展である。「アジア解放論」は日本が第二次世界大戦を正当化するための核心的理論であった。この理論は、戦後ずっと長い間、民主勢力によって押さえつけられていたが、一九七〇年代末から八〇年代の初めにかけて復活し始めた。一九八五年八月一五日、当時現職の中曽根康弘首相が一八人の大臣を引き連れ、内閣総理大臣の立場で、つまりは公職の身分で靖国神社を参拝した。それは戦後の日本の歴史上初めてのことであった。靖国神社の核心には、極東軍事法廷で死刑に処せられた一四名のA級戦犯が合祀されているが、それは戦争の象徴として存在するものである。一〇年後の一九九六年には、橋本龍太郎首相が私人として靖国神社を参拝した。そして現在の小泉純一郎首相は二〇〇一年から、不定期的に靖国神社を参拝している。こうしたパフォーマンスは、今後しばらくの間絶えず続けられていくものと予想される。日本は一貫して、靖国神社参拝を日本の古くからの民間の風俗であると説明している。亡くなった人の魂を祭ることは確かに日本の風俗である。彼らは人が死んだ後、体と魂は別々になり、魂は祭ることができると考えている。互いにけんかをしていた間柄でも、相手が死ねば体と魂は別々になり、その魂は祭ることができるとも考えられている。しかし、靖国神社は特殊な意味を持つ。いかなる者も、政治的に真空な状態に生活しているわけではなく、現実の政治の中に生活しているのである。靖国神社がすでに第二次世界大戦の戦犯の位牌を祭っているからには、それは戦争の象徴なのだ。公然と靖国神社を参拝することは、極東軍事法廷（この軍事法廷は現在見直すと完全なる軍事法廷ではなかったが）の判決に対する一種の挑発であり、つまりは人類の第二次世界大戦における日本に対する判決への挑発であって、日本はその罪を認める気持ちがないということである。すでにその兆候はたくさんあり、一九八五年以来、日本の内閣の大臣の中には誰かしら「放言」する者がいた。

一九八八年四月、奥野誠亮・国土庁長官は、「白人がアジアを植民地としたが、日本がアジアを解放した」と「放言」した。彼はまた、「大東亜共栄圏ゆえに、アジアは独立できたのだ」とも言っている。

一九九四年五月、永野茂門・法務大臣は、「大東亜戦争を侵略戦争であると定義するのは間違いだ」と「放言」した。彼はまた、「日本は植民地を解放するために、大東亜共栄圏を構築したのだ」とも言っている。

一九九四年八月、桜井新・環境庁長官は、「日本は侵略戦争がしたくて戦ったわけではない」と「放言」した。彼はまた、「日本は侵略戦争を発動するつもりはなかった。侵略戦争というよりはむしろ、アジアのすべての国がそのおかげで、ヨーロッパの植民統治から解放されたのだ。そしてわずか半世紀で、アジアの各民族の経済が発展してきた」とも言っている。

一九九五年六月、渡辺美智雄・副首相兼外務大臣は、「『日韓条約』の中の合併は植民地化というわけではなかったし、植民地統治でもなかった」と「放言」した。彼は、「植民地」、「侵略」といった用語に関する論争はいずれも必要ないものだと考えていた。

一九九五年八月、島村宜伸・文部大臣は、「私はあの戦争は『侵略戦争』という言葉を使って表現できるとは思わない」と「放言」した。

ここに現れているのはいずれも、「侵略戦争を認めない」という古典的な思想である。彼らは傲慢な「放言」で、アジアは日本のおかげで欧米の帝国主義の植民地から解放されたとし、日本は負けたが、のちに経済が発展したことによって民族が復興したと考えている。これこそ、日本が当時戦争を発動した際の最も基本的な理論であった「アジア解放論」である。その核心は、日本はアジアの国々に対して恩を売ったと「放言」することにある。これに対して、韓国や中国は何度も抗議している。

一九八〇年代後期から九〇年代にかけて、日本の新しい世代の学者達が、政治的に、こうした「アジア解放論」の毒に害されたことによる症状をあらわにし始めた。

歴史の手がかりに沿ってもっと昔にさかのぼってみると、この「アジア解放論」に包含される領土願望が一六世紀に生まれたものであったことが分かるだろう。当時、武士の集団は互いに争いながら、非常に強い領土願望を持っていた。周知の通り、一六世紀には豊臣秀吉という強大な武士がいた。大軍閥である。彼は一五九一年に朝鮮に対して戦争を発動した際、大変明確な目的を持っていた。彼は、「今回の戦いの目標は明国にまっしぐらに攻め入り、天竺を占領することだ」と言った。しかし、当時武士たちの間で争いがあったこと、更には明朝がすでに朝鮮半島に出兵していたことから、彼らの進攻は抑えられた。

江戸時代にも佐藤信淵という大変有名な人物がいた。彼は政治家ではなく、軍事家でもなく、博物学の研究者であった。ところが大変奇妙なことに、一九世紀に『宇内混同密策』と称する報告を書いて、日本の将来の出口はどこにあるかについて検討している。彼は、日本は「国力を強くし、世界の雄となるべきだ」と考えていた。「現在の万国のうち、土地が最も広大で、物産が最も豊饒で、兵力が最も強大な国は、支那以外にない。しかし、皇国が支那を征伐したなら、その方法が適切であれば、五年から七年の間に、その国土は必ず瓦解する。よって、皇国が他国を攻める場合、必ずまずは支那併呑から始めるべきだ」と観察している。誰もが奇妙に感じるだろう。彼は博物学者であったのに、日本の政策について提案を行い、大胆にも七、八年で中国を瓦解させせられると言い放ったのだ。知っての通り、江戸時代は鎖国の時代であったが、小さな日本が大胆不敵にも中国を滅亡させせると言う。そこには、武士の領土願望がその内心において非常に活発であったことがうかがえる。

こうした願望は幕末、つまり明治の開国前、吉田松陰に集中して現れた。東洋史、日本史、中国近代史、世界近代史を扱ったことがある者であれば、みな彼を知っているはずだ。彼は日本では一貫して開国の烈士と称えられている。彼は民間から出てきて変革を主張した人物で、三〇歳にして幕府によって処刑された。彼は日本では一貫して開国の烈士と称えられている。しかし、今日、領土略奪という角度から考えると、吉田松陰こそ日本のその後の「大東亜共栄圏」の創始者であったことに気がつくのである。彼は江戸幕府の将軍によって捕らえられた際、『幽囚録』を記した。その中で日本の将来の建国プランに触れ、「北で満州を割き、南でルソン諸島を収める」と記している。ここから、日本の対外的行動の第一歩が満州を奪うこと、支那に進軍することであったのが分かる。当時すでに満州、すなわちわが国の東北部を中国と別々にしていたのである。吉田松陰は、日本を強国にする目標を達成するためには、まず中国東北部を占領しなければならないと考えていた。日本の学者の中には、よく私と論争して、「彼をそのように言うのは適切ではない。彼は三〇歳の優秀な青年で、幕府によって処刑されたのだ。それをあなたたちは侵略の大本のように言う。この侵略という二文字に括弧をつけてもらいたい」と言う。しかし、吉田松陰は確かに侵略の大本だったのだ。彼の「北で満州を割き、南でルソン諸島を収める」思想は彼の教え子達によって引き継がれた。吉田松陰の三七人の教え子は開国、維新に加わり、開国の勲章を受けている。そのうち著名な人物には伊藤博文がいるし、山県有朋といった人物もいる。その三七人の教え子が明治維新の中で開国の計画を立てていた。吉田松陰の思想は彼らの頭に深く刻まれていた。私は、いわゆる大東亜共栄圏はこのモデルに照らして実施されたものだと思う。

その後、軍事的、政治的な行動がイデオロギーの上に現れることとなった。そして二人の代表的人物が現れた。それがすなわち「ファシズムの魔王」北一輝であり、「大東亜戦争の論客」大川周明であった。北一輝の日本国家主義を構成する思想的支柱である核心的思想は、「イギリスは世界をまたにかけた大富豪であり、ロシアもまた世界北部の大地主である。日本はまばらな島々を以って、国際的な無産者である。日本には、彼らに対して堂々と戦いをいどみ、彼らが独占している権利を奪い取る権利があるはずだ」というものであった。そこで彼は、「日本の国家改造の完成とともに、『アジア連盟』の時代がやってくる。日本は世界を牛耳り、四海の同胞がみな仏の師弟であることを宣言して、東アジアに功を垂れることができる」と言った。一方大川周明は北一輝の理論を展開し、「日本の更に長期的な目標は、日本、支那、満州を共同化させた経済圏を確固たるものとすることで、東南アジア各地からインド、中央アジアに至る、すべての領土の解放を実現することである。古いヨーロッパは革命しなければならず、圧迫されているアジアは必ず復興させなければならない」とした。彼はまた、「旧天国は常に剣影の中に存在する。日本と欧米の命をかけた闘いは、新しい世界の誕生のために、歴史によって定められた、避けがたい命運なのだ」という詩趣ある言葉を残している。それは非常に扇動的な表現である。

つまり、「アジア解放論」はこうした系統を経て発展してきたものである。日本が受けるべき戦争責任の追及を受けなかったため、今の若い世代にはその影響がますます大きくなっている。最近では川勝平太がいわゆる「海洋の日本文明論」という「文明史観」を提唱している。つまり、日本の文明は海洋から来たものであって、アジア大陸から来たものではないと言う説である。彼は一九九七年一一月に『文明の海洋史観』という本を出した。その本の最後は、「二十一世紀の日本国土構想」という章である。西太平洋において、日本列島から出発して、朝鮮半島、中国の松遼平原、華北東側、北京、天津、渤海湾、山東省、江蘇省、上海、浙江省、安徽省、湖北省、湖南省、広東省、福建省、台湾、広西自治区東側、海南島、香港を通り、黄海、東海、南海すべてを包み込み、東でフィリピンに入り、南でベトナム、カンボジア、タイ、ミャンマー、マレーシア、シンガポール、インドネシアを通ってオーストラリア北端にまで至る半月形を描いている。彼はそれを「豊饒の半月図」と称している。そしてそれが美しい日本の「平原の島」だと言うのだ。この「二十一世紀の日本国土構想」は極めて危険な発想であり、我々を驚愕させるものである。その地図と言葉は、我々にとって非常に身近なものである。ある人が私に教えてくれたのだが、それは第二次世界大戦当時、日本の参謀本部の西太平洋作戦地図、つまりいわゆる「大東亜共栄圏」の全域図だと言うのだ。もちろん、川勝平太のような人は決して多くはないだろう。しかし、二一世紀の日本の領土がそうなると信じる人が出て来るとすれば大問題である。

変異した観念の三つ目は、著しく成長してきた「文化優越論」である。日本の文明は混合された文明であると述べた。ところが現在日本の一部の学者はこの考え方から脱却しようと努めている。彼らは、経済大国であり、政治大国であり、文化大国である国の形態は、「純粋な日本文明論」でなければならないと考えているのだ。彼らは様々な方法を考え、福沢諭吉から「脱亜入欧」を唱えてきた。つまり、地理的には切り離せないけれど、考え方の上では中国、朝鮮に別れを告げよう。以前は切り離せなかったが、今後は切り離せばよい、と言うのである。私は、彼らの考えは少しは現実的だと思う。なぜなら、以前は切り離せなかったと認めているからである。

ところが一九九〇年代になると、川勝平太を中心とし、また東京大学の一部の学者が、「海洋の日本文明論」を打ち出し、日本の文明は海洋から生まれたものであり、大陸の文化の影響を受けたのではないと考え出した。両者の間になんらかの関係があるとすれば、それはヨーロッパ文明が二〇〇〇年の奮闘を経てイスラム文明の抑圧から脱却したのと同じように、海洋文明は中国文明に対抗する脱却のプロセスだと言うのだ。これは非常に驚くべきことだ。多少でも文化的な知識のある人なら、この話が非常におかしな歴史的論理であることが分かるであろう。私は、これは完全に偽造された歴史的プロセスだと思う。まず、ヨーロッパ文明がなぜイスラム文明と闘争を繰り広げたと言うのだろうか。知っての通り、イスラム教は紀元七世紀にアラビアの土地でモハメッドにより創始された。イスラム教が生まれる前、ヨーロッパにはすでにギリシャ文明やローマ文明といった文明があり、イスラム文明が生まれた後もそれは非常に安定し、平和な文明であった。一六世紀になって、オスマン帝国ができて初めてヨーロッパに対する侵攻が始まったのである。オスマン帝国は確かにベオグラード、ハンガリー、バルカン半島、そしてドナウ川下流の地域を占領したことはあった。しかしヨーロッパ全域を占領することはなかったし、まして今日のイギリスやアイルランド地域の島を占領することはなかった。その上、ヨーロッパの一部の国や地域がイスラム文明と抗争したのは一六世紀になってからのことで、つまりはせいぜい三〇〇年、四〇〇年ほどのことなのである。それがなぜ二〇〇〇年の抗争となるのか。彼らは、日本人の間に一種の神話、つまり日本文明はイギリス文明同様に盛んな文明、一種の海洋文明であり、アジア大陸とは関係ないという神話を作り上げようとしているのだ。そこで彼らは、中国文明は一種の大陸文明であり、大陸文明は農業文明だが、日本は海洋文明であってこそ現代まで前進することができるのだと言っている。

二〇〇〇年九月、日本で『海の帝国　アジアをどう考えるか』という本が出版された。著者の白石隆は、日本はアジアに属するのだろうか、と言う。「我々が現在言うところの日本は、はたしてアジアの中の日本だろうか、それともアジアと並列する日本だろうか」と述べている。この問題は荒唐無稽なものなのだが、その勢いはまたこのように鋭いものであり、こうした人たちは、日本がアジアに属さないという理論を作り上げようとしているのだ。純粋な文化への追求が「侵略戦争の罪を認めず」、そこから「文化的に事実を認めない」ことを宣揚し、そして日本文明の真の歴史を抹殺しようという試みなのである。日本文明の真の歴史とは何か。つまり複合文明であるということであり、複合の材料の最も基本的な源は当然中華文明であった。「日本海洋文明論」の最も基本的な目標は、日本国民の中の中国文明の力をなんとか解体させ、日中の文化関係に「疎遠な感覚」を推進し、更には「両断論」を作り上げようとしているのだ。私は、これは今後の日中関係において非常に大きな問題であると考える。

おわりに

最後に、日本の皇国観、「アジア解放論」、「文化優越論」の蔓延の過程で、中国に対する平和主義が日本のかなりの面において動揺していることであるが、こうした平和主義はどのような所に現れているのだろうかという点について述べたい。

第一に、我々は、日本のかなりの国民がたゆまず、誠実に、日本の戦争責任を追及していることを感じることができる。例をあげると、中国の被害者が再三再四上訴し、慰安婦が上訴し、日本で労働した人たちが上訴する過程で、正義感と良心を持つかなり多くの弁護士がこれを支持し、強力な陣容の弁護士団がこうした人たちの賠償請求を支えている。

第二に、依然としてかなりの知識人が日本の戦争行為や戦争責任を追跡調査している。ここに一冊の本がある。一九九八年に出版されたばかりの『日本軍は中国で何をしたか』という本である。編集したのは先に述べた井上清であるが、彼は終始変わることなく日本国内で日本の戦争責任を追及してきた。そして、日本軍の「日清戦争における旅順大量虐殺」、「上海の八一三事変における暴行」、「南京大虐殺」、「河北省と山東省における『三光政策』」、「地下道戦」、「毒ガス戦」、「農業に対する破壊と略奪」、「石井細菌部隊」、「従軍慰安婦」等について集中的に摘発し、同時に、「真の犯罪の追及に時効はない。永遠に戦争責任を追及すべきだ」としている。あまり知られていないが、彼は一九六四年にも非常に重要な『天皇の戦争責任』という本を出している。歴史学者として、豊富な資料により戦争が天皇に関係のあることを証明し天皇の戦争責任を追及しているのである。二〇〇四年に、アメリカのハーバード大学の若い教授のある本が翻訳された。『裕仁天皇と中国侵略戦争』という本である。多くの学者、読者は、天皇の戦争責任を追及する初めての著作であると考えているようだが、私はそうは思わない。なぜなら、井上清が一九六四年にはすでに今日のこの本と大変よく似た著作を出しているからである。彼はその後も追及を続けているのだ。二〇〇三年、私たちは中国で日本の戦争責任に関する研究会を開いたが、この会には日本人も多く参加した。その手にはいずれも様々な調査資料が携えられており、日本の二〇年代、三〇年代、四〇年代の戦争の罪悪について告発が行われていた。

第三に、日本の皇国復活主義者が靖国神社を参拝する一方で、内閣閣僚の参拝を阻もうとしている勢力もかなりある。彼らが靖国神社を参拝する時、私はいつも、外にいるグループが非常に混乱しているのを注意して見ている。喜びを表すグループもあれば、反対のスローガンを叫ぶ人たちもいるのだ。また、日本の様々なところで、国家主義の象徴に対して反対するのを目にすることができる。日本では現在、国家主義による日本の憲法改正を阻もうとする一定の勢力がある。現在の日本の憲法は一九四六年に制定されたものであり、日本が武装しない国であることを規定している。その第九条には、日本が自衛隊のみを有することができ、軍隊を持つことができないことが定められている。そして、日本の自衛隊は国会が権限を与えない限り行動を採ることはできない。最近では、日本の国家主義者たちはこの憲法を変えるよう要求し、日本に自身の「国軍」を作り、「有事」の際に自ら行動できるようにすることを求めている。しかし、日本では多くの民間人や学界の人々が日本の憲法改正を阻もうとしている。特にこの第九条を変えることを許すまいとしている。小泉政権において、多くの「有事行動」の規則を定め、自衛隊を世界の一部の地域に派遣している。この闘争は非常に困難な闘争となろう。

第四に、日本の一部の有識者は、日本文明の形成に関する知識教育を推進し、人々に日本の文明形成の事実を尊重させ、日中間の文明の関係を理解させ、中国の日本文明に対する影響について認めさせようとしている。我々は、日中の五二名の学者が共同で五年かけて、『日中文化交流史』という本を編纂したことがある。一〇の面から民族、生活、思想の関係について説明した。日本側の編集責任者は日本の学術界の権威、中西進であった。目的は歴史の真相、東アジア文明と日本文明の連係の真相について詳しく論述すること、文明の発展の過程で各民族が果たす特殊な功労、中国文明の役割について詳しく解釈することであった。この他、日本の文芸界の人々も大変多くの努力をしている。以前に中国を訪れた日本の劇団「前進座」は、『鑑真東渡』を上演し、芸術という形式を通して、日中文明の関係と発展の段階について演繹的に表現した。また、七月には日本の大相撲の力士たちが中国を訪問した。相撲は日本の国技であって、国外で競技をすることはあまりないが、今回は主だった力士が北京と上海に来てそれぞれ二回にわたる取組を行い、親善と友好を表現した。そして今回の試合の賞金は全額、中国青少年発展基金会に寄付された。これは親善、友好の態度の一つの表れである。

こうしたことはいずれも日本の平和主義の流れを示しており、日本の今日の社会思潮が多層的、立体的で複雑なことを表している。また、正義感を持った日本の国民が現在、東アジアの平和の空間を切り開くために努力していることを示している。我々はそれを見ることで、今後の東アジア各国の政治、経済、文化が好ましい形で相互に働きかけていくことに十分な自信を持つことができる。

日中両国の国民が自らの豊かな「愛国的な正義感」を、時とともに進め、「理性的な正義感」という境地にまで推し進めることが必要である。そうすれば、私は、必ず各種の極端な主義、思想の流れとの格闘の中で、正義を以て打ち勝つことができ、日中両国がともに必要とする平和で文明的な生存の環境を創り出すことができると考える。

日中の異文化コミュニケーションと相互理解における阻隔

劉　金才
尚　彬
（翻訳：坂部　晶子）

現在、科学技術の飛躍的な発展とインターネット技術の国際的利用によって、異なる地に住む人びとのコミュニケーションや交流、往来は、「天の果ては近隣の如く、地の果ては真向かいの如し」という夢を実現している。経済と情報のグローバル化によって、それぞれの地域や民族、国家の文化が、それぞれの地域やモデルの限界性を突きやぶり、世界へとひろがり、世界的な文化の「同一化傾向」が生じている。しかしながら、「文化的な阻隔」[1]というのは依然として存在している。それぞれの文化は、自らの価値観に基づき、各自の文化的伝統と利益とを守ろうとするため、「グローバル化が進展すればするほど、地域化・土着化がすすんでいく」という傾向が強調され、ハンチントンのいうところの「文明の衝突」が激化していっているのである。このことは、コミュニケーション手段が便利で経済的になり、情報がグローバル化されることによって、異文化間の交流が促進され、人類共通の文化様式が次第に形成されていくという、非常に積極的な意味合いがある。しかしそれと同時に、異文化のあいだで長期にわたって蓄積形成された「文化的阻隔」をわずかな期間に消しさることは不可能であり、この文化的阻隔によって、いまだしばらくのあいだ、それぞれの文化システム間に摩擦や衝突が発生し、さらには新たな矛盾さえもが引き起こされかねないということである。ことに歴史的な宿怨をかかえた国民国家のあいだでは、なおさらであろう。けれども、「文明の衝突」は文明間の対話や交流、相互理解によってのみ解決されるものであるから、わたしたちは、グローバル化のうねりが、異文化間の衝突や矛盾あるいは文化の壁を自然と「席巻していく」ことを願い、手をこまねいているわけにはいかない。人類文明の調和を求める立場にたち、強固な使命感と時代感覚とをもって、粘り強く国民国家間の異文化交流と相互理解とに力を注がねばならないのである。現在アジアでは、この衝突と矛盾を緩和し、「文明の調和と共通の繁栄」をどのように実現していくのかが時代の要請となっており、グローバル化の進展と文化の衝突があいともなう状況のもとで、アジアにおける文明の調和と共通の繁栄を実現しなければならないのである。そのためには、アジア各国の、ことにアジアの平和と発展に対して重要な立場にある中国と日本のあいだの異文化交流と相互理解の問題を検討することは、必要不可欠である。日中の異文化交流と相互理解の問題はさまざまな方面に及んでいるが、本稿では、近年しばしば問題化されている日中間の摩擦・衝突に関して、日中関係史に関する認識問題、倫理的価値観および「面子システム」という三つの側面から、中国と日本とのあいだに存在する異文化交流や理解における阻隔の問題について述べてみる。そのことを通して、日中のあいだで摩擦・衝突が頻発する文化的要因を部分的にでも解明し、中国と日本のあいだの、ひいてはアジア各国間の相互理解と文化的アイデンティティへの道筋を探求し、アジアにおける文明の調和と共通の発展にたいして示唆を与えたい。

1　日中関係史の認識における阻隔

中国と日本のあいだの異文化コミュニケーションと相互理解における阻隔の問題に関して、まず注目すべきであるのは、両国の大衆の言説システムにおける日中関係史に関する認識の相違の問題である。よく知られているように、インターネットの普及とそのメディアとしての働きが急速に拡大していくにしたがい、日中関係は、二一世紀初頭に政府主導から民間主導へと歴史的な転換期をむかえた。しかし、日中の経済貿易や民間の人びとの交流が急速に増加していっても、「歴史認識」問題を主要な原因とした、日中間の摩擦・衝突は緩和されていない。とくに二〇〇五年になって、「靖国神社参拝や歴史教科書、また日本の国連常任理事国加盟」といった問題が、中国民衆のあいだに大規模な「反日運動」をひきおこし、両国社会の世論や民衆の感情的衝突は、さらに複雑にかつ激しくなってきている。この種の日中の摩擦・衝突の要因として、日本の右翼勢力による侵略の歴史の否定と新しいナショナリズム感情の扇動が存在していることは疑いえない。しかしまた、このような傾向性は、かなりの程度日本の一般民衆にまで浸透していること、さらに中国民衆による「一斉憤怒」が「負の感情の相互衝突」をうみだしてしまっていることの理由として、両国民衆の日中関係史についての理解と認識に存在する、かなり大きな阻隔というものとの関連性も指摘せざるをえないのである。

中国と日本の歴史的・文化的関係について、客観的かつ簡潔に要約するならば、一種の「先師後徒」、「先徒後師」、「恩もあれば恨みもある」、「恩讐の感情が入り混じった」という複雑な関係であるといえよう。このように概括するのは、おもに日中関係史における以下の四つの史実に基づいている。第一には、古代の日本では、文物制度の面でも、精神文化の面でも、中国文明からの大きな恵みを受けてきたという点である。第二には、近代中国においては、思想や技術を含めて多くの近代文明を、日本から学んできたという点である。第三には、近代日本は、中国に対して一四年の長きにおよぶ残虐な侵略戦争と半植民地化をおこなったということである。第四には、現代化建設途上にある現在の中国においては、日本の現代化の多様な経験がとりこまれ、参照されているという点である。このような「恩愛怨恨の入り混じった」関係史は、日中が互いに異文化として理解しあう際に、ハイデガーのいうように、理解する主体相互のあいだに理解の前提のひとつとしての「予持」[2]――つまり歴史的・文化的伝統という阻隔、を必然的にうみだしている。なぜなら、中国と日本は、それぞれの文化的伝統によって、この関係史を認識し、理解し、価値判断をおこなっているが、そこに存在している互いの相違というのは、かなり大きなものであるからだ。

日中関係史についての体験的認識と価値判断の相違というのは、主として二つの面にあらわれている。第一には、日中関係史にたいする記憶と体験的認識の重点が異なっていることである。中国人の記憶や体験の重点は、その多くが、中国文化が日本に与えた恩恵と、日本の中国侵略行為による苦しみと恥辱とにおかれている。それに対して日本人の記憶と体験の重点の多くは、日本の近代資本主義の文化が中国に輸出されたということ（実際には植民地侵略に伴ってだが）、および国交正常化後の中国の現代化建設に対する、「形を変えた賠償としての」貸与や援助に関するものである。第二には、日中関係史のなかの重要な歴史事象に対する価値判断が異なっている。たとえば、日中の古代文化の関係性について、一般の中国人の意識においては、中国は当然ながら日本文化の師であり、日本の近代以前の文化は、ほぼすべてが「摂取主義」によって中国から取り入れられ、模倣されてきたものであり、そこには独創的で誇れるようなものは何もないというものである。それにたいして、一般の日本人の意識のなかでは、「古典的中国文化は崇敬すべき」ものであるし、また近代以前には「中国を師」としてきたことは認めるとしても、日本の伝統文化はたんに中国文化の模倣であるだけではなく、「和魂漢才」や「国風化」といった日本独自の方法によって創造されてきたものであると考えられている。さらにまた、日中の近代文化の相関関係についても、中国は元来の文化輸出国から輸入国へと一変し、「日本を師」として、日本から西洋の先進文化を輸入する、あるいは日本をとおして学習することとなった。けれどもそこにある目的は、日本を含めた外国の植民地侵略から国を救い、抵抗することにあるのである。一方、日本は、中国との「学生と教師」という地位転換を実現したあとも、集権制政治文化などの中国文化を輸入し、利用することをやめたわけではない。ただその取り入れ方が、「友好的に学問を探求する」という元来のやり方から、天皇を中心とした国体主義体制と「侵略的国策」とに従属するやり方へと変形されたにすぎない。日中関係史認識にたいする日中間の最大の相違は、いうまでもなく日本による中国侵略という「歴史認識」問題に関してである。あの残忍非道な日本の侵略戦争について、現在では、中国人であれ日本人であれ、軍国主義復活を企図する少数の右翼勢力をのぞけば、だれもが罪悪であると考えているといえよう。しかし、一般の中国人においては、人道主義からそれを罪悪とみなしており、かつまたそれが被害者の「国辱と家族の恨み」という歴史的な痛みの感情と不可分に混じりあっている。それに対し日本社会では、敗戦後すぐの輿論においては、侵略戦争が反省・批判され、中国に対する罪悪感が抱かれていた。しかし現在、一般の日本人が侵略戦争を罪悪とみなすのは、かならずしも人道主義と加害者意識への自己反省からくるものなのではなく、国際社会からの非難の圧力によるところが大きいのである。日本近代の発展の歴史においては、「近代文明の進展と海外植民地の略奪とは同時であり、近代国家の発展と対外侵略の罪悪とがあいともなう」というかたちをとった。そのため、誤った「歴史認識」という場から、日本人自らが自覚的に抜け出していくことは困難なのである。

上述のふたつの場面は、日中関係史に対する認識と価値判断の相違を映しだしているが、このような相違が、日中の異文化コミュニケーションにおける阻隔をつくりあげる重要な要因となっている。この相互理解の阻隔というのは、理解される対象としての歴史的・文化的伝統によってつくりだされるものであり、また理解する主体自身が自らの文化的伝統と価値観により規定されていることからくる。それゆえ、日中の異文化コミュニケーション上の阻隔を解消しようとするためには、必ず、この相互理解の阻隔の原因を客観的・理性的に分析し、「歴史を鑑とし、未来に向かう」という人類文明発展史の立場から相手の歴史・文化的伝統をとらえ、認識することが必要なのである。

2 倫理的価値の相違という阻隔

中国と日本の異文化コミュニケーションと理解における阻隔をつくりあげる、もう一つの重要な原因は、中国と日本の倫理的価値観についての相違である。ハイデガーが「理解」について述べているところによれば、すべての「理解」というのは、必ず言語や観念等に媒介される必要があり、言語を代表としたあるひとまとまりの記号システム、およびそれに包含される観念というものが、相互理解のプロセスには必然的につきまとってくるのである。倫理的価値についての観念は、民族的な諸観念や諸行為の核心部分をなしているため、同じような倫理的価値観の有無が、それぞれの異文化のあいだでコミュニケーションや理解をうまく行いうるかどうかのキーポイントとなる。日中両国は、二〇〇〇年あまりの文化交流の歴史をもち、また同じく漢字文化圏に属す「同文同種」とも称される国柄である。さらに日本では、伝統的な倫理体系がつくられるなかで、中国の儒教文化、とくに儒教倫理のさまざまな記号や概念が導入され、利用されてきた。そのため、西洋人から日本は「儒教の国」とよばれ、また「一億の日本人はすべて孔孟の徒である」[3]とみなされてきただけではなく、中国人や日本人にとっても一般に、中国と日本とは同じ儒教の倫理的価値の傾向性を有していると考えられている。しかしながら、中国で生まれた儒教倫理が日本へ伝わるあいだに、あるものはそのまま受け入れられ、あるものはその土地の生活や歴史、文化的観念、その社会的条件などによって、変化、派生し、あるいは新しい意味が与えられる、ということもまた知られている。そのため、同じ倫理的記号を使っているとしても、その「意味されるもの」としての内包、あるいは、その記号によってあらわされる観念が同じとはかぎらないだけではなく、まったく異なっているという現象が生じる。ここでは、「忠」と「義理」という語を例にとって簡単な比較を試みてみたい。

「忠」という倫理的観念は、日中の伝統文化においてともに尊重されるものであるが、しかし、そのそれぞれの倫理的価値体系における重要性は大きく異なっている。中国の伝統的な倫理的価値体系においては、まず初めにおかれるのが「仁」であり、もっとも重視されるものは、「仁」を基礎づけ、その核心となる「孝」である。「仁は人なり、親を親しむを大なりとす」(孔子)、「仁の実は、親に事うる是なり」(孟子)、「孝は徳の本なり」(『孝教』)、「百行は孝を先とすべし」といった古い教訓が、このことをはっきりと示している。それに対して、「忠」という倫理規範は、尊重されるものであるとはいっても、それはしばしば支配階級が臣民に要求する道徳規範であるとみなされており、「報国」と関係づけられないかぎり、「仁」や「孝」の下にある相対的な道徳規範にすぎない。孔子は「臣、君に事うるに忠をもってす」と述べているが、しかし、その前には「君は臣を使うに礼をもってす」との前提があるのだ。孟子いわく「君の臣を視ること手足の如くなれば、臣則ち君を視ること腹心の如し。君の臣を視ること犬馬の如くなれば、則ち臣の君を視ること国人の如し[i]。君の臣を視ること草莽の如くなれば、則ち臣の君を視ること寇仇の如し」(『孟子・離婁章句下』)とあるのは、臣の君にたいする「忠」というのは、君の臣にたいする「礼」と仁の道とをその条件にしていることを示している。董仲舒は「君為臣綱」によって「忠」の絶対化を試みたが、しかし、孟子の「易姓革命」のなかにいう「国は民を以て主となし、君を末となす」といった思想が積み重なってきたこと、「民重君軽」、「水能く舟を載せ、また能く舟を覆す」というような中国社会がつくりあげてきた表現にみられる、君臣の相対的関係性という社会的価値のあり方によって、「忠」は、一貫して絶対的倫理とされることはなかったのである。

それに比べると、日本人の倫理的価値体系における「忠」の占める位置は大きく異なっている。中国の儒教における最高の倫理原則であった「仁」は、日本においては、天皇制と相容れないとみなされ、やくざ仲間の「盗人の名誉」としての義理の地位にまで貶められている。「孝」の観念は、儒教の伝わる以前には存在せず、明治時代に天皇を家長とし、天皇にたいする「忠」をその根本原理として、「忠孝一本」の意味をあらわすときになって初めて、最高の価値を有するようになった。「孝」の意味は、生みの父母に対して孝を尽くすことにかぎられ、もしも天皇や主君への倫理とのあいだに葛藤が生じたときには切り捨てられねばならないものである。それに対して、「忠」は絶対的であり、聖徳太子による「憲法十七条」[4]の制定のときから、すでに君臣関係は「君をば天とす、臣をば地とす」ものとして定められている。そこでは、臣は君にたいして「君言たまうことをば臣承る」、「詔承りては必ず慎」むことが要求され、倫理的価値として最高のものとなっている。とくに明治から第二次世界大戦終結以前には、神人同系、祭政一致の「現人神信仰」と「天皇主権論」[5]という政体によって、天皇に「信仰的権威」と「世俗的権威」が一身に集められ、天皇を信ずることは、いわゆる「神国日本」を熱愛することであり、「天皇に忠義であることは、すなわち民族と国家に忠義である」という倫理的イデオロギーとなっていったのである。そこから「忠」は、さらに日本における倫理道徳基準のピラミッドの頂点にまで押しあげられ、すべての倫理的基準を包摂する美徳となったのである。

中国と日本の倫理的価値の傾向性の違いをあらわす二つめの観念は、「義理」の観念である。『辞源』によれば、中国語の「義理」には二つの基本的意味がある。一つは、「道理」ということであり、「理にかなう」という意味である。二つめの意味は、「経義名理（経書の説く道を解釈しその論理を探求する）」の意味である。日本においても、中世前期（一六世紀）の頃までは、基本的に上述の中国語における「義理」の原意に沿って用いられてきた。しかし、その後、日本語における「義理」の含意に変化があらわれ、最終的には五種類の語義をもつようになった。つまり、「①物事の正しい筋道、道理、②日本の封建社会で、人間関係を規制した道徳、③今までの行きがかりや関係のため、避けられないつきあい・儀礼、④つきあいの上に負い目がある立場・地位、⑤婚姻・縁組によって生じた親子兄弟姉妹の関係」[6]である。ここからわかるのは、日本語における「義理」の含意のうち、①をのぞいた他の②③④⑤は、みな中国語の原義にはないものであることだ。それらは、一般に客観的な物事の道理という概念から、日本人の道徳的観念、交際のあり方、行為規範を包含する倫理的カテゴリーにまで高められているのである。ここで示した差異というのは、たんに語の含意の広さ狭さの違いというだけではない。それは、たとえば「理にかなって相応しい」、「正しい筋道」という元来の意味においても、日中の「義理」という語が指し示す実際的な内包は、同じであるとはかぎらないということなのである。中国語における「理にかなう」あるいは「筋道」という語義は、呂氏春秋の懐寵の項に「暴虐奸詐の義理を反するや」といわれるように、物事が正しい道理であるかどうかという点が強調される。それにたいして、日本語のなかで強調されるのは、どのように「正しく人間関係があつかわれるか」という倫理についてなのである。「人間関係を処理する」倫理として、それは近松門左衛門[7]の「世話物」（市井劇）がそうであるように、通常「義理」には「人情」の意味あいを融合させ、「人情」には「義理」の道徳的含意を付加したものとなっている。この種の「義理人情」と不可分の義理という観念は、歴史的には、農村共同体の「結縁」や「催合（もやい）」といった習俗[8]、武士階級の「主従関係」[9]という道徳、あるいは近世の町人（商工業者）社会の人間関係のあり方に端を発しており、それは、一種の人間関係や「施恩―報恩」関係に基づいた相対的な義理規範なのである。このような相対性というのは、それが倫理原則の基準にそっているかどうかを判断させるものであって、物事や人びとの行為が「正義」であるか否か、正義を守り義務を果たすためのものであるか否かということとは関係がない。それは、他者と自己との情誼的関係のあり方や、地縁・血縁関係の有無によって善悪を判断するものである。自分の恩人や地縁・血縁の関係者であるならば義務を果たし、そういった関係のものでなければ無視するのである。このような義理のあり方は、日本人が内外のものごとにたいする価値判断や善悪の基準を決定するうえで、極めて大きな影響力をもっている。

上述のような日中の伝統文化における「忠」や「義理」という倫理的価値観念に関する相違は、現在でも、日中双方の「歴史認識」の倫理的価値基準に影響し、相互のコミュニケーションや理解における阻隔をつくりあげる要因となっている。たとえば、昭和天皇の戦争責任問題においても、「忠」を相対的な倫理価値基準と考える中国人にとっては、裕仁天皇は日本の「統治権を総攬する」最高支配者であり、軍国主義の精神的支柱であり、さらに侵略戦争を発動し日本を含めてアジア各国に重大な被害をもたらした、逃れることのできない直接的責任をもっており、徹底的に打倒され、罪の償いをさせなければならないものである。一方で「忠」を絶対的な倫理基準とする日本人にとっては、また一部の正義の人をのぞいた大多数の日本人にとっては、天皇が戦争責任を負うとはみなされず、「君主が誤ったとしても、臣下の不徳の致すところ」であると考えられている。一九八九年の裕仁天皇死去のおりの世論調査においても、天皇は戦争責任を負うべきでないと考えるものが、六〇%にのぼっているのである。このことは、戦後アメリカが戦略的利害のために、「日本国と国民の統合の象徴」として天皇制を保持したことにかかわりがあるとはいえ、日本人の絶対的な「忠」の観念とも無関係とはいえない。

同じように、中国と日本の一般民衆が、日本の侵略の歴史にたいする認識問題で相違を示すのは、上述の「義理観」の違いとも関係がある。あの侵略戦争は、中国などの侵略された被害国からすれば当然ながら正義に反する非人間的なものであるが、しかし、日本人の相対的な「義理観」という倫理的基準からすると、侵略戦争に参加した人びとには、それぞれ容易には断ち切れない前述のさまざまな義理の関係があるため、あの戦争が正義に反するとは知りながらも、「義理」に反する行為とはみなされないのである。そればかりか、彼ら自身の「義理」に合致した行為であるとさえ考えられている。二〇〇五年の八月一五日、A級戦犯を合祀した靖国神社への「参拝者は二〇万五〇〇〇人」[10]にのぼり、東史郎のように正義を貫き、戦争の罪を糾弾する日本人は、かえって孤立し「村八分」[11]にあうという事態もまた、おそらくそのことと関連があろう。これとは反対に、中国人の「義理観」は完全に絶対的なものであり、自分がどんな「かかわりのある関係」をもっているかにかかわらず、物事や行為が正義であれば、それは正義であり、正義に反していれば、それは正義に反したものととらえられる。物事の善悪を判断する倫理的な価値基準は不変なのである。そのため、たとえ自国の歴史のなかで誤りがあったとしても、それを平然と反省したり否定したりすることが可能である（たとえば文化大革命にたいして）。それゆえ、あの戦争は「悪」である以上、それはいつになっても「悪」だとみなされるのである。たとえば、秦檜のような歴史上重大な罪を犯した人間は、子々孫々批判され、悪名を後世に残すことになる。それは、一種の「前事を忘れず、後事の師とする」というロジックを守りとおすことである。

ここから、日中の伝統的な倫理的価値の傾向性に存在するこのような差異が、中国と日本の異文化コミュニケーションや相互理解のなかに阻隔をひきおこす、看過できない重要な要因となっていることがわかるのである。

3 日中の「面子システム」の相違という阻隔

異文化コミュニケーション研究の視点からすれば、「顔（面子）のない（faceless）」[12]人間のコミュニケーションというものは存在せず、異なった文化のあいだで、双方がコミュニケーションを成功裏にすすめ、相互理解という目的に達するためには、まず相手の面子に配慮し、それを尊重する必要がある。しかしながら、異なる文化にはそれぞれ異なった「面子システム（face system）」、つまりそれぞれに栄誉と恥辱を感じる自尊心に関連する心理的な認知システムが存在する。この「面子システム」の相違が、異文化間コミュニケーションや相互理解にたいして、しばしば大きな障害となるのである。個人のあいだでの異文化コミュニケーションにおいても、また国民国家相互の交流においても同様の問題が存在するが、とりわけ個人、民族、国家、文化が「四位一体」となったグローバル化された言説空間においては、個人の自尊心と国民国家の自尊心とは分離不可能であり、そのため「面子システム」の相違からくるコミュニケーションの障害が、しばしば個人の局面をこえて、国民国家の局面にまで拡大していくのである。中国と日本においては、その文化的差異および「師（教師）・生（学生）・強・弱・勝・敗」という歴史的な役割の反復や転換、さらに「恩讐の感情が入り混じった」複雑な関係性が、それぞれの「面子意識」と「恥の意識」とにもとづいた、異なった「面子システム」を構成してきている。日中のこの「面子システム」の違いを解明することは、日中双方のコミュニケーションと相互理解を促進するための一助となろう。

フロイトやその他東西の心理学者の理論によれば、中国と日本とはともに、西洋の「罪の文化」に相対するところの「恥の文化」の類型に属している。けれども中国人が感じる「恥の意識」は日本人のそれとは大きく異なっており、ルース・ベネディクトの用語でいえば、「外在意識」ではなく、むしろ「内在意識」であると考えられる。中国人の「面子システム」を支えているものには、内在意識であるこの「恥の意識」のほかに、自尊心と名誉を重んじる意識とを核にした「面子意識」がある。中国人の「面子意識」の強烈さは世に知られている。名誉を重んじ、面子を尊重する考え方は、数千年ものあいだ中国人の民族心理を支配し、「中国人が社会的な交際を調節するさいのもっとも細かい基準」であり、「外在的道徳の制約の精神的な重り」となっているのである。魯迅はかつて「面子は中国精神の綱領である」[13]と述べ、また林語堂は面子を「ほかの世俗的なものに比べてずっと貴く、運命や恩恵よりも力があり、憲法よりもずっと人に尊重される」ものとみている。またアメリカ人宣教師・アーサー・スミスは、「面子」のことを「中国人の数多くの重要な性質を開示するための隠し鍵」であると述べている。日本人の学者・竹内実にいたっては、中国人にとって「面子というのは、人を生かしもするし、死地に赴かせもする」とまで述べている。このように、「面子」は中国文化のなかで非常に重要な地位にある。「面子意識」は中国の民族的文化心理の重要な構成要素であり、そこにはたしかに「形式を重んじ、実質を軽んずる」という消極的側面もあるとはいえ、その積極的な意味あいはきわめて大きいといえよう。中華民族が、信念を守り、気骨を尊重し、人格と民族の尊厳を重んじ、恥をしのんで重責を担い、大局に配慮し、強固な民族的責任感と使命感を有することは、すべて、この面子文化が長期にわたって浸透していることに大きく関係している。魯迅が「我は我が血を以て軒轅に荐めん」という言葉で示した愛国主義の熱情と強烈な社会的責任感は、その代表的なものというべきであろう。二〇〇五年に発生した「反日運動」は、中国政府が手を尽くして統制したにもかかわらず、日中国交正常化以来最大規模の民衆による「反日運動」となったが、そこにある重要な文化的心理のひとつは、小泉内閣が一再ならずも靖国神社参拝を実行したこと、また右翼による歴史を改竄した新教科書の問題が、「歴史的トラウマ」にもとづく中国人の「面子システム」を大きく傷つけたことにある。

日本文化においても、町人道徳を基盤とする「体面意識」と武士道徳にもとづく「栄誉の観念」が存在するが、これは、「武士は食わねど高楊枝」と風刺されているように、「華美をすてて、実質を求める」という志向がそのように喧伝されたものであり、時代の推移とともにしだいに弱体化してきている。それに対して、ベネディクトがいう「恥の意識」は、いまだ根強く残っているのである。そのため、日本人の「面子意識」を支えるもののなかには、たしかに体面意識や栄誉の観念といったものもある程度は存在するとはいえ、その主要な部分は「恥の意識」であるといえるだろう。日本人の「恥の意識」は、プラトンがいうところの「予想される悪評に対する恐れ」から生まれたもので、それは、地縁的共同体の外在的強制力に規定された、極めて強固な集団主義的価値観にもとづく一種の道徳意識である。ここで「恥を知る」ということは、個人の内的な自責の感情ではなく、他人の評価に対する反応なのである。それは、心のなかの罪悪感に規定されるのではなく、恥辱をうけることの恐怖に立脚している。人の行為を評価する際には、「恥ずかしいか否か」ということが「善か悪か」ということよりも重視され、「名誉を守るためには、事実を明らかにせず、善悪を区別しなくともかまわない」[14]。このため、日本的な「恥の意識」のもとにある道徳は、自主・自律的な道徳ではなく、他律的な道徳であるといえる。日本語の有名なことわざに「旅の恥は掻き捨て」というのがあるが、これはすなわち、日本人はひとたび自分の所属集団や暮らしなれた環境を離れて旅をするときには、何ものにもとらわれず、何をしても恥を感じることはない、ということを意味している。このことは、その道徳の「他律性」と「一種の恒久的な善悪の基準の欠如」という特徴を、象徴的に示すものである。ベネディクトは日本文化を「恥の文化」に類別したが、そのことも、この点にもとづいているのだ。多くの日本人が戦争責任や戦犯にたいして曖昧な態度をとることも、この他律的な「恥の文化」と大きく関係している。なぜなら、「他律性」というのは、人が物事を判断するさいに、その集団における外在的強制力に規定させるものであり、自主的なものではありえず、また善悪を区別する観念でもないからである。

これとは反対に、中国人の「恥の意識」は、「内在性」、「自律性」、および「善悪の区分」を強調するものである。孔子は『論語・為政』において、「これを道びくに政を以てし、これを斉うるに刑を以てすれば、民免れて恥ずること無し。これを道びくに徳を以てし、これを斉うるに礼を以てすれば、恥ありて且つ格（ただ）し」というが、ここでは実際には「恥」が内在意識としてとらえられている。また孟子は、有名な四端説のなかで「羞悪の心は義の端なり」とし、「悪を恥じて憎む心」を「正義・

道徳の基礎」とみなした。さらに後世、顧炎武は「士は先ず恥を言わずして、則ち本なきの人となす」と述べ、また清朝の大儒者・閻若璩は、「恥の根は心の大徳なり」という。龔自珍はより見識をもって「士みな恥あるを知れば、則ち国家は永く恥なし」と述べている。これら仁徳ある人びとの名言は、「恥を知る」ことを「人の本」であり、「道徳の本」とみなしているだけではなく、個人レベルでの「恥を知る」という道徳を「国家の栄辱」と結びつけ、それに一種の愛国主義精神の原動力を与えている。中国人は永遠に日本の軍国主義による侵略と蹂躙の国恥を忘れないということも、この種の「恥の文化」の典型的な表現である。

上記の部分からわかるように、内在的な「恥の意識」と外在的な「面子意識」がともに中国人の「面子システム」を支えているのであり、その内包としては、外在的な自尊心や名誉意識を含み、また内在的な道徳の自律性や善悪観も含んでいる。それにたいして、外在的な「恥の意識」を主な柱とした日本人の「面子システム」においては、そこに包含される体面意識や栄誉の観念が外在的なものであるだけでなく、それが基礎としている「恥の意識」の道徳もまた他律的なものとなっており、恒常的な原則に欠け、「善悪の区分」が顧みられていない。このため、中国と日本の異文化コミュニケーションにおいて、前者が自尊心や名誉を求め、コミュニケーション上の出来事が善悪の基準に合致して行われているかを重視するのにたいして、後者が重要視するのは、どうしたら恥辱をうけずにすむか、「受け入れられ、認められ、承認される」ような人間関係上の要求が実現されるかということなのである。「面子システム」のこのような内包の相違は、歴史問題を含めた日中双方の数多くのことがらにかんする認識のあり方や問題解決の原則や方法、態度に対して、きわめて大きな影響を与え、日中関係や異文化コミュニケーションのなかに誤解や摩擦・衝突を生みだす大きな原因となっているのである。

以上のように、わたしたちは異文化研究の視点から、中国と日本のあいだには、「日中関係史認識」、「倫理的価値観」、「面子システム」の面で文化的相違が存在することを概観し、「歴史認識」の問題に関して、これらの文化的相違が日中の異文化コミュニケーションと相互理解にたいして阻隔を生みだす働きをしていることを分析してきた。ここでの考察と分析をとおして、近年、日中間に摩擦・衝突が頻発する原因を考えてきた。表面的には、「歴史認識」問題がその主要な要因にみえるだろう。たしかに歴史認識の問題もその一部ではあるが、そこには日中双方の歴史的、文化的伝統や価値観念、思考方式、さらに人間関係のあり方や原則といった数多くの絡まりあった深層文化が関係していることが明らかとなった。このため、日中間の、ひいてはアジア各国のあいだの相互理解と友好的協力、また共同の発展のためには、グローバル化が進展するにつれ、地域化と土着化が進行していくなかで、それぞれの異文化間における深層文化の関係性の研究を、しっかりと重視していかなければならないのである。

訳注

[i]「国人」は路傍の人の意味で、ここでは、恩も怨みもないことを示す。

注

[1]「文化的阻隔」とは、「自然の隔たり」、「言語的隔たり」、「社会的隔たり」および「心理的隔たり」等の内実を含み、それらは一種のメカニズムとして、民族の文化的伝統を形成している重要な条件ともなっており、またそれを保証するものでもある。

[2]「予持」(ドイツ語は vorhabe、英語では fore-having と訳される)とは、ハイデガーが『存在と時間』のなかで提出した「先行理解」概念のひとつで、それぞれの人が所属する特定の歴史的・文化的伝統をさす。海徳格爾(ハイデガー)、陳嘉映・王慶節訳『存在与時間』、三聯書店、一九八七年、三一—三二頁。

[3]埃徳温・頼肖爾(エドウィン・ライシャワー)『日本人』上海訳文出版社、一九八七年。

[4]聖徳太子が摂政の時代、西暦六〇四年にだされた道徳的訓戒。漢文で表記され、儒教思想の影響が大きい。全文は、『日本書紀』推古天皇一二条を参照。

[5]日本国家の統治権は天皇にあるとする政治的主張で、統治権は国家にあり、天皇は最高権力機関にすぎないとする「天皇機関説」と対立するものである。

[6]『学研 新世紀百科辞典(第二版)』学習研究社、一九八三年三月、四七二頁。

[7]近松門左衛門(一六五三—一七二四)、本名は杉森信盛、通称は平馬。江戸時代中期の著名な浄瑠璃・歌舞伎の脚本家である。井原西鶴、松尾芭蕉とならんで「元禄の三大文豪」と呼ばれる。

[8]日本古代の農村共同体において行われた、生産活動のなかでの労働力提供と食事提供との交換にもとづいた一種の協同作業であり、また付き合いに関す

る習俗である。

[9]「主従関係」とは、領主とそれに従う武士、主君と家臣とのあいだの「施恩」と「奉公」（忠勤）という関係、あるいは庇護と忠誠という関係をさす。

[10]『朝日新聞』二〇〇五年八月一六日朝刊。

[11]日本の村落共同体における制度の一種で、村の規範に違反した個人あるいは家族は、火事と葬式をのぞいて、全村民からつきあいを絶たれるという制裁をうける。

[12]劉熠「論跨文化交際中的話語系統」『東北大学学報（社会科学版）』二〇〇四年第一期。

[13]魯迅『且介亭雑文・説面子』。

[14]尚会鵬「〝姫百合之塔〟、〝恥感文化〟与大国夢——日本文化漫談之三」『当代亜太』一九九五年第四期。

日中相互認識とナショナリズム

王　新生

1　「三冷三熱」関係にある現在

対立物の統一は哲学の命題であるが、現在の日中関係はまさにこのような状況となっている。即ち、友好を提唱すればするほど友好ではなくなり、往来が盛んになればなるほど誤解が生じ、交流が頻繁になればなるほど矛盾も増える。すでに「政冷経熱」という言い方があり、近年来の日中関係は、政治は冷えており、経済は熱いと考えられている。しかし、このような言い方は全体を表していないか、または十分に正確な言い方であるとは言えない。むしろ「三冷三熱」と言うべきであろう。即ち、政治、安全、感情では冷え、経済、交流、学術では熱い。現在、「三冷」状況は引き続き発展しており、交流熱や学術熱も継続している。しかし、経済はすでに「政冷」の影響を受けており、徐々に「政冷経涼」状態に変化している。以下にそれぞれ簡単な説明を加えた。

❖——1. 経済熱と交流熱

日中の二国間貿易額は近年来急激に成長し、一九七二年の国交正常化当時の一一億ドルは、二〇〇四年には一六八〇億ドルに増え、一五〇倍余りとなった。二〇〇四年末現在、中国に投資した日系企業は二万二三七四社、契約額は四四一億ドル、実際の使用額は三二七億ドルとなっている。日本に投資した中国企業は五一〇社で、金額は八一億ドルに達する。海外に三カ月以上滞在している日本人の長期滞在者の中では、アメリカでの滞在者が最も多く三三万九三八七人、その次が中国大陸で九万九一七九人、第三位がブラジルで六万九〇一九人である。二〇〇四年末現在、日本での中国人の登録者はすでに四九万人近くとなり、日本国籍取得者約九万人と、さらに不法滞在者約四万人を加えると、日本での中国人は合計六二万人余りとなる。中国への日本人留学生は、国交正常化当時の二〇人余りから現在の一万六〇〇〇人余りに増加し、また中国からの留学生、就学生、研修生の増加速度はさらに驚異的であり、国交正常化当時の数人から現在の一〇万人余りまで増えた。中でも留学生は九万人近くとなり、日本の留学生全体数の六九・三％を占めている。就学生は四万人近くに達し、就学生全体数の七七％を占めている。

日中国交正常化後の最初の数年間は、双方の訪問者は一万人余りにすぎなかったが、二〇〇四年には日中相互の訪問者はのべ四〇〇万人に達し、一日当たり平均一万人余りが日中間を往来するようになった。中国を訪問し旅行する日本人はのべ三三〇万人に達し、日本を訪問し観光する中国人はのべ六五万人となった。中国の二五都市と日本の一五都市の間には航空直行便が開通し、一週間当たり日中間を往来する便数は五二八便にも達するようになった。二〇〇四年には合計一万一〇〇〇人余りの日本の中学生が中国に修学旅行に訪れ、中国の学生の日本への旅行もしだいに盛んになってきた。一九七〇年代に「友好都市」や「友好省県」の締結が開始されてから、両国の地域間の交流は益々勢いを増し、二〇〇二年末現在にはすでに二八九組に達した。中国にとって、日本は中国の各省・市と最も多く「友好都市」関係を結ぶ国であり、全体の四〇％を占めている。日本にとって中国は、アメリカの次に多く日本の地方自治体と「友好都市」関係を結んでいる国である。

また、駐日中国大使館教育部の二〇〇四年の統計による概算的な数字では、日本の国立、公立、私立大学で教えている中国人長期職員のうち、助手以上の役職が一〇四五人、そのうち国立大学の教授が二九人、公立大学の教授が一五人、私立大学の教授が一七〇人、国立大学の助教授が二四五人、公立大学の助教授が四六人となる。国際結婚も日中二国間交流の重要な内容となっている。日本人女性が中国に来て中国人男性と結婚する数は相対的に少ないが、日本に滞在している中国の男女が日本人と結婚する数はかなり多く、とりわけ在日中国人女性と日本人男性との結婚が多い。例えば一九九三年には、「日本人配偶者」の身分で「在留資格」を取得した中国人は三万人に満たなかったが、二〇〇三年にはこの数字は六万人近くまで膨れ上がった。二〇〇三年の日中間の国際結婚だけでも一万一一三二組あり、そのうち一万〇二四二組は中国人女性が日本人男性に嫁いでおり、中国人の花嫁が現在日本の外国籍花嫁の中で最も多い（『中文導報』二〇〇四年一〇月一日号）。日本の法務省が公表した資料によると、二〇〇三年に日本国籍を取得した中国人は四七二二人、在日中国人の日本国籍取得者は八万八二一三人であり、そのうち結婚により入籍した者も少なくない。

❖――2．政府間の政治の冷え込みと安全保障の冷え込み

二〇〇一年四月、小泉純一郎政権の成立後、まず「歴史教科書問題」が起きた。また同年八月一三日、二〇〇二年四月二一日、二〇〇三年一月、二〇〇四年一月の四度にわたり、中国や韓国など隣国の猛烈な反対に遭ったにもかかわらず、小泉首相は依然として靖国神社に参拝し続けた。そのため、二〇〇一年一〇月に小泉首相が改善をはかって中国を訪問して以来、両国の最高首脳は直接往来しておらず、第三国でしか会っていない。この問題をめぐり、二〇〇五年六月に中国国務院の呉儀副総理が小泉首相との会見を拒否し、予定を繰り上げて帰国するという事態が起きた。

安全保障の面では、二〇〇四年末、日本政府が魚釣島を軍事防衛計画に組み入れると発表し、新しく出版した『防衛白書』で中国脅威論が公然と吹聴された。そのうえ早くから中国政府が再三抗議する中、最大の台湾独立分子である李登輝の訪日を許可した。中国の旧正月である二月一九日に、日本政府は魚釣島に民間右翼団体が設置した灯台を国有とすると発表し、これによってその主権を主張した。二月一九日の「日米安全保障協議委員会（2＋2）」では、台湾海峡を日米共同戦略の目標に明確に組み入れ、日本外務省のスポークスマンと外務大臣が、日米安全保障条約の範囲には台湾も含む、と言明した。日本政府が出版した『経済白書』では、企業に中国への投資を慎重にするよう呼びかけており、さらにできるだけベトナムやインド

に投資するよう提案している。九月一一日の総選挙の前には日本のメディアが、中国の軍艦が東シナ海の油田付近を巡回していると報道し、両国のメディアが、一部で軍事衝突が起こる可能性があるとも報道した。双方の軍事関係者の往来はある程度あっても、軍艦が相互に訪問するという軍事組織交流は停滞している状態にある。

❖――――3．国民間の感情の冷え込み

一連の突発的な事件に加え、大衆メディアの大げさな表現が、日中国民間の感情摩擦を引き起こした。二〇〇四年三月二四日、七名の「魚釣島を守る」中国人が魚釣島への上陸に成功した。同年四月二三日、日本の右翼が運転する車が中国駐大阪領事館の表門に突入した。同年七月、「サッカー・アジアカップ」の際に、中国人サポーターが競技場内外で「反日」行動を起こした。同年一一月、中国の潜水艦が日本の領海に侵入した。また、ロシアからの石油パイプライン敷設ルートや、東シナ海の海域境界問題において、日中間には明らかな対立があった。これと同時に、日本政府は欧州連合（ＥＵ）の対中武器輸出禁止令の解除に対して明確に反対した。二〇〇五年四月、中国で日本の国連安全保障理事会常任理事国入りに反対した大規模なデモ行進と、それに伴う過激な行動が湧き上がり、その後再び歴史教科書事件が起きた。このようなことから、両国の国民間の感情は急激に冷めていった。二〇〇五年八月、日中シンポジウム（北京・東京フォーラム）の開催と同時に実施された世論調査によると、日本に対する印象が「とてもわるい」と「あまりよくない」と答えた中国人は六二・九％を占め、中国に対する印象が「とてもわるい」と「あまりよくない」と答えた日本人は三七・九％を占めた。中国に親近感を持っている日本人は、一九八〇年代には八割に達していたが、最近ではわずか三割余りしかいなかった。二〇〇四年一〇月、日本の総理府が実施した調査によると、中国に対して好感を持っていない人は五八％に達し、大多数の国民は中国に対して強硬な態度を取ることを希望していた。『毎日新聞』が発表した二〇〇五年九月に実施したアンケート調査によると、中国に好意的でない日本人は七割にも達した。二〇〇四年二月、中国社会科学院の日本研究所の調査によると、日本に親近感を持っている人は六％であった。

また一方、「零点指標データネット」と「新浪ネット」が、二〇〇三年一一月に一万三五三二人のネットユーザーにインタ

ーネットで世論調査を実施した結果によると、ドイツが中国のネットユーザーから最も歓迎されており八七・四％で、その次は順に韓国の六一・四％、ロシアの四九・八％、アメリカの四五％であった。しかし日本に投票したネットユーザーはわずか五・三％であり、日本が嫌いな人は九三・一％にも達し、唯一マイナス評価が半数を超えた国となった。人々が日本を嫌いな理由で上位三位となったのは、順に「日中国交正常化以来、日本政府がわが国に関する事項を処理する際の態度とやり方」（七九・七％）、「第二次世界大戦の期間に蒙った被害、第二次世界大戦の犯罪行為を中国にあやまらない」（七六・三％）、「日中国交正常化以来の、日本社会の極右勢力の言論とやり方」（六六・八％）であった。五三・四％のネットユーザーが日中両国の良好な関係維持は重要であると肯定した態度を取り、否定した態度を取った人より一二・六％高かったにもかかわらず、大部分のネットユーザーが現在の日中両国の関係にマイナス評価を下した（七〇・六％）。さらに両国関係の将来的な発展に対しても楽観視しておらず、わずか一〇・五％のネットユーザーが今後の日中関係の発展には期待できるとし、七三・四％もの人がこの問題に対して悲観的な態度を取り、その他一六・一％の人が両国関係の発展前途を予測することは難しいと答えた（http://www.sina.com.cn 二〇〇四年二月五日一六：五四、新浪観察・零点調査）。

三つの「冷却状態」は、経済貿易の面での協力と発展にも影響を及ぼし始めた。例えば政府開発援助（ＯＤＡ）は年々減っており、二〇〇〇年の政府開発援助は二一四四億円であったが、二〇〇三年には九六七億円と、三年間で半分以下に減った。日本の政府開発援助を受けている国のうち、二〇〇〇年は中国が第一位であったが、二〇〇四年には第五位に下がった。さらに自民党と政府は二〇〇八年を最後に、中国に対する援助を打ち切ると予定している。これと同時に、二国間貿易額も相対的に減少している。二〇〇四年、日中貿易はわずか二五・七％の成長率しかなく、二〇〇三年より五・四ポイントも下がった。さらに同年の中国対外貿易の全体成長率と比較すると、一〇ポイントも下がっている。中国側の統計によると、二〇〇五年一月から四月まで、日本の中国に対する輸出はわずか三・四％増えただけで、前年同期比で三〇・一％下がっている。一〇年前には、対日貿易は中国の対外貿易額全体の二〇・五％を占めていたが、今年の第一四半期には、すでに一四・〇％まで下がった。長い間中国の第一貿易相手国であった日本は、昨年には第三位に落ち、また二〇〇五年一月から三月までの日中貿易は、中国対ヨーロッパ貿易の八七・五％、中国対アメリカ貿易の九四・五％でしかなかった。

もともと日本は、京滬高速鉄道（北京―上海）の大型提携プロジェクトの獲得に大変自信を持っていたが、現在では棚上げされたままになっている。「トヨタ自動車の広告事件」（石の獅子が走行中のトヨタ「プラド」自動車に敬礼したことで、中国のネットユーザーの強い抗議を招き、トヨタ自動車はその広告を撤回し謝罪せざるをえなくなった）や、「後羿が太陽を射る広告事件」（ある保健飲料を飲むと日本の国旗の太陽を射ることができる）など、ナショナリズム的な商業行為が、経済貿易の協力関係を妨げる要素となっている。例えば、日本の中国に対する投資の面では、二〇〇四年に中国が実際に導入した外資は二〇〇三年に比べて一三・三％増えたが、日本外資はわずか七・九％増えただけで、五・四％下がっている。大規模な「反日」デモが起きたことで、日本貿易振興機構が二〇〇五年六月七日に発表した緊急アンケート調査によると、事態はさらに悪化する可能性があることがわかる。調査を受けた企業のうち、中国での既存業務の拡張や新業務の展開を予定している日本企業の割合は、半年前より三二％減った。

❖———4．学術熱

両国の関係が冷え込む傾向にあり対立が激しくなったことから、両国の学術界や世論界は次々とその原因について研究を行い、解決方法を求めるようになり、その結果、学術熱が引き起こされた。政府間の戦略対話から民間組織のフォーラムまで、団体から個人まで日中関係を研究する会議は絶えず、各種の文章、論文、著作も次々に発表され、ネット上ではさらに一段と賑やかになった。両国の各種メディアは、日本または中国、ならびに日中関係について大きく報道したが、マイナスの報道が比較的多かった。報道によると、中国社会科学院と伝播研究所が『中国青年報』などの新聞社七社に対して調査した、二〇〇四年一月から一〇月までに報道した日本のニュースは合計一六五九件で、マイナス報道はプラス報道の二倍となった。中国では、日本研究や日本問題を専門としていない多くの機関や学者までもこれに加わり、例えば、九月一一日の総選挙の後には、中国社会科学院アメリカ研究所が「日本の総選挙と日中の関係」討論会を主催した。二〇〇二年末と二〇〇三年初めには、非専門家が「対日新思考」や「対日外交改革」を提起し、その後、非専門家が日本を解読する本もあった。こうして日本に対する理解の多元化が図られたが、問題は却ってさらに複雑となった。

2　互いに受け入れない歴史的な認識

昔から、日中両国は頻繁に往来をしていた。その理由を以下にいくつか述べる。

第一に、地理的に近いことである。日中両国間はこれまで「一衣帯水」と呼ばれてきた。直線距離では国内の航空路線より短く、往来がとても便利であった。例えば、日本の九州北部の福岡県から対馬海峡を隔てて朝鮮半島までは約一〇〇海里であり、九州西南部の長崎県から中国の上海までは四六〇海里である。航海技術がまだ発達していなかった古代においても、両国人民は朝鮮半島を通るか、または直接中国大陸に行く方法で相互に往来していた。近代になってからは、双方の民間交流はさらに頻繁となり、とりわけ甲午戦争（日清戦争）以降は、日本に留学する中国人学生のブームが何度も起きた。実際に当時の一般的な意識に「西洋に留学できなければ東洋に留学し、東洋を通じて西洋を学ぶ」があった。つまり、距離が近いため比較的簡単に行くことができたので、日本に行って西洋の思想文化や科学技術を学んだわけである。現在国外に渡る中国人留学生、または国外に定住する新中国人華僑が、日本に多く居住しているのもこの点から説明がつく。

第二に、人種的に近いことである。これまで「同文同種」という言い方で呼ばれてきたが、紀元前三世紀に秦朝の徐福が三〇〇〇人の少年少女を引き連れて日本に渡ったという言い伝えがある。現在まで確固たる証拠は発見されていないが、紀元前三世紀から紀元七世紀までに、約一〇〇万人の大陸住民が日本列島に移住したというのが、学術界で認められている事実である。この大陸移民は、先進的な農耕技術や思想文化を持ってきただけでなく、「縄文文化」や「弥生文化」をもたらし、ひいては「縄文人」と「弥生人」を明らかに異なるものとした。したがって人種から見れば、日本人と中国人はかなり近く、これは次に述べる現象の重要な原因となる。即ち、中国人が外国人と言う際に使う「老外（外国人の俗称）」とは鼻が高く、目が青く、金髪で、肌が白い欧米人を指すことが多く、同じように黒髪で黄色い肌の日本人または韓国人、ベトナム人を「老外」と呼ぶことは比較的少ない。

第三に、言語的に近いことである。日本は古代に独自の文字を持っておらず、漢字を使ってその言葉の意味を表した。七世紀以降にしだいにひらがなが現れるようになり、独自の言語体系を形成した。但し、今日まで依然として二〇〇〇文字前後の漢字が正式に使用されている。言語学から見れば、中国語と日本語は一つの語系ではなく、さらにその差は普通の人が考えるより大きいが、漢字が幅広く使用されており、とりわけ日本の知識人の間では漢学をよくたしなんでいるので、おおかた筆談を行うことができる。日本の道路標識または広告でも漢字を多く用いて表現しており、その意味もだいたい同じである。したがって、中国人が日本に行き、日本人が中国に行っても、一種の旧知のような感覚がある。

第四に、経済的に互いに補っていることが挙げられる。日本列島は山が多く平地が少ない。国土の大部分は森林に覆われている。平野や低地は約二五％で、耕地面積はさらに少なく、陸地面積の一三％しかない。しかも山や川に隔てられているため、耕地がとてもまばらである。また一方、日本列島は資源に大変乏しい。森林に覆われている割合がかなり高く、漁業資源が比較的豊富であることを除けば、近代工業生産に必要な原料と燃料のほとんどを輸入に頼っている。鉱山資源は種類が比較的多いが、埋蔵量はとても少ない。炭坑は主に北海道や九州地区に分布していたが、二〇〇三年には最後の炭坑が北海道で閉鎖された。そのため、原油、天然ガス、石炭、鉄鉱石、アルミニウム、銅などはほぼ一〇〇％国外から輸入している。同時に日本列島は地震、台風、火山などの自然災害が頻繁に起こるため、土地が広く物が豊かで資源の豊富な中国は、日本が期待を寄せる対象となる。とりわけ近代工業化社会に入ってからは、中国の自然資源と人的資源、ならびに日本の技術と資金が、双方が協力関係を結ぶ上での基礎となっている。

そうではあっても、相互の認識面においては比較的大きな食い違いが生じている。歴史的に見ると、かなり先進的な生産力と文化を持っていたことから、中国大陸政権は一貫して東アジア地区の秩序の中心として、周辺諸国に影響を与えてきた。即ちいわゆる「華夷秩序」である。これにより構成された東アジア地区の関係がつまり「朝貢体制」である。日本の学者の濱下武志氏がかつて「朝貢体制」を三つの特徴にまとめた。第一に、宗主国の中国大陸王朝が国際的な安全保障を与えたので、朝貢国は軍事力を常に持つ必要がなかったこと。これは地域内部の紛争は武力に訴えて解決する必要がないということを意味している。第二に、朝貢体系に保護された貿易では「関税のない」特別な恩恵が実施され、外部の世界に至極魅力的なビジネスチャンスを提供していたこと。第三に、朝貢秩序で実施された理念は、中国の皇帝の恩恵が世界各地を教育し感化して質の異なる文化を包括することであった、ということである。また朝貢国は一定の秩序さえ履行すれば、朝貢体系の中でその他の朝貢地域と接触することができた。これは同時に中国が事実上、異質要素間の交流の媒介となっていたことを意味する（濱下武志氏『近代中国の国際的契機──朝貢貿易システムと近代アジア』を参照）。

このため、中国大陸政権とその住民は、周辺国家に対して往々にして上から見下した態度を取っていた。歴史上少数民族によって何度か統治されてはいても、最終的にはやはり漢民族を中心とした統治が復活し、さらには従来の少数民族を漢民族に融合した結果、かなり強い民族的な自信を持つようになっていた。とりわけ地理上「華夷秩序」の端にある日本列島に対しては、長年のあいだ「軽視」ひいては「蔑視」の態度を取り続けてきた。近代以降、日本は西側列強の「覇道」文化──弱肉強食型の「条約体制」を受け入れるようになり、伝統的で教育感化を主とした「王道」文化──「朝貢体制」中心の中国大陸政権を打ち破った。その後も中国に日本が学ぶ時期はわずかにあったが、日本は中国に対し大規模な侵略拡張を行った。そしてそれに最終的に失敗し、「軽視」、「蔑視」および「警戒」を代表とする日本観が依然として現在の中国人の主流的な意識となった。

上述の意識の結果としてその表現方法には、日本を理解しない、日本を理解したくない、盲目的な自信、日本に対して強硬な態度を主張するなどがある。具体的に言えば、一般的な中国人はおおむね日本には関心を示さず、日本を正視したがらない。日本は文化的な中身のない成金国であり、時間を費やして理解や研究をする価値がないと考えている。日本について語れば、つまり侵略であり、残忍さであり、右翼傾向となり、戦後初期の日本の平和民主主義に溢れた思想傾向や、多元的な政治体制下の経済高度成長、巨大な経済実力、多額な対外経済援助などについてはあまり見ていない。日本への過小評価がはびこる下で、日本は一撃に耐えられないと考え、対日政策の強硬を主張し、甚だしくは軍隊の中でもこのような見方がある。二〇〇五年八月、解放軍の朱成虎少将が、真っ先にアメリカに原子爆弾の打撃を与えると公然と述べたが、この本当の意味は日本を対象にしている。

表面的に見れば、中国と日本との間の発展は約四〇年の差がある。例えば日本は一九六四年に東京オリンピックを、一九七〇年に大阪万国博覧会を開催しており、中国は二〇〇八年に北京オリンピックを、二〇一〇年に上海万国博覧会を開催する。しかし、中国には日本が一九六〇年代に持っていた二つの条件がない。即ち、全員が就業しても労働力が足りないということと、同質化社会が徐々に形成されて引き起こされる二度の「消費革命」——「三種の神器」と「3C時代」である。したがって、全体構造から見ると、中国の現在の経済発展レベルは、おおよそ一九二〇年代、昭和初期の日本に相当する。即ち、七割の国民が農村に住んでおり、生活は非常に貧しく、消費能力にも限りがあるため、国内市場が拡大しないという状況が生じており、これは中国における現在の経済成長での輸出依存度が四〇％にも達しているという数字からも見ることができる。また一方では、政治の発展レベルから見ると、両国の格差はさらに大きいかもしれない。中国には、まだ特定地域または特定分野を代表する政治団体が生まれておらず、政治勢力はまだ多元化されていない。国民の自由な制度を保障するにはまだ十分に発揮されていない。多くの中国人はこれに対して、まったく理解していないか、またはあまり理解しておらず、日中間で一旦摩擦が起きれば、大衆の感情はいきり立つ。そのため、中国が各分野において、いかにバランスよく、安定した、急速な発展を遂げるかということについては、日本の経験や教訓を参考にする必要があるだけでなく、さらに本国の制度改革も大きく進めていく必要がある。しかし、民族主義感情を抑えて、相手側に理知的に対処し、相互間の関係を理知的に処理するには、なおまだ時間と努力が必要である。

これに対し、東アジアの「華夷秩序」の端にある日本社会は、歴史上大陸の先進文明を受けて発展したにもかかわらず、文化の中心である中国大陸王朝の権威に対して、しばしば挑戦的な態度を取ってきた。例えば、飛鳥時代から律令時代にかけて、日本は大陸国家と同等の地位を得ようと試みた。「遣唐使」を絶えず中国大陸に派遣しながら、同時に朝鮮半島で唐の軍隊と大規模な戦争をしていたが、経済社会の発展レベルは、依然として室町幕府の三代将軍・足利義満に「朝貢国」の身分で「勘合貿易」をさせるほど差があった。豊臣秀吉のアジアの君主になるという野心は、明と李氏朝鮮の連合軍に粉々に砕かれたが、江戸時代になると、中国大陸が満州族の少数民族に統治されたことや、「幕府体制」に実現された封建制が、日本人に「朱子学」の正統性を疑わせ、さらに「中華文化は日本にある」という観念を生み出した。「国学」を中心とした文化独立運動と、見え隠れしていた「中国嫌い」の感情を以て、ついに近代西洋の「国民国家」概念の中で「朝貢体系」から徹底的に抜け出す理論の支えを見つけ出した。明治維新以降、日本は近代国民国家に急速に転化し、さらに経済的にも急速に成長して、保守的で新しいものを受け入れようとしなかった満州族の清王朝を打ち破った。これにより、大陸国家に対して蔑視する気持ちを確かに持つようになり、これを基に状況は益々拡大していった。

第二次世界大戦中「大東亜共栄圏」が、武力制圧を基に日本が東アジア地区を導こうとの企みの名目となっていたが、まさに中国の学者の葛兆光氏が次のように述べる通りであった。

「アジアの一体化」構想は、おおむね日本の独りよがりであった。すでに十分近代化され、かつ日本と中国、日本とロシアの二度の戦争で初めて勝利を味わった国である日本は、自国が地理的に端にあることから、世界構造が不公平であると感じやすくなっており、とりわけ自国が「盟主」を自負し、さらには「覇者」を自負するといった心情を刺激されやすかった。しかし、依然として伝統的で近代への転換期にあった国、例えば中国には、このような日本の「アジア主義」が受け入れられるとは限らなかった。もともと中国の地理概念の中では、「アジア」または「亜細亜」という意識はなく、ただ「中国王朝」と「遠い辺境」という観念しかなかったが、近代になって西洋の地理学的空間の言い方が受け入れられて、やっと「アジア」という意識が生まれた。しかし、このような地理学的な意義の認識は、政治学的意義上の認識とは無関係である。これは「華夷観念」と「朝貢体制」の歴史の記憶が滞留していることを除けば、実際の原因はいとも簡単なことである。国家と民族を基礎とする考え方の下に、日本に思うように動かされる属国にはなりたくなく、またこのような想像的で歴史と文化の基礎を持たない「アジア」が、政治と文化の共同空間となることを認めることができなかったからである（葛兆光氏の『想像的と実際的：誰が「アジア」を認めるか』より引用）。

さらに重要なことは、中国大陸の伝統的な政権が権威という形で周辺諸国を引き付けた「王道文化」に比べて、日本が戦争を利用することを巨額な富を獲得する手段とし、さらに武力で東アジア地区を統治しようとした「覇道文化」は、必然的に他国の猛烈な反抗に遭ったため、あまり長い期間続かなかっただけでなく、さらに日本軍の戦争での残虐行為も各被害国の人民に忘れがたい悲惨な記憶をもたらし、今日でも日本とその国々との間の関係に影響を及ぼしている。

日本は第二次世界大戦中に惨敗したが、戦後急スピードで復興し、経済大国となった現在、東アジアの貧しい隣人に対して依然として優越感を持っている。しかし、輸出が工業化を導くモデル国として、中国大陸の市場とエネルギーは、日本に対して相当な吸引力を持ち、同時に広い国土と数多い人口が、絶えず日本に強い危機感を与えた。したがって、歴史上ずっと続いてきた「蔑視」と「畏敬」が織り交ざった日本人の中国に対する認識は、中国を理解する、中国を理解したい、自信と危機感が共存する、中国に対して強硬な態度を主張する、というように表現されてきた。中国が日本を研究している度合いに比べて、日本が中国を研究しているレベルはずっと高く、書店には中国に関する書籍が至る所にある。過去の戦争の年代であろうと、戦後の発展時期であろうと、日本の中国に対する研究は大変詳しいものがある。したがって、日本人は中国に対して、普遍的な一種の先進国の優越感を持っている。たとえ、この感情を礼儀正しい表面で覆い隠したとしてもである。

また一方では、中国は領土が広く人口も多く、近年来経済が急速に発展してきたことから、危機感が比較的強い日本人は、絶えず一種の目に見えない強い圧力を感じており、自己の優越な立場を保つために、政府の様々な面での中国への強硬な態度を支持している。とりわけ、両国には戦争の歴史的認識問題上、大変大きなもつれがあるため、日本はよけいに「中華思想」に脅威を感じており、経済社会の発展レベルで、中国が永遠に日本と相当な距離を保っているよう望んでいる。例えば、台湾問題において、アメリカと日本は台湾問題を「共同戦略目標」としているが、アメリカと日本の目的は異なる。近代以降の歴史から見ると、アメリカは価値観上西洋に近い統一された強大な中国を排除してはいない。しかし、日本は中国を解体することを基に、自己の東アジア地区での影響力を拡大しようとしている。

歴史上の怨恨がまだきちんと片付いていない時に、近年来中国経済が急速に発展してきたことは、日本経済の長期的な低迷とは明らかに対照的であり、日本人の危機感を増加させている。とりわけ日本の若い世代の政治家の中には、中国への侵略戦争に参加したという罪悪感はないが、中国との競争意識は十分強く持っており、さらに中国の急速な発展の実力に不安を感じている者もいる。そのため、いろいろな方法を講じて中国の近代化コストを増加させようとしている。中でも台湾問題は最も重要な挑発方法となっている。さらに重要なことに、古い世代の政治家が行政官僚に頼って政策を決定してきたのとは異なり、若い世代の政治家は、方策決定の主導権を自己の手中に握っているため、民族主義感情が高まってくれば、彼等は有権者に合わせる策略を採用しようとする。例えば、もともとあまり知られていなかった安倍晋三氏が、朝鮮の日本人拉致事件が暴かれた後、突然政治界のスターとなったようにである。日本の政治家においては、今こそ日本が東アジア地区への影響を保つ重要な時期であり、中国はまだ本当の強国になっておらず、アメリカは中国の将来的な発展を懸念しており、台湾当局が独立を要求しているなど、これらすべてが、日本が中国に対する駆け引きとなる資本、ひいては挑戦を提示する資本となりうる可能性があるため、これによって中国の発展方向を干渉し、中国の実力のある発展速度を下げるという目的を達成しようとしているようである。すでに一九九四年には、主に国会議員によって構成された日本戦略研究センターが、「統一後の中国の政治、経済、軍事の影響力の拡大を見きわめる必要がある」とし、現状を維持するために「アメリカが行動を起こすことを支援し、求める」と明確に述べている。

3 ナショナリズムが高まる要素

表面的には、両国の頻繁な交流は理解を深めることができるように見えるが、マイナス面の影響を生じることもある。もともと日中両国は歴史的に複雑な怨恨関係にあり、各側の意識形態、価値観念、伝統文化、倫理道徳の内容には、かなり大きな差がある。表面的には人種や言語が似通っているため友好への期待はより一層高まるのだが、結果的には日々の掘り下げた交流の中でこれまで重視されていなかった差や、ひいては悪い習慣がしだいに表面に現れ、双方の印象や感情に影響を及ぼす。例えば、中国人の日本への密入国の問題、在日中国人の犯罪の問題、中国に住む日本人の不適切な振舞いなどの問題がある。二〇〇二年初頭、日本の大分県で殺人事件が起きた。現地で「中国人留学生の父」と称賛されていたある老人が、意外にも自分が援助していた複数の中国人留学生に強盗され殺害された。しかも、この複数の中国人留学生達は最年長がまだ二三歳に満たなかった。このような恩をあだで返す残忍行為は、どのような国においても社会道徳的に激しく非難されると思うが、恩返しを重んじることを伝統とする日本では、なおさらのことである。この事件は長い間日中友好交流事業に従事してきた日本人に大きなショックを与えた。もう一方で、二〇〇三年九月に大阪府吹田市のある会社の従業員たちが、集団で中国珠海に買春観光に行ったことや、同年一〇月の中国西北大学の日本人留学生が下品な演目を演じたことなどが、中国国民の激しい不満を招いた。

また一方では、日中両国に経済発展の格差があることから、裕福な生活を追及するために日本へ行くという動機が、盲目的な出国ブームを引き起こした。日本に渡った留学生の中には、日本の実際的な状況をよく知らず、本当になんらかの知識を学ぼうと考えているわけでもなく、ただこのような先進国へ行って学歴を取り、ついでにアルバイトをして金儲けをしようと考えている者も少なくない。しかし日本社会の残酷な現実として、外国人が手に職もなく十分な財産や貯蓄もなければ、その生計を維持していくことは難しい。道徳、品性や性格がもともとしっかりしていない、国内でも挫折の経験をしたことがない学生は、違法犯罪に従事して戻れなくなるといった道を歩きやすい。このような刑事事件は往々に暴力団の犯罪より、さらに世間を驚かせている。統計によると、二〇〇四年に日本の警察の取締りを受けた在日外国人数は二万一八四二人で、そのうち中国人は四二・四%を占め、犯罪の数と件数でいずれも第一位となっている（『中文導報』二〇〇五年三月三日号）。

国際結婚の面においても、このような状況がある。日中国民間の国際結婚は三種類に分けることができる。第一に、双方が日本または中国で知り合い、学習や仕事での相互理解を通じて夫婦となったケースである。このような婚姻関係は通常比較的長続きし、夫婦双方もほとんどが幸せだと感じている。第二に、中国人女性が結婚という名目で日本に来て、ビザを取得した後「日本人の夫」と別れ、東京などの大都市にこっそり来て仕事をしているケースである。日中間の国際結婚において増えているのは、やはり紹介を通じた結婚である。益々増えていく日本人の独身男性は、国内では適当な結婚相手が見つからないため、配偶者の選択範囲を国外に転じている。このような婚姻の質と結果については、おのずとわかると思う。例えば、日中間の国際結婚における二〇〇三年の離婚件数は、前年度より減ってはいるが、四八九一件と相変わらず高く、同じ年に結婚した数の四四%となっている。前年度より一八五組減ってはいるが、日本の国際結婚における各国別の離婚率では相変わらず第一位である。そのうち、夫が日本人で妻が中国人の離婚率は国際結婚の離婚全体数の三七%を占め、妻が日本人で夫が中国人の離婚件数は全体の一三%を占めている（『中文導報』二〇〇四年一〇月一日号）。

さらに重要なことは、相互に受け入れないという歴史的認識を基に、日中関係の冷え込み、ひいては悪化には、その深刻な現実背景があるということである。即ち、両国ともに民族主義感情が高まっている段階にあり、さらに双方が各自の民族主義感情を誇張して表現するには、最も適する対象であるという点である。これをまとめると、民族主義感情が高まる主な原因は次の三点となる。

第一に、両国はいずれも困難な改革を行っていることである。中国は現在歴史上最も激しい社会の変動時期にあり、ちょうど三つの分野の移行が進められている。即ち、伝統的な農業社会から工業社会への移行、工業社会から後期工業化社会への移行、伝統的な計画経済体制から市場経済体制への移行である。具体的に言うと、中国の工業化経済は急速に進展しているが、都市化への歩みは停滞状態にあり、依然として七〇%の人々が農村に留まっている。厳しい戸籍制度が農民を市民へと変えず、経済の持続的な発展に障害的な要素をもたらすだけでなく、社会的な矛盾と衝突も引き起こしている。工業化がまだ実現できていない時に、中国は同時に後期工業化時代に入っている。例えば、インターネットの利用者が一億人を超し、携帯電話の使用者が三億人を超すなど、情報の迅速な伝達と現実の不平等が、社会的な対立感情を招きやすくなっている。とりわけ、計画経済体制から市場経済体制への移行においては、国有資産の流失、国営企業の経営不振、汚職や腐敗の氾濫、大量な労働者の失業、深刻な就業問題、貧富の格差の急激な拡大、都市と農村の差および地域の差などの問題が日々顕著となっている。これにより、激しい社会緊張感情や抗議活動が生じるようになった。例えば、二〇〇四年にはいわゆる「集団事件」、即ちデモ行進、座り込み、ストライキ、暴動などの伝統的な抗議活動が合計七万件発生した。しかし、その感情は特定条件の下に（政府によるコントロールや、政府と大衆メディアの故意な誘導、国民が不満感情を吐き出す対象を必要とするなど）排外的なナショナリズムに転化されている。例えば、「反日」デモまたはその他の活動に参加した人の大多数は、日本をよく理解しておらず、ただ単に現実に対する不満を吐き出しているだけだという人もいる。これはまさに「西北大学の日本人留学生が演出した下品な演目」、「日本人旅行者の珠海での買春」、「サッカー・アジアカップの中国人サポーター乱闘事件」、「日本の国連安全保障理事会常任理事国入りに反対する大規模デモ行進」などの事件に反映されている。

日本も困難な改革が進められている。一九九三年に自民党が政権を失ってから、政治改革、行政改革、財政改革などが次々と国会の議事に取り上げられたが、この十数年来、改革はあまり進展していない。その原因の一つに、バブル経済の崩壊による影響がある。まず経済を刺激して景気を回復させるか、それとも先に構造改革を行うかが、執政者にとってなかなか決められない選択となっているのである。意気込みにあふれた橋本龍太郎首相は、かつて一九九六年に「六大改革」というスローガンを提起したが、結局は参議院選挙に敗北して辞任した。日本経済は二〇〇三年より確かに景気を回復し始めてはいるが、多くの人々はこれを「中国特需」と結びつけて、小泉純一郎首相の業績であるとは見ていない。小泉純一郎首相は「日本改革、自民党改造」の看板をただ唱えているにすぎない、と思っている。

重要なことは、ちょうど日本の世論で言われているように、現在実施している改革が、明治維新や戦後初期の改革に継ぐ三度目の改革であり、グローバル化の背景の下に戦後の政治、経済、社会体制を全面的に整理する改革だということである。いずれにしても、戦後の日本経済社会の発展過程で、政府が重要な作用を発揮したということは、一種の政府主導型の発展モデルとなる。このようなモデルによって、日本は目覚ましい成功を収めたが、日本が一九七〇年代に世界を市場とする経済大国となるにつれて、その弊害も徐々に現れてきた。政府の産業に対する、とりわけ第三次産業に対する過度な干渉は、バブル経済を引き起こし、それが崩壊してから一〇年余り経済が低迷した重大な原因となっている。したがって、政府の経済への規制を徹底的に緩和する必要がある。但し、集団主義の風潮が濃厚な日本社会が自由競争に適する体制に変わるには、まだ相当な時間と鍛錬が必要である。この過程において、知識経済を戦略産業とするアメリカの発展は目覚ましく、さらに世界の中でも絶対的な優勢地位を占めてきた。また、伝統的な製造業を工業化の主な内容とする中国経済も急速な成長を遂げており、「一〇年を失った」日本はまさに「前門の虎に、後門の狼」（石原慎太郎都知事）の危機を感じている。経済の長期的な衰退によって生じた焦燥と不安の感情がナショナリズムの社会基礎となり、これはまさに「朝鮮の日本人拉致事件」、「中国軍事脅威論または経済脅威論」に反映されている。小泉純一郎内閣の下がることのない高い支持率ならびに内閣が率いる自民党は、二〇〇五年九月に実施された総選挙で圧倒的な勝利を獲得した。これは有権者が改革の実施を切実に必要としているほか、否定できないこととして、アジアの隣国との摩擦やその対抗意識も自民党が選挙に勝った原因の一つとなっている。

第二に、グローバル化の傾向も、各国のナショナリズムを徐々に高揚させる重要な要素となっていることである。簡単に言えば、グローバル化の本質は商品、技術、人員、資本が国境を越えて自由に流動することであり、つまり民族国家の消滅を意味する。但し、グローバル化の最初の段階では、民族国家の激しいリバウンドを引き起こす。というのは、グローバル化は発展途上国に大きな衝撃をもたらすだけでなく、先進国にも衝撃をもたらすからである。言うまでもなく、グローバル化は発展途上国に対して、かなり大きなマイナスの影響を持っている。技術や資本、商品の面であろうと、文化分野であろうと、先進国は絶対的に優勢な立場にあり、発展途上国の住民はその著しい搾取を受けるだけでなく、その文化分野においても先進国から衝撃を受ける。まさに現在、中国のファッション文化で流行している「日流」や「韓流」のようにである。日本の商品が一九八〇年代に大量に中国に入り、一九二〇年代における「日本製品のボイコット」と同じようなことが、半世紀余り後に再び中国の大地で出現した。現在中国は安い労働力を代価として外資を引き付け、経済の急激な成長を獲得している状況にあるが、労働者の過剰な低賃金や、就業できない、生活が苦しい、ならびに両極分化が著しいなどの問題も現れている。さらに深刻なことには、市場の完全開放時期の訪れに伴い、中国の製造業、とりわけ金融証券を中心とする第三次産業が、外来資本の攻撃に抵抗できるかどうかについて、今尚多くの懸念を残している。

実際、労働力の価値が対等でないことから、先進国も発展途上国の衝撃を受けている。例えば、付加価値の比較的低い、労働集約型産業——アパレル、靴と帽子、日常用品などの分野では、発展途上国の商品が先進国の市場に氾濫し、その結果、先進国の関連産業の衰退を招く。例えば昨年、スペインで中国の靴製品を燃やした大規模な動乱が発生、今年EUとアメリカが相次いで中国と紡織品貿易問題について話し合ったことなどがある。たとえ付加価値の高い製品であっても、先進国は低コストを追求して、その産業を発展途上国に移していく。まさに近年来、中国が外資を大量に吸収しているようにである。中国は人口が多く、さらに低い発展段階にあるため、大量の安い労働力を有しており、その給与レベルは先進国のわずか四〇分の一に相当する。日本の企業は大量に中国に投資し、生産した廉価な商品を再び日本に運んで販売している。これにより「日本の産業の空洞化」、「中国輸出通貨の切り詰め」、「中国脅威論」などの論調が生じた。その他、移民（不法滞在）、国際犯罪、エネルギー資源、金融資本なども先進国が抱える問題となっており、それゆえに、グローバル化に対し反発感情が生まれ、民族主義感情に転化するのである。一〇年余り前には、人類は「グローバル化」を喜んでいたが、現在は「反グローバル化」が、はやりとなっている。

第三に、互いに転化する国際社会の役割が双方の不適応感を招くだけでなく、同時に両国関係の民族主義感情も促進していることである。実際、すでに一九八〇年代に、中国は徐々に経済大国へと転化し、日本も政治大国へとしだいに転化してきた。これによって、現実的な利益とその認識観念に衝突が生じるようになった。

日中国交正常化後の最初の往来では、中国はまだ経済建設を中心とした改革開放段階に入っておらず、理想主義的な傾向がかなり多くあったが、日本は実用主義的な傾向を帯びていたため、自然と今日まで影響を及ぼす矛盾が生まれた。例えば、日中国交正常化後の最初の一〇年余りは、一九七一年の「ニクソン・ショック」と一九七三年の「石油危機」の影響により、日本は新しい製品市場とエネルギー供給地が必要となり、また中国もそのニーズを満たすことができたため、大企業の推進の下に、田中角栄氏が首相となった後、ただちに中国との国交正常化がはかられた。そのスピードの速さは日本の方策決定においては「全体一致」とする伝統を打ち破った。その後、中国に大量のプラント設備を輸出するために、中国に政府開発援助を提供した。一九七八年、中国で改革開放政策が実施された後、日本の資金と技術が必要となり、日本の大型工業設備もさらに必要となったため、日本円借款を中心とする政府の開発援助などを積極的に利用した。そのため、両国の関係は十分友好的な状態となり、いかなる歴史的な問題の衝突も生じることはなかった。日中戦争の時期を反映した文学芸術も、ほとんどが両国人民の友好を称賛することをテーマとしていた。一九七八年、日本の厚生省が一四名のA級戦犯を靖国神社に合祀する活動に参与したが、中国側はいかなる反応も示さなかった。また中国人民代表大会で『日中平和友好条約』が批准されて三日目に、福田赳夫首相は「八・一五終戦記念日」に靖国神社に参拝したが、中国側は何の反応も示さなかった。二カ月後、鄧小平が『日中平和友好条約』の批准書を交換するために日本を訪問し、さらに昭和天皇に「過去の出来事は過去に流し、我々は前を向いていく」と鷹揚に述べた。

しかし、資金不足により数多くの大型建設プロジェクトが中止を迫られ、中国は日本と締結した大型プロジェクト提携協定を廃止するよう希望したため、中国は罰金を支払うはめになった。また、日本が提供したプラント設備が比較的古いものであり、一九八〇年代の中期には、また深刻な中国が赤字となる貿易不均衡問題が生じた。その結果、中国は「徳をもって恨みに報いる」という行為が傷つけられたと感じ、そのため「首相の靖国神社参拝」や「歴史教科書」に見られる歴史問題が再び提起された。「盧溝橋抗日戦争記念館」や「南京大虐殺記念館」など愛国主義教育の施設が、次々と建設された。

一九九〇年代に入り、中国は市場経済の実施を開始した。経済の発展が最も重要な目標とされただけでなく、経済は持続的な高度成長状態となり、対外貿易の往来の中で政治的な要素が減少した。これと同時に、エネルギー消費大国と「世界の工場」という二重の身分によって、日本の対中国戦略の利益はしだいに減っていった。一九九五年、中国は石油純輸入国となり、さらに日本にアパレルや雑貨を中心とした日常生活用品を大量に輸出し、中国が黒字となる貿易不均衡問題が生じた。これとは逆に、バブル経済崩壊後の長期間の低迷と、さらに日本企業の盛んな対中投資が、国内産業の空洞化と、中国で製造した商品を直ちに日本市場に送って販売するという現象を引き起こした。「中国脅威論」は機運に応じて生まれたのである。このようないわゆる「脅威」に対応するため、日本の一部の保守的な政治家とマスコミは、様々な手段を利用して中国を抑え付けようとした。例えば、石油エネルギー問題、人民元の切り上げ問題、台湾問題、領土および領海問題、歴史問題、EUの対中国武器輸出問題などの面で、両国人民の感情と二国間の関係は、より一層悪化した。一九九七年、橋本龍太郎首相が靖国神社に参拝し、一九九八年に江沢民国家主席が日本を訪問して歴史問題を大きく取り上げ、一九九九年に小渕恵三内閣が「周辺事態法案」を可決し、森喜朗首相が「日本は神の国」と発言、小泉純一郎首相が靖国神社に何度も参拝するなど、それぞれの経済利益が衝突した下で、民族主義感情が現れた。

率直に言えば、多くの日本人は中国を援助が必要な貧しい隣人であると見ているが、中国は政治大国から経済大国に急速に変化するにつれ、世界の経済体制の中で益々大きな影響力を持つようになったばかりでなく、二〇〇四年には中国の輸出入貿易総額は一兆一〇〇〇億ドルに達し、日本を抜いて世界第三位となった。とりわけその巨大な商品吸収能力は、地域経済の一体化の過程で益々重要な作用を果たすようになった。例えばＡＳＥＡＮ諸国との自由貿易協定については、中国が日本より先に締結している。これまで東南アジアを自国の裏庭としていた日本にとって、その圧力は容易に想像することができる。

また一方では、一九八〇年代の中曽根康弘内閣およびそれ以降の日本の歴代政府は、いずれも政治大国となることをその外交政策の重点としており、さらに世界政治の舞台でより多くの役割を発揮するよう試みている。国連安全保障理事会の常任理事国入りを獲得しようとしていることも、その現れの一つである。たとえ日本が世界第二位の経済大国として、その政府の開発援助が長年にわたり世界第一位であったとしても、一般的な中国人は日本政府の上述した努力を十分に認めてはいない。とりわけ、EUが対中武器輸出禁令を解除した問題では、日本政府が再三反対を表明し、さらには外務大臣の「容認しがたい」という言葉が、中国人の日本に対する対抗意識をよりかきたてた。二〇〇五年四月に発生した「日本の国連安全保障理事会常任理事国入りへの反対」の大規模なデモ行進は、この点が最もよく反映されている。しかもこれを基に、中国政府も日本が国連安全保障理事会の常任理事国入りすることに対して消極的な態度を取っている。

4 相互の信頼関係を努力して構築する

日中関係の順調な推進に、歴史問題が最も大きな障害となっていると考える人はいるだろうが、実際にはそうでもない。ちょうど前で述べたように、歴史問題は日中両国が互いに対抗するうえでの道具の一つでしかない。正確に言えば、日中関係が悪化し続けているのは、主に互いの信頼が大きく欠けているからである。その原因は、すでに歴史的な要素が存在していることにある。即ち「朝貢体系」または「大東亜共栄圏」に対する反発意識であり――これは戦争に対する互いの異なる記憶の衝突ではなく、現実での国家利益の衝突要素、即ち資源と市場の争奪問題――中国がエネルギー消費大国および「世界の工場」となり、日本が政治大国となるという状況にも関係している。また、国内問題に押されて民族主義感情は絶えず高まり、両国はそれぞれの民族主義感情を吐き出す対象となっている。

また一方、日中関係においてはアメリカの要素も軽視することはできない。日本の学界において、二〇世紀の対外戦略における選択に対してまとめた内容は、次の通りである。日本の伝統文化の中には、世界の最強国と同盟を結ぶという強者に服従する傾向が強くある。例えば二〇世紀初頭に、日本はイギリスと同盟を結び、ロシアと戦って勝利し、第一次世界大戦の戦勝国となり、世界五大強国の一つとなった。戦後、アメリカと同盟を結び、急速に発展して経済大国となった。現在はアメリカの支持の下に、地域ひいては国際的により大きい政治的な役割を発揮しようと試みている。しかし、一九三〇年代には、ドイツが世界最強国であると誤って認識し、ドイツと同盟を結んだ結果、戦争に負けるという事態を招いてしまった。したがって今日、アメリカが世界唯一の超大国となっている状況の下では、日米同盟を維持し、さらに発展させていく必要がある。しかしこうなると、日本は間違いなく中国の台頭を抑え付けるアメリカの道具となり、日中関係も友好的な状態に回復させることは難しい。

実際、小泉政権の「アメリカ一辺倒」の外交政策も、中国に対する激しい不信感から出ている。しかし先進国の一員として日本の賢明な政治家は、中国が置かれている時代の特徴とその社会経済の複雑性をはっきりと見さだめて、「接触」し続ける行動を採るべきである。したがって、急激な変化の時期にあり、対抗状態にある日中両国は、マイナスの衝突が起きないように、両国の政治家が高い視点から将来を眺め、果敢な決断精神を持って、事態がさらに悪化しないよう防止し、さらに日本と中国が導く東アジア地域の協力と発展を実現するために努力する必要がある。まさに関志雄氏が指摘するように「現在の日中関係は『政冷経熱』という不均衡状態にある。確かにマルクスが主張しているように、最終的には経済基礎が政治という上部構造を変化させることになっており、経済関係が深まれば、政治関係も改善されるだろう（拡大均衡シナリオ）。しかし、短期的には、むしろ冷え込んだ政治関係が経済関係に水を差す可能性が大きい（縮小均衡シナリオ）。いかに縮小均衡を回避し、拡大均衡を実現するか、個別企業の努力を超えて、両国のリーダーの知恵が試されている。」となる（人民ネット日本版、二〇〇四年九月三〇日）。

これと同時に、日本問題や中国問題を研究する学者またはその他の国際問題を研究する学者は、正確かつ客観的に自己の研究対象を紹介、評論し、日中相互間の誤解をできる限り取り除く責任がある。対話を重ねて、理解を深めることを基として、両国政府と国民が互いに信頼し合えるメカニズムを構築し、同時に平等な協力と平和な競争という好ましい状態を実現する必要がある。

東アジアにおける対話の土台づくり

羅　紅光

1　近代国家以前の知的社会：「儒教」

東洋とりわけ中国、韓国、日本では、歴史的に「儒教」思想がひとつのイデオロギーとして広がり、人と人および社会における「文化化」された人間関係を築き上げてきた。その関係の中には「君―臣」関係が「理」として、それなりのヒエラルキーが鮮明に描かれており、個人の行動規範が「礼」化されていた。「儒教」という社会は、ある種の知的共同体として、下図のように簡単にまとめることができる。

人間は教化されるべく「礼」によって行動するものであり、「儒教」という思想的関心は、人間性そのものである。そのような人間性によって、人間は身分的に上へ行けば行くほど、人格（文化、モラル、カリスマ性）の向上が期待され、一種の権威主義的社会が築き上げられていく。

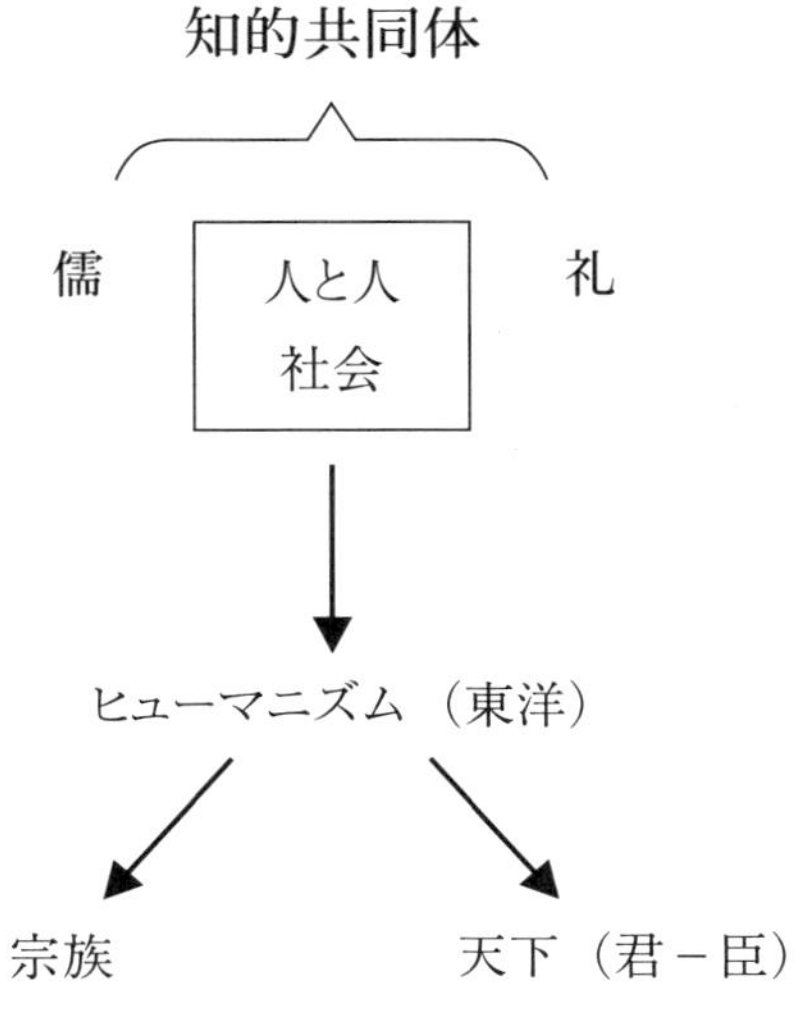

たとえば血縁関係の中においても、父親が絶対的な存在であったし、長老も年齢的に労働力が失われているのが明らかにもかかわらず尊敬され、権威的な存在としての意味が増してゆく。「君—臣」にしても宗族にしても、「儒教」は「教」とついてはいるものの宗教とは異なり、中国人の生きるための哲学であり、集約された社会であった。ところが、このような社会は近代における二つの出会いにより崩壊する。

❖———1.「儒教」にとっての科学精神とは？

自然から解放された二つの人間像

人間を神から解放することによって、科学ははじめて確立された。「科学が魑魅を除する」という、マックス・ウェーバーの有名な言葉を引用すれば、自然との魔術的かつ隠喩的関係から解放されることによって、人間ははじめて人間であるし、自然もはじめて本来の自然だというわけである。自然は人間にまったく関心がないのだから、人間と自然におけるすべての隠喩的関係は、人間の営みに過ぎない。そこで人間を自然から解放するため、何もかもを因果関係のもとに理由づけ、人間にとって都合のよいように組み立ててきた。すなわち、それが科学の「理論」であり、方法論的に理解の統一性を重んじるほかなかった。しかしながら、それは大きな「知的共同体」を今日、築き上げることにもなった。

一方、「儒教」の場合はどうだろうか。「儒教」の教えでは、基本的に教育によってはじめて人間として認められ、教育のない人間に対しては、まるで獣のような扱いである。いいかえれば人間という動物が生物的なものから「文化化」されることによって、はじめて人間が社会の中で育成されていく。子供もそういう意味においては、未完成のものとして見なされ、まともに扱われない。極端な例だが「儒教」の観点からすれば、結婚していない人間は、いくら年をとっても男女を問わず子供扱いされる。もし結婚していない人が死ぬと、人間としては未完成なので、獣のように死後でも妖精や怪獣として現れて、人々に脅威を与えないような儀礼をして、その脅威を治めようとするのである。このような儀礼の信仰に見られるように「儒教」では、自然のままの人間と「文化化」された人間という区別が最も重要視され、知的拠点を自分の足元に置き、そこからいわば

「知的共同体」を見ている。その代表的なものが「朝貢儀礼」で、中華の頂点における皇帝に対しての、地方からの定期的な品物を贈呈する君臣関係に象徴される。

方法論的にみれば

科学精神でも「儒教」精神でも、人間が自然から解放されるべきであるという点においては共通性をもつようである。また自然から開放されるプロセスの中で、知的な人間というものをめぐって、「科学化」かまたは「文化化」かによって、大きな違いが見えてくる。「科学者的志向の人間」と「文化的志向の人間」との間では、どちらが正しいかという議論はまったくナンセンスである。すでに世界では、真二つに別れたかのように、「理性」と「感情」、「合理性」と「非合理性」、「西洋」と「東洋」といったように、二元構造的に互いの対立関係を語り続けてきた。これは、まさに自己の原点に突きあたる点にもなるが、ハーバーマスのいうように、やはり「他者関係」の中で、はじめて「自己認識」ができ、一種の「間主観」的自己が生成されていく。

ここでの問題は「科学的志向の人間」と「文化的志向の人間」とを成す、その媒介である。科学というものが基本的に理性によって成り立つというのであるならば、文化というものは理性というよりは、むしろ多くの場合、非合理的な感情、気持ち、しきたりなどの意味によって成り立つ。

ところが、中国では「五・四運動」をきっかけに、中国人の政治、経済、歴史、文学、芸術、道徳といった、ありとあらゆる面にわたって比較研究を行ってきた。このような分類作業を通して、中国人が世界に直面した際、「自己認識」を意識し始めたのである。

❖———2．「儒教」にとっての近代国家とは？

かつて「儒教」的な思想をもつ中国人は、誰もが疑いもなく世界のことを「天下」（てんか）と呼び、また自分たちを「地上の人」（当時の「地球人」）と考えていた。この「天下」とは、はっきりとした境界線があるというより、むしろ、文化の波が描かれる範囲のようなものである。

マックス・ウェーバーの東洋に関する謎

皇帝の権力と権威との間には、不均衡がある。それは「天下」の土地が皇帝のものとして権威的な存在である一方、常にその権力は危機にさらされており、確実な税収システムは一度も確立されなかった。またギルドのようなものがなかったことにも見られるように、資本主義の発生どころか、国家に結びつく基盤もなかった。ところが好き嫌いは別にして、植民地主義という異文化との出会いといった、ひとつの歴史的な出来事によって、中国は近代国家の形成にいたったのである。したがって中国では、近代革命によって古い政権とともに社会も崩壊し、現象として「文化」が砕けた形に散らばっている。すなわち、これは社会が不在であるということもいえる。そこで最も問題となるのは、古い思想や社会が崩壊した後、革命家や思想家たちが努力したにもかかわらず、それに取って代わる新しい思想や社会、人間が依然として生まれてこないことである。

「儒教」に纏わる社会という環境が確かにあった。それは先ほども指摘したように、一方では宗族と合わせて権威の形に仕上げられ、時には国に対抗したりして、権力から個人あるいは地域の利益を守る力強い「傘」となる。他方では現実的に教育を通して人間を社会化ないし「文化化」していくのである。ところが、この社会は、まったくの偶然と異文化の出会いによって、脆くも一方的に崩れてしまった。結果的に、文化が砕けたものになったと同時に、社会もシステム的に成り立たなくなったのである。というのも、福沢諭吉がいった名言のように、「天は人の上に人を造らず、人の下に人を造らず」という近代思想と「儒教」とは、真っ向から対立している。このような状況の中で、いったいどうすれば社会を取り戻すことができるのか。事実、中国において「儒教」の復活は不可能に近い。「今日より明日の方がよい」ように、新しさの正当性は、常に過去を否定する歴史的哲学および、現在の妥当性という政治的イデオロギーが潜んでいるからである。

2　民族国家を単位にすることは困難である

二〇〇五年、一橋大学で開かれた「第三回東アジア社会学会議」に出席した際、ソウル大学の社会学者で、金大中前大統領の情報企画委員会の委員長である韓相震（ハン・サンジン）の発表では、東アジアにおける「第三の道」の可能性についての問題意識をもち、「儒教」伝統の中に今日でも利用できるものはないかという、強い関心をうかがわせた。

しかしながら、上記のように中国においては「五・四運動」以後、「儒教」思想も批判を受けて、「土地改革」、「大躍進」、「反右派運動」、「プロレタリア文化大革命」などのような歴代イデオロギーの運動のもと、従来の中国の文化とともに破壊され、「砕片」のようにあちこちに散らばってしまった。この点において、隣の韓国と日本とは、かなり異なった事情がある。つまり中国の近代化または民族国家形成のプロセスにおいては、「儒教」というものが、必ずしも評価が高いわけではない。

その顕著な現れの一つ目として、今日の中国の政治家が「社会進化論」、具体的にはマルクスの「社会発展段階論」の観点から、発展主義という経済的かつ社会的な史観をもち、現時点における自らの正当性を証明する最も有効な手段として、過去を否定していることである。すなわち、これは新中国の歴史そのものである。

また二つ目として、巴金が書いた『家』『春』『秋』という中国の家族制度が描かれたシリーズ小説がある。家族の重い上下関係の束縛から解放されたい、自由に恋愛したいなど、「孝」と「愛」が対立するという点で、時代の流れとともに、東洋と西洋との違いを象徴するものとして語られる。この問題は、いまだに縦割りの権威的な精神構造と横つなぎの博愛の平等精神との矛盾が、中国人の日常生活の中に反映されているように思われる。したがって、自然から解放された人が、今度は人から束縛されないように動き始め、儒教という「知的共同体」が土壌から危機にさらされたのである。

そして三つ目として、「儒教」精神の中には君主への忠誠心が求められ、「天下」のトップには絶対的な権威を認めなければならない義務があるが、これは皇帝から長老までを含めた典型的な「人治社会」として位置づけられ、「法治社会」との関係をめぐって、はっきりとした位置づけがなされていない。とはいえ、グローバル化および市場経済の合理性と、人々の強い関心の影響もあって、中国の政治体制は徐々に「法治社会」の方向へ移行してきている。

社会が不在の中国

新中国以前には、正確に言えば孫文革命以前には、宗族が強かった。その宗族は一種の社会として機能し、場合によっては、権力に対抗する力ももっていた。それはまた王朝内では強い経済的基盤でもあった。孫文革命によって宗族をつぶし、経済基盤を追い払った結果、清王朝は簡単に倒れたのである。それ以外に社会といえば、「秘密結社」というものもあったが、一般化することはできなかった。一九四九年、植民地から解放され、新中国が建国され、いわゆる民族国家の道のりを歩み出した。そのプロセスにおいて、「儒教」という伝統が徹底的に批判され、家族の一員というよりも国家の一員というものが賞賛された。国家の建設のため一生懸命に命を尽くしていた「雷峰」という模範的人物に象徴されるように、個人は「無我」、「無私」でなければならない。「人民に奉仕する」というスローガンを掲げることも民族国家のもとでは有意義な活動であり、個人や家族のために利益を上げることに対しては批判的であった。そこで個人は、国家を通してはじめて「自己」という価値が見出せる。言い換えれば、国家がいわば個人のすべてであるという認識が一般化され、個人の存在価値が忘れ去られているような時代であった。

市場経済に踏み切ってから、もうすでに三〇年近く経っている。農村部の人も含め、多くの中国人は、市場における個人の価値を実感できるようになってきた。市場における個人の価値というのは、金銭的な計算もできるが、しかしその価値は市場経済における以上のものがある。すなわち、それは個人の権利である。この権利には個人の労働力を売ったり、生きるための権利について考えたり、他者と平等にコミュニケーション（交易）などをとったりすることなどがある。これはまた中国人にとって、これまでの五〇年にはなかった自己認識であったが、その反面「個人主義」の膨張に拍車がかかった。

とりわけ「一人っ子」の人口政策には、経済理論を重んじる、ひとつの理念が潜んでいる。当時、人間のことを「食べる口」として認識し、人口の成長が富の成長より倍ほど速いという根拠のもと、人口削減に踏み切ったわけだが、2：4：8という家族構成の中では、親孝行をするどころか、社会性のない一人っ子たちのコミュニケーションに大きな影響を及ぼしている。彼らがどういう世代になるのだろうか、親たちも含めてみんなが注目している。こうした家族の福祉（family welfare）を犠牲にした結果、全面的に国家に任せきりにして放り出したままでは、ますますモラルの問題が深刻化することはいうまでもない。

伝統を永遠に過去のものとして手放し、それに取って代わる新しい人間や思想もなく、また「冷戦構造」が崩れた中で、中国は成立する根拠をいったいどこに求めたらよいか途方にくれている。それに気づいた現代の政治家たちは、経済への没頭から社会への関心が強まり、「以人為本」（人をベースに発展）いわば人間の発展や生活の質の向上、「和協社会」（調和的社会）というような経済と社会、人間と自然などとの調和を図ろうと、新しいビジョンを打ち上げた。これを「善き社会」と理解していいのかは、いまだにわからない。しかしながら社会が不在の環境には、文化が機能していないからだといえるだろう。

私は、1．社会が不在の中国、2．物事の判断が国益絡み、3．マーケットにおけるモラルの問題が依然として未解決、という三つの視点から、理想的な国家における将来像の実現には「民族国家を単位にすることは困難である」ということを詳述したいが、これについては次回の論考に譲りたい。

3　対話の土台づくり

中国、韓国、日本という国々では、経済的な依存度が高まっているのに対し、歴史問題をめぐって、倫理の問題が未解決のままである。この点について、私が「中国―ＥＣ文化フォーラム」に参加した席で、フランスとドイツの間に同じ現象が起きていると、フランス元首相のロカール（Michel Rocard）はいう。一方、日中国交回復までの動きを思い起こせばわかるように、民間の力が実に強かったし、その声がなければ、日中国交回復も考えられなかった。だが、この日、中、韓、という三つの国々の間には対話の土台がどこにあるのだろうか。

もしわれわれが、政府、市場、社会というふうに、その対話の可能性を三つに分けて考えた場合、現にある社会とは、世界にも通用するような「科学共同体」のほかに、ＮＧＯではないかと思う。

「ＮＧＯにとって、公共性、あるいは、公共的な議論を喚起することは、最も基本的な活動である。ＮＧＯは、ある社会問題の解決を目的とする団体である（その問題の当事者である場合もあるが、当事者ではない場合もある。またその境界が曖昧なものもある）。そして、会員を募集、活動への支援の呼びかけのためには、その問題についての意見（その現状、その原因、解決方法などについての意見）を公表し、その意見についての賛同を訴えなければならない。ある社会問題についての公共的な議論に訴えて、賛同者や支援を集めることによって、はじめてＮＧＯは成立するのである。

また、ＮＧＯは、そのように自らの意見を公共に訴えて、集まった賛同者の活動によって、その問題を解決することが可能な場合もあるが、自らの活動だけでは解決できないような問題の場合には、その問題の解決に向けて、世論や政府を動かす必要がある。そのときにも、公共の議論に訴えることになる。」（入江幸男『ＮＧＯと公共性の問題の一事例：ネパールのブータン難民キャンプを訪問して』五五頁）。

フランス元首相ロカール氏（「中国―EC 文化フォーラム」にて、写真提供：羅紅光、2005 年 10 月、広州南沙）

しかし一方、民間交流にしても、多くのNGO団体で見てきたとおり、特定の目標に対しての活動がなされるばかりで、そこで得られた知的経験が他の人々や団体に広がることは少なく、社会的効果も狭い範囲に留まっている、いわば職業化されたNGO団体と権威主義的なNGO団体とが特にそうであるといわざるを得ない。他方、「科学共同体」は、エリート教育の素質から脱出できず、極めるほど少数派に止まってしまう、いわば永遠に不自由のままに終わる。

中国、韓国、日本における政治的難局を打開するため、これまでさまざまな努力が繰り広げられてきた。これらの取り組みは十分に評価すべきものであると思う。私はやはり旬子の「水は船を転覆することもできると同時に船を浮べることもできる」という言葉と、毛沢東の「人民こそが歴史の原動力である」という言葉に、まさに結論を見出すのである。そのため私は「未来塾」という民間交流組織を作ることを提案したい。「未来塾」とは、趣味で集まり、問題を具体的な行動の中で共有化していく。フィールドに生きるネットワークのことである。こうした日、中、韓、相互の新たな形での知的交流の基盤づくりと、その成果の幅広い社会への還元こそが、現状において求められていると考える。それは何より、これまでの「限界」を乗り越えて、従来の知的交流の蓄積を一般化しつつ、次世代を念頭においた真の対話の土台づくりを行うことである。さらに、その土台づくりの成果の還元は、台湾や香港、さらには韓国やベトナムもオブザーバーとしてその対象に加え、東アジア全域にわたり広く行う必要がある。

東アジアに広がる真の対話の土台づくりを実現するために、従来にはみられない独自の方式を計画、立案している。具体的には、研究者、政治家、現地の人がいっしょになって相手国を訪問し合い、プログラムのもとでのフィールド経験をし、それにもとづく授業、セミナーという一連の活動を相互に関連付けて行うのである。さらに、その成果にもとづく市民参加によるシンポジウムを開催し、各種メディアを通じて報道する。この方式によってこそ相互理解の上に立った、開放的で忌憚のない知的交流と社会への広い還元が可能となろう。また、それは次世代をにらんだ東アジア全域における真の対話にもとづく交流を実現するための、新しい大きな基盤が形成されることを意味している。

広い意味での方法論、狭い意味での学問が一人よがりで終わることもあるが、こうした政治的難局を打開する必要もある。

そのための切り口は、政治改革や経済の仕組みからではない。というのは、特に東アジアにおいては、依然として二元構造から脱却されていないからである。その脱却の鍵は、民族国家の壁を乗り越えることが可能な学術交流にあるのではないかと私は考える。この「学術交流」は以下の特徴をもつ。

一つ目は、ある共通の関心事に向けての共同研究あるいはワークショップから始めるスタイル、とりわけ異なった国同士の「共同概念」を作ることとである。二つ目は、共通の関心事をもつＮＧＯ同士が手を結ぶことであろう。これは参与型のガバナンス、トランスナショナリズムの道へと通じているのではないか。そして三つ目は、それぞれの研究成果を、研究者個人で終わらせるのではなく、より広く、たとえば地元の政治政策および異文化理解に影響を与えることによって行動レベルまで広げること。私はこれを「知的臨床」学と呼ぶ。われわれは、こうした実践を日、中、韓の間で行う過程で、「公共知識分子」が生まれてくる。

これらをもって、対話の土台づくりと、その基盤を強化する努力が必要とされる時代が今まさにやって来たのである。

日中のコミュニケーション方略に関する一考察
——謝罪の発話行為における「談話の収束方法」と「話者交替数」に着目して——

高橋　優子

1　はじめに

中国経済は改革開放政策を推進していくにつれ、急激な発展をとげた。また、日本との関係においても、日中関係が正常化して以来、両国の交流は様々な側面において目覚ましい拡大を見せている。しかし、日中両国の交流については、その過程において様々な摩擦が生じてきているのも事実である。

我々日本人は隣国中国との関係を、その歴史的、文化的なつながりのみに注目して考えがちである。両国は確かに同じ漢字文化圏、儒教文化圏の中に存在している。だからといって、お互いの関係を「同文同種」、「一衣帯水」という言葉で表現し、日本式の阿吽の呼吸で相互理解ができると考えることは危険である。また、交流の深まりに従って、自然と円滑な相互理解が約束されていくと安易に信じることもできない。交流が深まれば深まるほど、逆に摩擦が生ずる確率も増していくのである。

本稿は、日本人と中国人の（以下「日中の」とする）コミュニケーション方略[1]に焦点をあて、日本と中国の間に生ずる摩擦の一要因を探ろうとするものである。中でも特に謝罪の発話行為[2]におけるコミュニケーション方略を中心に論じることとする。

2 先行研究

日中の発話行為に関しては以下の二本の研究がある。笹川（一九九四）は、空欄のディスコースを完成する記述形式による調査を実施し、日本語と中国語以外に七カ国語を含めた九言語を比較して異文化間に見られる「丁寧さのルール」を比較している。全体的な傾向を見ると、他言語と比較した場合、「消極的な丁寧さの方略」[3]の使用という点において、日本語や中国語には共通点が見られると述べている。特に「話し手の二つの『フェイス』[4]を脅かす『謝り』において両国語が防御的な傾向を示している」（五七頁）という結論を示している。また、鮫島（一九九八年）は、台湾の日本語学習者が「謝罪」の発話行為でどのような表現を使用しているかを、定型表現と文末表現に焦点をあて、学習レベルの異なる学習者に対話形式の反応文を書かせるという形式の談話完成テストを行い、その傾向と特徴を観察している。

しかし、これらの二つの研究については、前者は「丁寧さのルール」に焦点をあてたものであり、後者は台湾の日本語学習者の日本語による表現研究である。「中国は独自な存在と見なされやすく、社会科学的手法をもちいた比較研究の対象とされることは稀だった」と園田（二〇〇一年、二〇頁）も述べているが、結論として、日本語と、中国大陸の中国語母語話者の中国語のコミュニケーション方略を直接比較した実証的研究は筆者の知る限り未だ存在していない。

3 調査の概要

❖――（1）調査対象者と調査時期、データ収集の方法

日本人は関東圏在住の大学生[5]を対象とした。内訳は男子学生一八名、女子学生二二名、無記入二名であった。中国人は海

外渡航歴のない、北京在住の大学生[6]を対象とした。北京出身者が三〇名で全体の七割近くを占め、他には山東省や新疆ウイグル自治区などの出身者が含まれている。内訳は男子学生一六名、女子学生二四名、無記入三名であった。この対象者に対し、二〇〇三年六月から七月にかけて日本と中国において協力者に依頼し、質問紙を配布、回収[7]してもらった。

尚、本来なら社会人をも含めた検証が必要であろうが、中国側での社会人調査は、ほぼ不可能であり、今回は中国で情報誌を発行する知己の協力を得て四三名の中国人大学生から質問紙を回収することができた為、中国側の調査対象者を大学生に限定した。それに伴い、日本人側も対象者は大学生に限定した。対象者に制約があることは認めざるを得ないが、海外渡航歴のない中国人の調査協力が得られたこと自体は貴重なことであり、今回の調査をあくまで今後の研究の出発点として取り扱いたい。

❖――（２）質問紙作成の過程

調査には、記述式質問紙（以下「質問紙」とする）を用いた。本稿の目的は、日中のコミュニケーション方略の類型を探ることにあり、分析の為の談話作成のテーマとして「謝罪」を選択した。コミュニケーションは「自分だけでなく相手をも含んだ非常に複雑な関係性のプロセス」（太田、二〇〇〇年、二〇七頁）である。熊谷は、研究対象としての謝罪の切り口を複数提示した上で、「謝る側と謝られる側との相互作用のプロセスを通じて実現されるものとして謝罪をとらえ直すことがぜひとも必要と思われる」（一九九三年、一〇頁）と、相互作用のプロセスを考慮に入れる必要性を説いている。池田も、「何回かにわたってやりとりされる謝罪のプロセスを考慮に入れて分析したり、ストラテジーの使用に関する意識や謝罪の受け手の意識などについて考察していくこと」（一九九三年、二〇頁）の重要性を訴えている。そして、沖（一九九三年）は、『謝罪』というような問題領域を捉えるには、人間の心理や社会慣習をも含んだ現実世界と、それを表現する言語形式の網の目との双方を考慮しなければならない」（四〇頁）と結論付けている。以上の事柄を考慮に入れた場合、コミュニケーション方略の類型を探る為には話し手と受け手の双方向からのコミュニケーションの流れを明らかにする必要がある。その為、本研究では脚本という形式を採用した。調査者の側からの制限を最小限にすることで、回答者の自由な発想を妨げることなく、回答者個人の頭の中にある謝罪のコミュニケーションのイメージを表現してもらいたいと思ったのである。細かい状況を設定して反応文を書いてもらう（鮫島、一九九八年）という談話完成テストも考えられたが、その場合、大枠の筋書きは決まってしまう為、典型的なパターンを誘導することにつながることが懸念された。その為、筋書きについても自由に記述できるよう脚本という形式を選択した。

尚、質問紙は日中両国語で以下の手順で完成させた。場面の設定に際しては、日本人が謝罪を期待するであろうと予想され、尚かつ中国でも現実に起こり得ると思われる状況設定で、原行為[8]を受けた者の被害の程度に応じた三つの設問を、まず日本語で作成し、次に中国語版を作成した。中国語版作成に際しては、日本語版を中国語に翻訳したものを、別々に二名の中国語母語話者にチェックしてもらった。その二名の意見が異なっている部分は、更に別の中国語母語話者に確認の上、どちらの意見を取り入れるかを決定した。例えば、設問3に関して、一名の中国語母語話者からは、日本語の「傷ついた看板」という表現を、「被撞坏的店牌」と訳した場合、中国語の方により深刻なニュアンスが含まれる。日本語の方を「破損した看板」などというように表現を変えた方がいいのではないかとの意見が出されたが、最終的には「看板」に「自転車がぶつかった」と言った場合、中国人でも「破損した」とまでは考えないだろうという三人目の中国語母語話者の意見を採用し、「傷ついた看板」の訳を「被撞坏的店牌」としたという経緯がある。

状況の設定に関しては、今回の調査では見知らぬ者同士の間で起きた偶発的な過失に統一した。謝罪という発話行為は見知らぬ者同士の間で偶発的に起こる過失に対して行うものだけが典型ではない。その為、当初の状況設定の候補には渋滞による会議への遅刻や寝坊による授業への遅刻を、人間関係では上司と部下という上下関係や親友と知り合いのような親疎関係なども挙げていた。しかし、これらを含めた場合、時間感覚や親疎、場面の改まり度に対する両文化における認識の異なりなど、より複雑な要素が絡んでくる[9]ことが予想された。本調査は日中のコミュニケーション方略の類型を探るということを第一の目的としており、現段階でこの目的を達成する為には複数の要素が入り込まない、よりシンプルで統一的な状況設定が望ましいと考えたのである。

❖――――（3）質問紙の内容

質問紙の記入に際しては、設問の前に「これから、あなたはどうしますか。又は、あなたとその人との間でどのような会話があると思いますか。自由に想像して書いてください。以下長さは自由です」[10]という指示を出し、字数の制限をせず、自由に脚本を書いてもらった。設問は以下の三つである。

設問1は、「一人でバスに乗っています。急にバスが揺れたので隣の人の白い靴を踏んでしまいました。そのせいでその人の靴は汚れてしまいました。あなたは次のバス停で降ります」[11]である。（以下、場面1（バス）とする）

設問2は、「あなたは、急ぎ足で市場を歩いています。ある人が野菜を買って振り向いた瞬間にぶつかり、相手の人は持っていた野菜を全部落としてしまいました」[12]である。（以下、場面2（市場）とする）

設問3は、「あなたは母親です。子供を自転車の後ろに乗せて走っていました。横の小路から小学生が飛び出て来ました。その小学生を避けようとしてあなたの自転車は道の脇の軽食店の看板にぶつかりました。小学生はもういなくなっています。その時、軽食店の店主が、傷ついた看板を見ながら、『どうしたんだ』といいながら店から出てきました」[13]である。（以下、場面3（看板）とする）

場面1（バス）では、汚された靴はその場で拭けば汚れが落ち、その後の行動には大きな影響を及ぼさないという程度の被害を想定した。場面2（市場）では、消耗品である食料品を被害の対象とし、購入したばかりの野菜が地面に落ちたことにより傷ついたり汚れたりして新品ではなくなるという精神的な不快感と、傷つきかた次第では本来の目的である口に入れるという目的を達することが危ぶまれるかもしれないという物質的な被害を想定した。場面3（看板）では、耐久消費財として長期間使用する目的で購入する看板を被害の対象とした。野菜よりも高価であり、また看板が傷ついたことが、宣伝効果の低下など、店のその後の経営にも影響を及ぼすかもしれないこと、それにより、被害の状況が継続していく可能性があることを予想し、被害の程度は一番重いと考えた。

4 調査結果の分析方法

質問紙調査によって得られた記述資料をもとに、原行為を行った者（「A」）と原行為を受けた者（「B」）の方略の基準を設けて、発話の機能により分類した。分類の基準は、資料1ａ[14]と資料1ｂ[15]の通りである。

❖――（1）記述資料記号化の為の分類基準

「A」の発話を記号化する際には、先行研究の分類[16]を参考にし、適宜、追加したり削除したりした。例えば、平賀（一九九六年）の「過失の責任の所在についての言及」の下位分類にあがっている「相手の正当化（例「お客様が怒られるのももっともでございます」）」というカテゴリーは、今回直接的な接客場面を設定していない為、回答に出現しなかったので削除した。

しかし、前述の先行研究は原行為を行った者（「A」）の謝罪の方略のみに注目するものであった。相互交渉の過程を分析するには、従来の研究のように原行為を行った者の方略だけを取り上げるのでは不十分である。よって、本稿では、原行為を受けた者の方略（「B」）を新たに独自の基準により設けた。

更に、話し手と受け手の双方向からのコミュニケーションの流れを明らかにする為には、相互交渉の全過程を記号化する必要もあった。非常にリアルな口語体を用いて記述する回答者もおり、発話文の中には普段の会話で用いられるような確認の為の聞き返し、情報を要求する質問、情報を提供する回答、同調を示す相づちなど、直接的には謝罪行為の遂行とは関係のない方略も出現していた。また、会話をする意志は見受けられるがその段階ではまだ方向性が見つかっておらず、その後どのように会話を展開させるかを探りつつ発していると解釈できる一言も見られた。その為、これらの方略については「情報の要求と提供、つなぎの一言（「A」の《記号6》、「B」の《記号5》）」というカテゴリーをたてて対処した。

(2) 分析手順

記述資料の談話[17]を資料1aと資料1bの分類基準によって記号化し、資料2a（日本語）と資料2b（中国語）のI欄[18]に発話の順序に沿って並べた[19]。記号化資料は、実際はA4版で二一ページに及んでいるが、ここでは、紙幅の都合上、日本語と中国語の場面3（看板）一ページ分を、それぞれ「資料2a　記述資料記号化一覧表（日本語）」、「資料2b　記述資料記号化一覧表（中国語）」として添付した。得られた記述資料は以下の手順で分析した。

例えば、資料2a（日本語）の112番は、A1が《記号1》と《記号5》と《記号4d》であり、資料1aの《記号1「定型表現[20]を用いた謝罪の表明」》と、《記号5「原因説明」》と《記号4d「事実の容認」》をしている。A1は「すみません、子供が飛び出してきたので、ぶつかってしまいまして」と言っている。B1がそれに応えて資料1bの《記号4「共感の表明」》をしている。実際には「子供さん、大丈夫ですか」と記述してあった。そして、A2がそれを受けて、再度事実の容認をし（記号4d）、謝っている（記号1）。「看板を傷つけてしまって……。すみませんでした」と記してあった。それを受けて、B2は〈記号6b「事実確認」〉をし、「確かに傷ついちゃってますね」と言う。対して、A3は《記号7「補償の提案と交渉」》をする。「修理代はお支払いしますから」と言い、再度《記号1》を用い、「すみませんでした」と言う。その申し出に対し、B3が〈記号8b「言葉だけの受け入れ（円満）」〉を用い、「もういいですよ」と言う。最後にA4が《記号7「補償の提案と交渉」》で「でも、やっぱり弁償した方が……」と言い、B4が〈記号8b「言葉だけの受け入れ（円満）」〉で再度申し出を断り談話が終わるという流れである。

尚、分析に際しては直接的な発話行為だけでなく非言語行為の描写も記号化の対象とし、回答者の書いたト書きも忠実に記号化した。セリフ以外の感情を表現する内容のト書きである、「不満の表情」、「納得はしていないがそれ以上は不問にする」のようなト書きは、対応する記号を大括弧に入れて記入した。前者は〈記号［6a］〉、後者は〈記号［8c］〉となっている。行為[21]に関しても、ト書きで書かれているものは記号を大括弧に入れて記入した。資料2bの中国語の17番や23番に見られるが、実際はト書きで「倒れた看板を立て直す」と書かれていた為、一覧表では〈記号［7］〉としてある。資料2aの日本語の114番のB3の「店の中に入る」のように対応する記号の設定がない場合は記号を〔〜〕とし、備考欄に質問紙に書かれた文の要約を記した。中国語は翻訳文を記載した。

こうした分析作業の過程で着目できる点が浮かび上がってきた。すなわち、「談話の収束方法」と「話者交替数」に関して、日中に明確な異なりが見られたのである[22]。

5 分析

❖ (1) 分析の観点の抽出

資料2aと資料2b(以下、aとbを特に分ける必要がない場合はまとめて資料2と表す)のⅠ欄を作成した結果、談話の収束方法と話者交替数に特徴が見出せることが判明した。

談話の収束方法に関しては、「謝罪の談話においては、この部分がきわめて重要である」と中道・土井(一九九三年、七二頁)も述べており、実際、資料2のⅠ欄を見ると日中の謝罪の談話において、その記号の出現分布が異なっており、最終的に収束方法に異なりがあることが判明した。また、日本人と中国人の話者交替数を比較すると明らかに中国人の方が多いという傾向が見られた。

以上により、談話の収束方法、話者交替数を分析の観点として定めた。資料2のⅡ欄には、それぞれの場面における談話の収束方法を記号化した。Ⅲ欄には話者交替数を記入した。

それぞれ、以下の基準にのっとり、資料2のⅡ、Ⅲ欄に加えた。

(1) 資料2のⅡ欄(談話の収束方法)

①記号○は「収束」である。○a、○b、○cとして以下の通りに下位分類できる。

①―1　記号○a：「円満収束」

記号○aの「円満収束」には、基本的に「A」と「B」の間に謝罪の隣接応答ペア[23]が存在する。また、この記号○a「円満収束」では、「B」の発話の中に《記号6「不満の表明」》や《記号7「被害の訴え」》、〈記号8c「行為と言葉のしぶしぶ受け入れ」〉、《記号×「方略無使用」》が存在しない。「A」の発話に謝罪の定型表現、補償の提案が含まれていて、それに協調的に答える「B」の発話がある。

しかし、例外として、場面2と場面3に言語表現上は隣接応答ペアが含まれていない（「A」が謝罪の定型表現を用いない）という談話も存在した。場面2は全て日本語の談話であった。「A」が「大丈夫ですか？」と尋ね、「B」がそれに謝罪の定型表現で答えるという構成であるが中国語にはこのパターンは見られなかった[24]。場面3も日本語の例である[25]。「A」に《記号6「情報の要求と提供、つなぎの一言」》、「B」に《記号5「情報の要求と提供、つなぎの一言」》が含まれており、両者の間に友好的なコミュニケーションが成立していると考えられる。また、このケースは「B」がまったく不満を表明していなかったという点で円満収束と考えられる。

①―2　記号○b：「一言収束」

記号○bの「一言収束」には、「B」の談話の中に不満の要素が含まれる。記号○bの場合は、「B」が一度は不満の心情を言語化したり、態度や表情に出すが、その後の相互交渉により最終的には「B」が納得した形で収束が得られるものである。記号○bにも基本的には謝罪の隣接応答ペアが含まれる。具体的には、「B」の発話の中に《記号6「不満の表明」》や〈記号8c「行為と言葉のしぶしぶ受け入れ」〉、《記号×「方略無使用」》、または、「不満の表情」、「無言で拾う」、「『A』の顔をじっと見る」のような、「B」が無言であることを示すト書きが入るが、最後は、「A」の謝罪を「B」が受け入れて、「B」の《記号1「謝罪への応答」》、《記号2「逆謝罪」》、《記号3「状況理解の表明」》、《記号4「共感の表明」》、《記号5「情報の要求と提供、つなぎの一言」》、〈記号8a「行為の受け入れ（円満)」〉、《記号9「収束後のコミュニケーション」》、《記号10「別れの言葉」》で談話が終わるというものである。

この○bにも記号○a同様、場面3の中国語の談話に謝罪の隣接応答ペアが含まれないケースがあった。例えば、資料3bとして添付した談話[26]であるが、「A」による謝罪の定型表現はないが、日を改めて子供の父親を寄こすことにして、「A」が最後に「麻烦您了！（ご面倒をおかけしますね！）」という、「B」に対するねぎらいの言葉を発するというものである[27]。

①—3　記号○c：「しぶしぶ収束」

記号○cの「しぶしぶ収束」は、○aと○bとは異なり、「B」が完全には納得していない状態で、あるいは「A」に押し切られる形で収束するパターンである。

具体的には、「B」の発話の中に《記号6「不満の表明」》、《記号7「被害の訴え」》、〈記号8c「行為と言葉のしぶしぶ受け入れ」〉や、《記号×「方略無使用」》、ト書きによる不満の表情が含まれ、さらに、「B」の最後の発話が、《記号6「不満の表明」》や《記号7「被害の訴え」》、〈記号8c「行為と言葉のしぶしぶ受け入れ」〉、〈記号8c「行為と言葉のしぶしぶ受け入れ」〉と《記号10「別れの言葉」》のペアや、「立ち去る」、「無言」などのト書きで終わるというものである。

②記号△は「不明」である。

「A」の最初の発話が直接的な謝罪の発話行為や補償の提案であり、それに続く、「B1」(「B1」が応答せず、「A」の謝罪が二度に渡る際は「B2」)が無言であるとト書きで明記されている場合と、無記入の場合があるが、どちらにしても収束しているかどうかは不明である。例えば、「『A』の謝罪に対して『B』が無言である」、「『A』の謝罪に対して『B』が「(無言で拾う)」のようにト書きでだけ行為を表している」、「『A』の謝罪に対して、『B』がずっと不満の表情のみを示している」、「『B1』が無記入である」などである。

③記号×は「決裂」である。「A」が謝罪する意志を持たないか、または「B」が「A」の謝罪を受け入れておらず、謝罪行為が収束していないと考えられるケースである。×a、×b、×cとして以下の通りに下位分類することができる。

③―1　記号×a：「無交渉」

記号×aには相互交渉が全くない。『A』と『B』、ともに無言で、行為もない」、「『A』が何もせず気づかないふりをしてその場から立ち去る」というような状況である。

③―2　記号×b：「交渉後決裂」

記号×bは交渉の末、決裂するものである。×bは×aとは異なり、一往復以上の会話がある。「A」の謝罪や補償の申し出が談話の中に含まれているにも関わらず、「B」がそれを受け入れないというパターンも含まれる。具体的には、「『A』の《記号13「反撃」》で談話が終わる」、「『A』の《記号13「反撃」》の直後が『B』の《記号6「不満の表明」》で、その後『A』から謝罪がない」、「『B』の《記号6「不満の表明」》の直後に、『A』の《記号9「辞去の表明」》や《記号13「反撃」》がある。また、「立ち去る」などのト書きが続き、それで談話が終わる」、「『B』の談話が《記号6「不満の表明」》のみで構成されている」、「談話の最後が『B』の不満の表情のみや無言である」、「『A』と『B』の補償の程度の認識が著しく異なる。『A1』が『すみません、拾います』と言っているのに対して、『B1』が「弁償して」と応答し、それで談話が終わる」などがある。

③―3　記号×c：「『A』の一方的逆上」

×cは、「A1」の発話のみで談話が構成されている。「A」が一方的に原因説明をしたり、文句を言い募ったりして談話が終わるものである。具体的には、談話の中に「B」の発話が見られず、「A1」の発話のみで談話が構成されている。「A1」に《記号10「開口一番開き直り」》が含まれているのが特徴である。このパターンに限っては、「B」が無言でありながら資料2のⅡ欄が記号△の「不明」にならない。

(2) 資料2のⅢ欄（話者交替数）

「A」と「B」の会話を一回として数えた。「A1」、「B1」、「A2」で談話が構成されている場合、話者交替数は1.5回となる。談話の途中で無言を示す記号や表情のみのト書きが入っても、そのあとに発話が続いた場合はカウントした。ただし、談話の最後が言語音ではなく、表情のみや行為のみで終わっている場合はカウントしていない。

例えば、場面1で、「B」が終始無言で表情のみで応対しているという談話があった。「B1」の不満の表情のあとに「A2」がもう一度発話していたので、その「B1」はカウントに入れた。しかし、そのあとの「B2」のト書き「(不満の表情)」と「A3」のト書き「(会釈して降りる)」の場合は言語音が現れないのでカウントしなかった。以上の基準により、このような談話の話者交替数は1.5回ということになり、資料2のⅢ欄には「1.5」と記入した。

❖ ――――(2) 分析結果

(1) 談話の収束方法の日中比較

前節の基準により日本語と中国語の、謝罪の談話の収束方法の日中比較を場面別に図表①―1、①―2、①―3にまとめた。まず、日中のどちらにも出現しない、または、どちらかにだけ出現する収束方法に着目する。図表①―1によると、場面1（バス）では、記号×c『A』の一方的逆上」が日中ともに出現しない。図表①―2によると、場面2（市場）では、記号×a「無交渉」と、記号×c『A』の一方的逆上」は日中ともに出現しない。また、図表①―1からは、場面1（バス）にお

図表①ー1　場面1（バス）における談話の収束方法

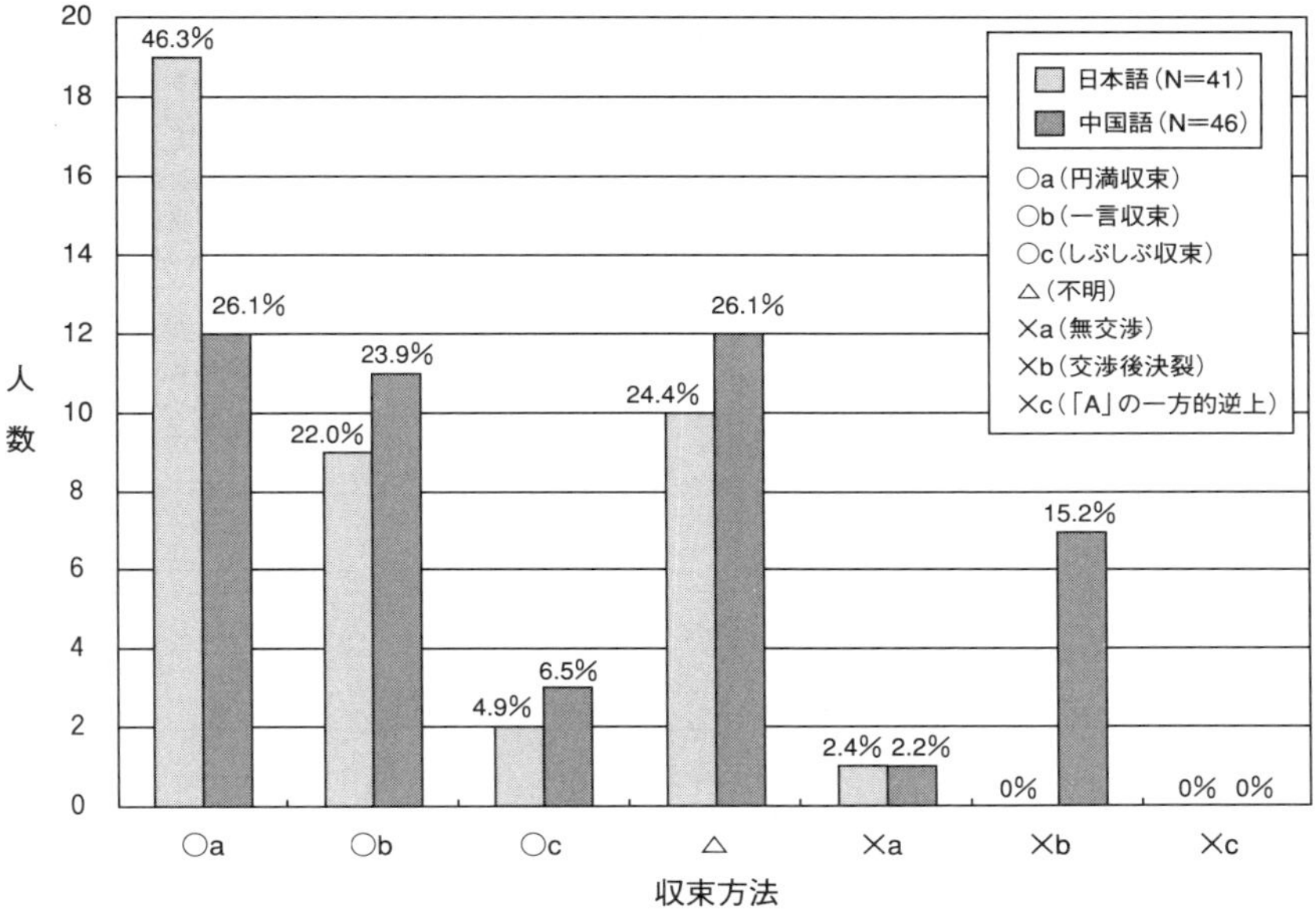

図表①ー2　場面2（市場）における談話の収束方法

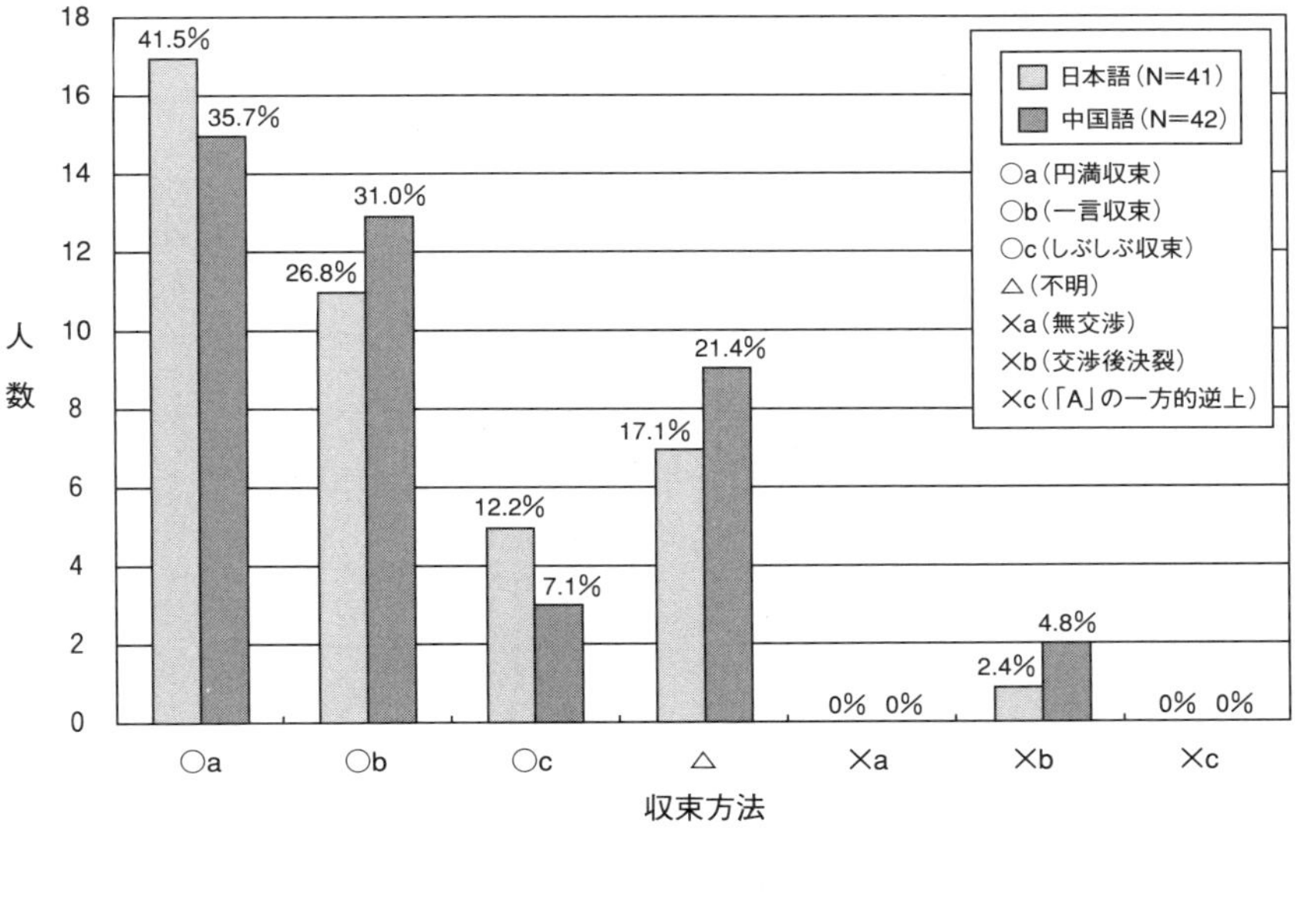

図表①—3　場面3（看板）における談話の収束方法

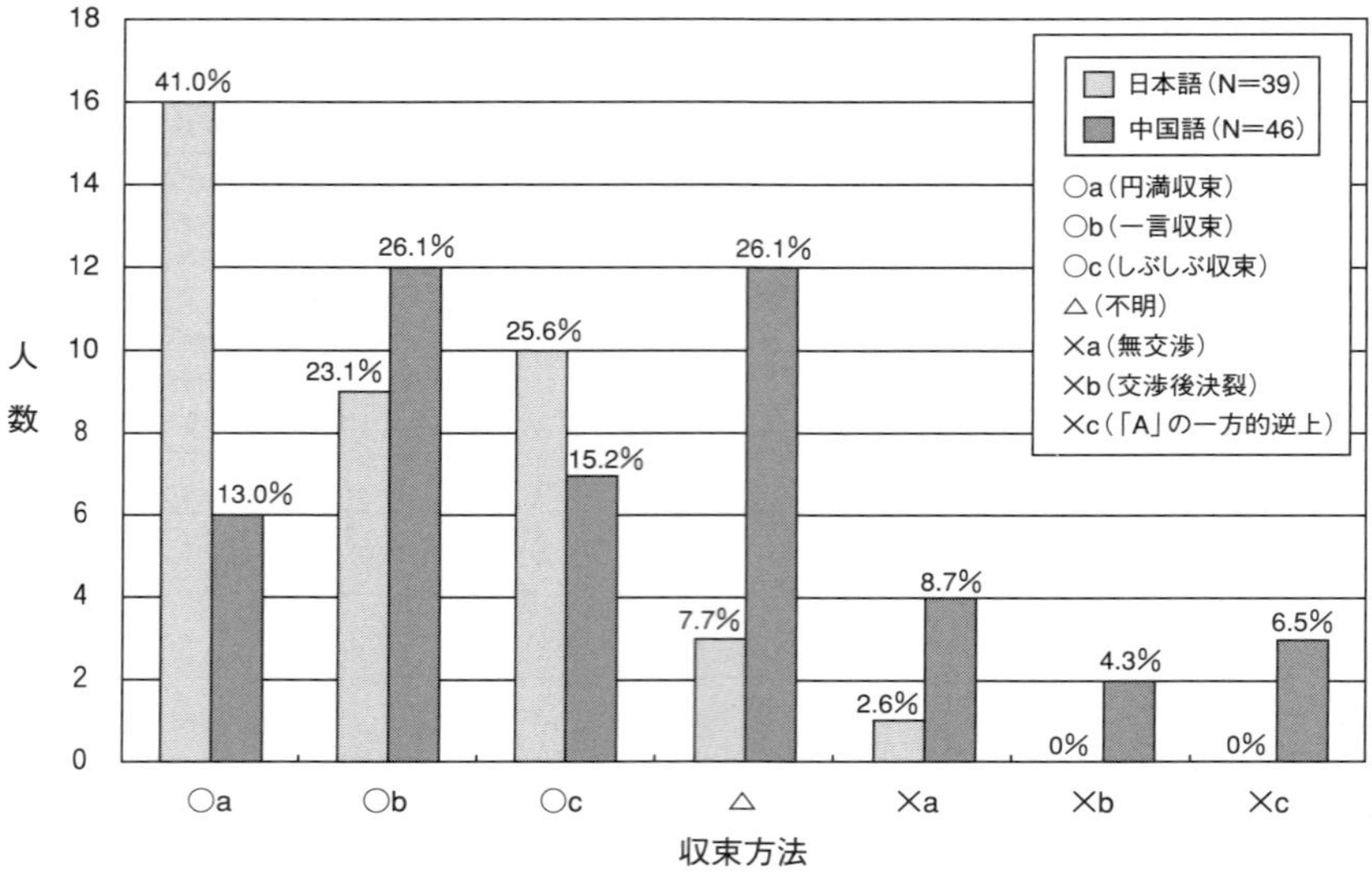

図表②　3つの場面における話者交替数と平均値

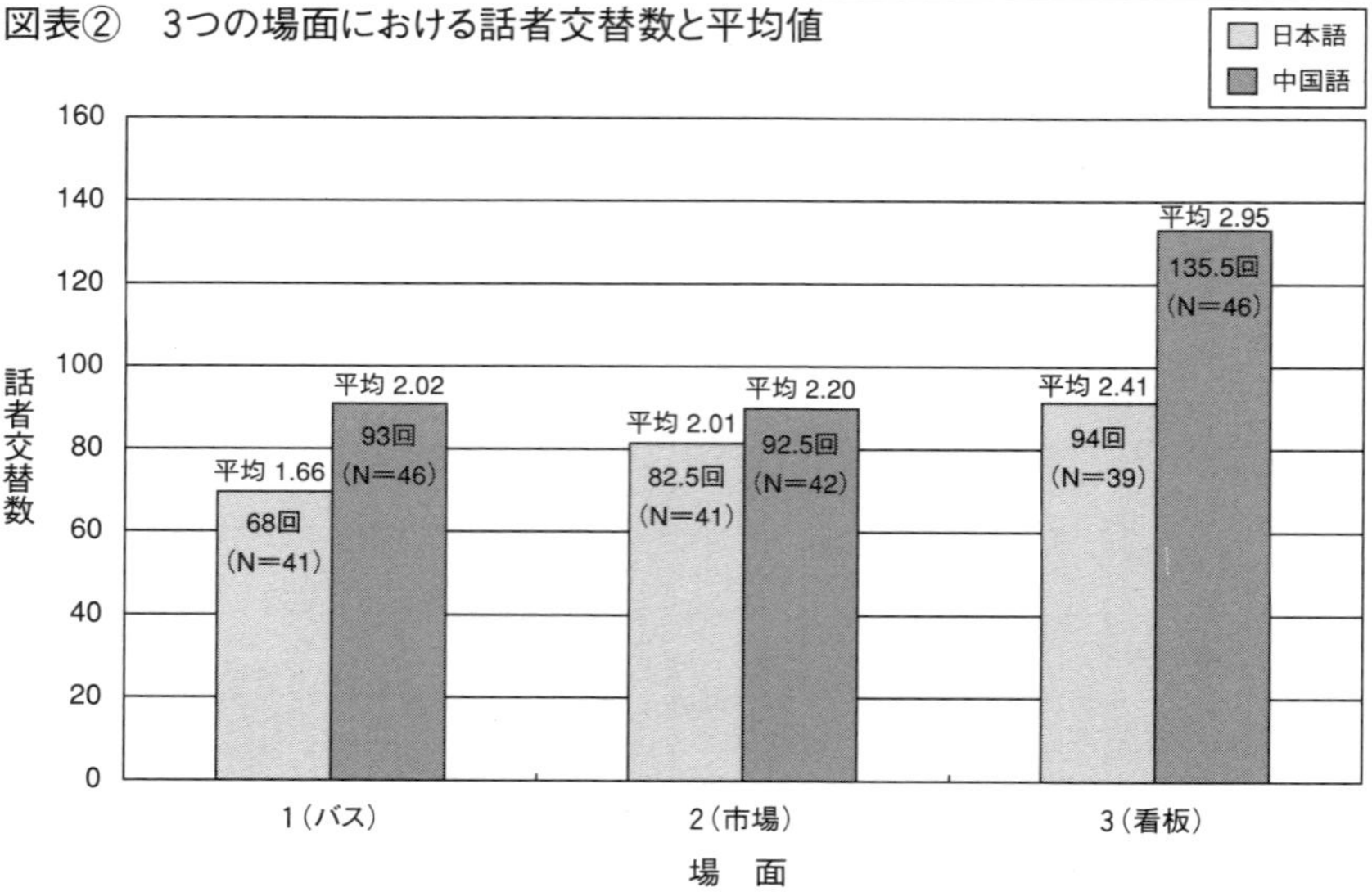

いて、記号×b「交渉後決裂」が中国語だけに出現していることがわかる。同様に、図表①—3では、場面3（看板）において、記号×b「交渉後決裂」と記号×c『A』の一方的逆上」は、日本語には出現しておらず、中国語だけに出現していることがわかる。

次に、順位を見る。場面3（看板）は記号○a「円満収束」、記号○b「一言収束」の日中の比率が場面1（バス）と場面2（市場）とは異なっている。場面1、2では、日中ともに収束方法は記号○a「円満収束」が一番多いが、場面3だけは、日本語は記号○a「円満収束」が一番多く、中国語は記号○b「一言収束」と記号△「不明」が同率で一番多い。中国語の記号○a「円満収束」は全体の中では、三番目である。比率も全体の一三％であり、日本語の四一％の三分の一にも満たない。

（2）話者交替数の日中比較

次に場面別の話者交替数と平均の日中の異なりを、右記の通り図表②にまとめた。

平均値を見ると、日本語も中国語も場面1、2、3の順で、話者交替数が増している。また、場面1、2、3の全てが中国語の方が話者交替数が多くなっていることがわかる。尚、資料2のⅠ欄を見ると、話者交替数だけでなく、一つの発話内の密度の違いも明らかに異なっている。中国語は話者交替数とともに、一人の話者の一発話における方略の数が日本語より多いということである。

6　考察

本稿では日本人と中国人のコミュニケーション方略に関して、その中でも特に謝罪の発話行為におけるコミュニケーション方略に着目して論じてきた。調査には三段階の謝罪の場面を設定した質問紙を用いた。質問紙調査の結果、両言語の謝罪のコミュニケーションの方略において、談話の収束方法、話者交替数に特徴が見出せることが確認できた。

❖———(1) 談話の収束方法

収束方法に関しては、場面1(バス)では記号×c『A』の一方的逆上」という収束方法は日本語と中国語のどちらにも出現しなかった。場面1はバスの中という限られた空間での設定であり、「A」と「B」は距離的にも足を踏むほど近い位置におり、周囲の乗客の視線もある。また、バスが走行中なのだから、「A」が「B」やバスの運転手に対して文句を言い募るだけ募って、すぐにその場から離れるということも不可能である。このような場合、日本人も中国人も共通して、足を踏んだ「A」の側が、自分の非を認めず一方的に逆上するという状況は考えにくいと言えよう。

場面2(市場)では、「A」が何もせずにそのまま立ち去るという記号×a「無交渉」と、記号×c『A』の一方的逆上」が両言語に出現していない。場面2は空間的にはバスよりは広いが、場面1と同様に、公衆の面前で起きた出来事であり、更に「A」と「B」がぶつかったことにより、「B」の手の中にあった野菜が地面に落ちてしまうという視覚的にも印象的な出来事が起きている。たとえ、「B」が突然振り向いたことが原因で、「A」がやむなくぶつかってしまったという状況だったとしても、「A」にとっても、その場に居合わせた人にとっても野菜がころがっているという状況(「B」の受けた被害)が印象に残るであろう。場面1(バス)同様に、記号×c『A』の一方的逆上」が出現しなかったことは、場面設定から当然の流れであると考えられる。しかし、この場面2(市場)は場面1(バス)とは異なり、「A」がその場からすぐ立ち去るということは可能な状況である。にも関わらず、記号×a「無交渉」も現れていない。目の前で自分が接触したことが原因で相手の持ち物を落とさせてしまうという場面に出くわした場合も、日本人、中国人ともに完璧に無視して立ち去るということはないと考えられる。

一方、中国語だけに現れていた収束方法は、場面1(バス)の記号×b「交渉後決裂」、場面3(看板)の記号×b「交渉後決裂」と記号×c『A』の一方的逆上」である。場面1(バス)と場面3(看板)の「交渉後決裂」に関しては、結果的に決裂してしまうとはいえ、日本人と違い、中国人には何らかの交渉を行おうという意志が見受けられた。「A」と「B」の双方が取り敢えず言うことは言うという姿勢である。談話の中には議論を議論として楽しんでいるような展開も見られ、そこからは中国人が活発な交渉によって相手に積極的に関与していこうとする一面を感じ取ることができた。これに関して、晨は中国人の「報」の原則を用いて『報』の原則からして、中国人のコミュニケーションには一つの特徴が現れている。すなわち、ものをはっきり言うことである。そうしないと、もらえる『報』ももらえないかも知れないからである」（一九九五年、一七三—一七四頁）と説明している。また、晨は中国社会の特徴として「慣習的に法規範としてのルールがなく、頼れるのは人間関係だけである。——中略——いかに『報』をもらえるかということが重要なのである」（一九九五年、一七四頁）と述べている。この「報」の原則は、中国人が人間関係を深めることに執着心を示すということの強い動機付けとして働いており、中国人が自己の心情を可能な限り言語化して相手に積極的に伝えるというコミュニケーション方略をとる傾向が強いことの理由の一つとして挙げられよう。

次に、場面3（看板）の記号×c「『A』の一方的逆上」についてだが、今回の調査では日本人の談話には現れなかった。しかし、これは調査を関東圏の大学生に限定して行ったことに関係するとも考えられる。関東圏以外で様々な年齢層の人に対して調査を行った場合は日本人にも記号×c「『A』の一方的逆上」の方略をとり、看板や店主にあたり散らして責任の所在をうやむやにして立ち去ってしまう可能性はあるかもしれない。実際に、質問紙調査のあとに行ったインタビュー調査で、関西に在住した経験のある日本人大学生は、「自分はやらないが、昔住んでいた地域では、中年女性によるこのような逆上の可能性もある」と言っていた。また、損害保険会社でアルバイトをしているというもう一人の日本人大学生は、この場面3（看板）では母親の後ろで自転車に乗っていた子供が自転車から落ちて、けがをしたかどうかということは明記されていないが、そのように想像した場合は興奮状態に陥った母親が一方的に文句を言い募って立ち去り、その後の交渉にも応じないという行動にでることも考えられるとコメントしていた。

次に、収束方法の両言語の全体の中での比率だが、場面3（看板）だけが、記号○a「円満収束」と記号○b「一言収束」

の日中の比率が場面1（バス）と場面2（市場）とでは異なっていた。場面1、2では、日中ともに記号○a「円満収束」が一番多いという点では共通していたが、場面3だけは、日本語は記号○a「円満収束」が1番多く、中国語は記号○b「一言収束」と記号△「不明」が同率で一番多かった。中国語の記号○a「円満収束」は全体の中では、三番目であり、その比率も日本語の三分の一にも満たなかった。場面3は日用品ではなく耐久消費財である看板を傷つけられるというように、被害の程度が一番重く設定してある。日本人の店主はこのような被害の程度でも、「A」が素直に謝罪の言葉を口にした場合は、あからさまに不満を表明したり、補償を要求したりするところまではいかないが、中国人の場合、「B」の「看板を傷つけられる」という場面では「A」の謝罪を無条件で受け入れるという心境にはならないということであろう。

❖――(2) 話者交替数

質問紙調査により日本人と中国人の話者交替数の異なりが確認された。中国人の方が明らかに多かった。また、一つの発話内の密度も中国語の方が圧倒的に濃かった。中国語は話者交替数だけでなく一発話内で用いられる方略の数が日本語より多いということである。ここにも中国人の会話重視の姿勢が窺われる。陸は「中国人は言いたいことを思う存分言い、論争を好むのが本性である。中国人は真理を探究する為に、論争はあたりまえであり、必要なものと考える」（二〇〇一年、五九頁）というように中国人の議論好きな面を強調している。また、直塚は自身がアメリカ留学中、「ほかの学生が、私の意見を代表してくれたので、黙っていた」（一九八七年、四頁）だけなのに、その姿勢を軽蔑されてしまったという経験を例にあげ、日本語と米語のコミュニケーション方略を比較して以下のように説明している。アメリカ人にとっては「ことばで表現されたものだけが、存在価値をもっている。心で思っていても、口に出さなければ、無に等しい」のであり、「自分の存在価値を認めさせるのは、自分のことばである」（一九八七年、四―五頁）。アメリカ人にとっては、自分の心情を言語化して表明することがコミュニケーションなのである。これはアメリカ人だけではなく、中国人のコミュニケーションに対する姿勢にも共通するものがあると考えられる。

以上のような、日中両言語における話者交替数の異なりには、両国の歴史的な社会環境も深く関わっていると思われる。日本人は農耕民族であり、移動をしない定住民族であった。また農耕という作業自体が共同作業であり、つねに調和を保つことが求められてきたことに加え、権力により半ば強制された相互監視に基づく均一社会を「是」としてきたことから、日本人は自己と他者が同質のものであるという前提のもとでコミュニケーションを行っているのではないだろうか。日本人のコミュニケーションは常に共通理念がすでに形成されていることが前提になっている。故に話者交替数も少なくて済む。「察しの文化」、「阿吽の呼吸」が根付いているのである。一方、中国社会は地理的、歴史的にも厳しい社会環境の中に置かれてきており、異民族による侵入が相次いだ歴史を持つ。故に中国人は自己と他者は異なるものであるという前提のもとでコミュニケーションを行っているのであろう。自己と他者が異なるものであるという両者の認識において、関係を持ち始めた当初は共有される情報量は多くはない。そこでお互いの状況及び価値観、尺度、行動規範などを理解し合う為に情報交換を行う必要があると考えるのであろう。そして情報交換の為には自分も相手も積極的に考えていることを言語化して表現し合う必要がある。自己と他者の関係を確認しながら会話を進めていくことによって、両者の置かれている状況を明らかにしようとするのである。中国人にとっては、今、そのときの状況における情報内容の交換がなにより重要なのであろう。

7 まとめ

本稿では日本と中国の間に摩擦の生ずる一要因として、日中のコミュニケーション方略に着目して論じてきた。一章では、日本人と中国人の間に起きる摩擦の一要因を両者のコミュニケーション方略の異なりであると捉え、研究目的を述べた。二章では、先行研究を踏まえた上で、本研究の研究意義について述べた。三章では、調査対象者のデータなども含め、質問紙調査に関する詳細を記した。四章では、質問紙調査によって得られた記述資料を分析する際の基準について説明した。五章では、記述資料を分類し、その結果、明らかになった日中の異なり、及び類似点について論じた。「談話の収束方法」、「話者交替数」についてである。六章では、質問紙調査より明らかになったことを改めて考察した。以上の調査、分析、考察の結果、日中のコミュニケーション方略の異なり、及び類似点の一側面が確認できた。

すなわち、「談話の収束方法」に関しては、「バスに乗っていて隣の人の足を踏んで白い靴を汚す」、「市場を急ぎ足で歩いていて人にぶつかり相手の野菜を落とす」という場面では日本人も中国人も類似したコミュニケーション方略を用いる。しかし、「母親が子供を自転車の後ろに乗せて走っているときに、小路から飛び出て来た小学生を避けようとして軽食店の看板にぶつかり看板に傷をつける」のように比較的重大な補償問題が絡んでくる可能性がある場合は、日本人と中国人は異なったコミュニケーション方略をとるという結果であった。また、「話者交替数」は三場面全てにおいて、明らかに中国人の方が多かった。ここに自ら積極的に様々なコミュニケーション方略をとりつつ会話を進めていこうとする中国人の会話重視、議論好きな姿勢が明らかになったのである。地理的な要素から言語的コミュニケーションがとれない場面を経験してきた国民であるからこそ、他者とのコミュニケーションをとる為に持ちうる限りの方略を徹底的に駆使するようになったと推察できよう。

ここに、この中国人の会話重視の姿勢の一例として敢えて報告したい事例がある。三場面全ての談話を概観した際、日中のコミュニケーション方略の全体像に異なりが見られたのである。中国語の談話の中には独創性あふれるもの[28]が多数存在していた。

例えば、中国語の談話にのみ、非日常的な虚構の世界が繰り広げられる談話が出現した。中国語の談話には、登場人物が『スカウトマン』、『保険の外交員』、または『悪徳共産党員』や『暴力団員』、『麻薬の売人』などと非日常的な立場に特定されており、尚かつ虚構の世界を設定して展開させている談話が見られた。場面1（バス）では二本、場面2（市場）では三本、場面3（看板）では二本見られたが、日本語ではそのような談話はなかった。例えば、場面1（バス）については、『A』は初めは謝る気はない。『B』の『足を踏んでいるぞ』という言葉に対して『踏んだがどうした?』と反撃する。『B』が党員証を見せると『A』は謝り、『なめて拭きましょうか』と言う」というものがある。また、場面2（市場）については、「『A』

は独居老人。『B』は老人を家まで送り食事を作る。老人は『B』に三〇万元あげようと言う」や、「『B』が落としたものは麻薬。『A』は実は暴力団員だが、麻薬取締りチームであると嘘をつく。『B』が麻薬を置いたまま逃げる。『A』はこの麻薬を自分のボスに渡せば大儲けと喜ぶ」というものがある。また場面3（看板）についても、「『A』は最初『子供にぶつかりそうになった』と言う。『B』が『それで、あなたは私の店の看板にぶつかったのか』と聞き返す。『A』が身の上話を始める。『A』が過去に子供を事故で亡くしたと聞き、『B』は『A』に同情する。そこに『B』の子供が『ただいま』といって帰宅する。自転車に乗って突っ込んできた小学生は『B』の子供だった。『A』も配偶者がいない。『A』と『B』は再婚することにし、『B』は子供に対して『A』を『ママと呼べ』と言う」というものである。以上の談話には日本と中国の学校教育における考え方の異なりも反映されているようである[29]が、これらの独創性あふれる談話からは、中国人の対人関係における、相手を楽しませようというサービス精神の旺盛さまでも感じ取ることができるのである。

しかし、日本人側がこれらの中国人の方略を理解していなければ両者の間に摩擦が起きることは容易に想像できる。日本人がこのような中国人のコミュニケーション方略の特徴を知っているか、またはそれを理解しようとするか、認めるか認めないかということもポイントになってくる。根橋は「人間には、自分以外の他人を内集団と外集団という観点から分ける習性がある」（二〇〇〇年、一一〇頁）と述べている。日本人という内集団にとって中国人は外集団と見なされるが、根橋によると、人は内集団に関しては多くの情報を意識的にも無意識的にも収集するが、外集団に関する情報量は内集団に比べて少ないという。例えば、日本人の中に、中国人は「失敗しても謝らない」、「言い訳が多い」、「つじつまが合わない話をする」などというステレオタイプがあり、また「声が大きく騒がしい」、「口数が多い」、「阿吽の呼吸を理解しない」などという無意識の中で形成されたのであろう違和感が存在し続けているのには、このような人間本来の習性も影響しているのではないか。日本人が自らそのステレオタイプや違和感に疑問を持ち、中国人がなぜそのような言語表現や発話行為を選択するのかということについて理解を示そうとしなければ、いつまでたっても摩擦は生まれ続けるであろう。この摩擦の一要因が日中のコミュニケーション方略の異なりにあることを意識し、理解する姿勢を持たなければ、今後も日中間において誤解や摩擦が生まれ続け、その先入観からビジネス、教育、留学生活など様々な場面において摩擦が起きてしまうことは想像に難くない。我々日本人は今ここで先入観を持たない新鮮な目で再度、中国人とのコミュニケーションを見直すべき時に来ているのではないだろうか。

8　今後の課題

今回の調査は日中のコミュニケーション方略の類型を探ることを出発点とした。従来の研究方法の枠組みでは原行為者の方略に関する基準は設定されていたが、原行為を受けた者に関しての枠組みは新たに設定する必要があった。これに関しては従来の研究手法を取り入れつつ、まず筆者が枠組みの原案を作り、次に言語教育、異文化コミュニケーション教育の専門家の意見を取り入れて整理していった。しかし、次の段階で発話文をそれぞれの基準に照らし合わせて分類していく作業に関しては筆者が一人で行った。分類の過程で、一度分類が終わった資料を何日かあとに、もう一度見直すという作業を二カ月に渡り続け、その間、並行して行っていた資料の分析の段階で矛盾点に気づいた場合も再度最初から分類をし直すという形で、極力誤差のでないよう精密さを意識して分類を行った。個人で行った分類としては、その客観性をでき得る限り高めることはできたと思うが、やはり第三者の視点を得ていないという点においては分類の妥当性、客観性に不十分な部分があったであろうことは否めない。今後は、分類の基準の設定の見直しを含め、分類に関しても第三者を含めて深く検討していきたいと思う。

また、質問紙の場面の設定に際しては、北京出身の中国人留学生や中国語教師の意見を取り入れ、日本人が謝罪を期待するであろうと予想され、尚かつ中国でも現実に起こり得ると思われる状況を常に意識しつつ、幾つかの候補を挙げ、そこから選別した。そして、筆者とその中国人留学生と中国語教師の間でのみ共通見解が得られた段階で調査に踏み切った。しかし、被害の程度が異なる場面ごとに、他人に被害を与えたことについての精神的負担の重さについて、日中で同じように把握しているかどうかを協力者以外の第三者を交えて検討するという慎重さも必要であったと思う。

また、今回は日本人同士、中国人同士のコミュニケーション方略について調査するにとどまったが、今後は日本人と中国人の間に起きるコミュニケーション方略についての調査も必要であろう。

最後に、今回の資料の数値は、調査対象者の年齢、属する社会的階層や立場や地位、在住地域、調査時の社会状況などによって変化することが予想できる。よって、本稿における調査結果を一般化して解釈することの危険性は認めざるを得ない。しかし、現代の日本と中国における若年層のコミュニケーション方略に関しては、その特徴の一部が示唆できたのではないかと思われる。

資料1a　原行為を行った者の方略記号化の基準
（資料2aと資料2bのⅠ欄の「A」）

《記号1「定型表現を用いた謝罪の表明」》「すみません」「対不起〔すみません〕[1]」

《記号2「安否確認」》「大丈夫ですか」「没踩疼你吧〔痛くないですか？〕」

《記号3「事実の報告」》「靴汚れちゃいましたけど」「您看把您这牌子撞的〔見て、お宅の看板を傷つけてしまいましたよ〕」

《記号4「責任の所在に関する言及」》〈記号4a「責任の表明」〉「私の不注意で」「是我不好〔私が悪いのです〕」〈記号4b「故意の否定」〉「我不是故意的〔わざとじゃありません〕」〈記号4c「狼狽の表現」〉「どうしたらいいですか」〈記号4d「事実の容認」〉「ぶつかってしまいまして」「把您的鞋踩脏了〔あなたの靴を汚してしまいました〕」〈記号4e「責任の否認」〉「えー、事故なのに」「根本不是我撞坏的〔もともと私がぶつかって壊したものではありません〕」

《記号5「原因説明」》「〈バスが〉[2]急に揺れたので……。」「刚才有个小孩来着〔先ほど子供が飛び出してきたので〕」

《記号6「情報の要求と提供、つなぎの一言」》「〈店主に連絡先を教えるようにと強要されて聞き返す〉連絡先？」「〈看板にぶつかった母親が店に入って〉「谁是老板？〔誰が店主ですか〕」

《記号7「補償の提案と交渉」》「靴ふきますヨ」「帮您捡、帮您捡……〔拾います、拾います〕」

《記号8「繰り返さない約束」》「気をつけますね」「我下回一定骑慢点〔これから必ずゆっくり自転車を走らせます〕」

《記号9「辞去の表明」》「私ここで降りなきゃいけないんで……。失礼します」「算了〔じゃ、そういうことで〕」

《記号10「開口一番開き直り」》「ちょっと事故りました」「怎么开的车〔どういう運転してるのかしら〕」

《記号11「再度の弁明」》「よく見ていなかったので」「我有一件急事儿要赶着去做〔急用があって〕」

《記号12「話題回避」》「でも〈自分は〉全然大丈夫です」「我闺女只喜欢这种饮料〔うちの娘はこのジュースだけ好むのです〕」

《記号13「反撃」》「つーかあんたも気をつけて歩けよ」「你硌我的脚〔あなたの足が私の足のじゃまになったのです〕」

《記号14「談話の切り上げ」》「はい、おかげさまで」「谢谢您啊〔ありがとう〕」

《記号15「気配り」》「以后多来您这吃饭〔今度、この店で食事を多くしますね〕」

《記号×「方略無使用」》

1 中国語のあとの中括弧の中の日本語は翻訳文である。
2 山括弧内の言葉は、内容を筆者が補ったものである。

資料1b　原行為を受けた者の方略記号化の基準
（資料2aと資料2bのⅠ欄の「B」）

《記号1「謝罪への応答」》「いいえ、どう致しまして」「没关系〔大丈夫です〕」

《記号2「逆謝罪」》「いえいえ、こちらこそすみません」「耽误你脚落地了〔あなたが足を下ろすのを邪魔しました〕」

《記号3「状況理解の表明」》「ここら辺は小学生の事故が多いんだよ」「我这牌子也没多少钱〔この看板はそんなに高いものではないから〕」

《記号4「共感の表明」》「子供さん、大丈夫ですか」「我看您也不是故意的｛わざとやったのではないのでしょうから｝」

《記号5「情報の要求と提供、つなぎの一言」》「何がですか」「小孩儿跟哪儿呢？｛子供はどこに？｝」

《記号6「不満の表明」》〈記号6a「感情発露」〉「わっ」「诶哟｛あー｝」〈記号6b「事実確認」〉「汚れちゃったじゃないの」「痛…｛痛い…｝」〈記号6c「攻撃」〉「困るじゃないか、気をつけてもらわないと」「你丫不长眼呀！｛どこに目をつけているのですか｝」〈記号6d「怒りの根拠説明」〉「これから私、親せきのピアノ発表会に行くのよ」「今天早上刚换的新鞋｛今朝新しい靴に換えたばかりなのに｝」〈記号6e「再攻撃」〉「拾うだけですか!?」「想跑啊？｛逃げるつもりですか？｝」〈記号6f「謝罪・補償要求」〉「野菜拾いなさいよ」「让我踩你一下！｛足を踏ませなさい｝」

《記号7「被害の訴え」》「困ったなあ」

《記号8「受け入れ」》〈記号8a「行為の受け入れ（円満）」〉「〈『拾います』に対して〉どうも」「谢谢！｛ありがとう｝」〈記号8b「言葉だけの受け入れ（円満）」〉「自分で直すから」「不用了｛結構です｝」〈記号8c「行為と言葉のしぶしぶ受け入れ」〉「〈交渉の末、最後に〉気をつけてよね！」「［无奈了］［……｛〈自分で拭けと拭く紙を放られて〉［しょうがないなあ］｝］」

《記号9「収束後のコミュニケーション」》「この辺は危ないので気をつけてね」「您往这边儿来扶好｛ここに来てちゃんとつかまって｝」

《記号10「別れの言葉」》「じゃあ」「你走吧｛行ってください｝」

《記号×「方略無使用」》

日本語　場面 3（看板）

番号＼発話	I（談話の流れ） A₁	B₁	A₂	B₂	A₃	B₃	A₄	B₄	A₅	B₅	A₆	B₆	A₇	B₇	A₈	B₈	II（談話の収束方法）	III（話者交替数）	備考 [ ] はト書き 〈 〉は付記
112	1 5 4d	4	4d 1	6b	7 1	8b	7	8b									○b	4	
113	1																△	0.5	
114	1 4d	6c	1	8c	1	[〜]	このあと母と子の会話になる。子が、「小学生が悪いんだから、本当の理由を言えばよかったのに」と言い、母が、「あなたが無事ならそれでいいの」と答える。										○c	2.5	[B3 店の中に入る]〈A4以降は創作〉
115	5	6b	1 5 7	8b	1												○b	2.5	
116	1	6c	1 4c	6a 7	1 7	7	1										○c	3.5	
117	1	6b	1 5	5	6	3	1	1 4									○b	4	
118	1 5 4d	4	6 3	3	2 7	1 3 8b	6 1 9										○a	3.5	
119	1 5																△	0.5	
120	無効（無記入）																		
121	／	5	5 4d 1	6b	1	3	1										○b	3	
122	1 5	6a	5	3 1	1	9											○b	3	
123	1 5 1																△	0.5	
124	5 4d 1	5 9															○a	1	
125	1 5 4d	6b	1	8c													○c	2	

資料2b　記述資料記号化一覧表(中国語)

中国語　場面3(看板)

番号＼発話	A₁	B₁	A₂	B₂	A₃	B₃	A₄	B₄	A₅	B₅	A₆	B₆	A₇	B₇	A₈	B₈	Ⅱ(談話の収束方法)	Ⅲ(話者交替数)	備考 [ ]はト書き 〈 〉は付記
	Ⅰ(談話の流れ)																		
14	1 4e 5	6f	13														×b	1.5	
15	無効(英語で記入)																		
16	1 5 4d	6c	4e	6b	12	6e	7	6e	13	6b 6f	7	6f	7	6f	9		×b	7.5	
17	[7]																△	0	
18	5 4d	6c	1 4e	6c	4e	6e	11	6e	13 11	8c 10	14						○c	5.5	
19	10	6c	5 11	6e	1 1	×	[~] 7	8b	7 4a	8b	14 15	9	9	10 9			○b	7	[A4 子供にやらせようとする]
20	10	×															×c	0.5	
21	10 4d	6c	5	6e	4e 7	4 6f	7 13	6c	7	6d 6f	13 4e	6f	7 [~]	[~]			○c	6.5	[A7立ち去る]〈交渉あり〉[B7金庫がなくなっていた]
22	[~]																×a	0	[A1 自転車に乗って逃げる]
23	[7] 1																△	0.5	
24		5	4d	6c	5 12	5	7	8a									○b	3.5	〈A4理由も原因も言わず店主の新製品飲料への自尊心をくすぐり飲料を買う〉
25	1	6c	1 11	6e	5	6e	×	×	(Aの子供) 11	6e	7	6f	7	8a			○b	7	〈A7店の商品を買う〉
26	1	5	1 4d 7	8b	14 1 1												○a	2.5	
27	5 1																△	0.5	

資料3a　定型表現がないまま円満に収束している談話（日本語）

NO.1

A：今、小学生がとびだしてきて、さけたらぶつかっちゃったんです。
B：大丈夫？
A：はい。大丈夫です。
B：気をつけてね。
A：ありがとうございます。

NO.2

A：痛え!!
B：だいじょうぶかぁー!!
A：はい、なんとか……。
B：そっか……んで、どうした？
A：子供がとびでてきてよけたら……
B：で、子供のほうは……。
A：どっか行きました。
B：じゃあ、仕方ねえさ。

NO. 3

A：小学生が突然とびだしてきて、よけようと思ったら、看板にぶつかってしまいました。

B：看板はいいけどあなたは大丈夫ですか？

A：はい、大丈夫です。

B：それならよかった。

資料3b　定型表現がないまま円満に収束している談話（中国語）

NO. 1

A：噢，刚才我不小心的牌子。（あ、今、私の不注意で看板が……）

B：怎么那么不小心啊？　还带着孩子。（どうしてそんなに不注意だったの？　お子さんを連れているのに）

A：是啊，不该骑那么快的。（本当に、あんなにスピードをだすべきではなかったです）

B：下次小心一点，摔了孩子可怎么办！（今度は気をつけて、お子さんが落ちたらどうするの？）

A：哎，我下回一点骑慢点。（はい、これから必ずゆっくり自転車を走らせます）

B：得了，快带孩子回家吧。（そうだね。お子さんを連れて、早くおうちへ帰りなさい）

A：您看吧您这牌子撞的，陪您多少钱合适啊？（見てください。あなたの店の看板にぶつかったのです。おいくら弁償したらいいですか）

B：算了，我看你也不是故意的。（もういいですよ。あなただってわざとぶつかったのではないでしょう）

A：那多不合适啊！（それでは申しわけなさすぎます）

B：算了。（いいですよ）

A：那麻烦您了！　改天我叫孩子他爸给你修修。（そうですか、ではご面倒をおかけしますね。日を改めて夫をよこして修理させます）

B：不用了。走吧，走吧。（その必要はありません。行っていいですよ）

注

[1]「方略」とは、謝罪や依頼、断りなどの現実的なコミュニケーションを円滑に遂行する為の手段の総体である（中道・土井、一九九三年）。「ストラテジー」と呼ばれることもある（平賀、一九九六年、池田、一九九三年）。

[2] 発話行為（言語行為）は、陳述、依頼、許可、感謝、謝罪、約束、賞賛、批判、訂正、忠告、警告、同意、拒絶、提案、確認など、様々なカテゴリーに区分できる。謝罪は、「人間生活において欠かすことのできない基本的発話行為」（平賀、一九九六年、一一頁）であり、「自分のあやまちや人にかけた迷惑などについて詫びる行為は、ほぼすべての文化、社会に存在し、日常の対人行動や人間関係の維持において機能している」（熊谷、一九九三年、四頁）と言われている。また、池田（一九九三年、一三頁）は、謝罪を社会の成員であれば誰もが持っているface（"public self-image" Brown & Levinson（1987, p.61））の問題と捉え、「修復行動」（"remedial work" Goffman（1971, p.108））の一つであると定義している。以上により、謝罪という行為は人間の生活に欠かせない、普遍的な行為であると言うことができよう。

[3] 強制を避ける為の方略を意味する。曖昧な言い方をしたり、謝ったり、選択の自由を与えたり、相手の行動に対して干渉することを避けたいという表示をする。これに対して、「積極的な丁寧さの方略」がある。「積極的な丁寧さの方略」とは、聞き手に好感を与え、価値観が共有されていると感じさせるものである。この方略は、社会的な連帯を結ぶことを目的とする（笹川、一九九四年、四六頁）。

[4]「フェイス」はBrown & Levinson（1987）の「face」と同義である。二つのフェイスとは相手から自分の領域を侵害されずに行動したいという欲求である「消極的なフェイス」と、個性を相手に認めてもらいたいという欲求である「積極的なフェイス」のことである。

[5] 亜細亜大学、桜美林大学、国士舘大学、早稲田大学など。

[6] 北京理工大学、北京師範大学、北京語言文化大学、中国農業大学など。

[7] 調査結果の集計、分析にあたっては無記入を除外し複数の回答も「有効回答」として分析対象とした為、有効回答数及びその合計は調査者数の整数倍とはなっていない。

[8]「あいさつのもととなる行為」のこと。金田一秀穂（一九八七年、七六頁）による。

[9] 例えば、中嶋は遅刻を例に挙げ、自分は時間に遅れて走ることもあると前置きしたあとに、中国人について、「中国人の価値観からすれば、人前で遅刻しないように走るなんてことは、まず第一に『恥』であり、面子がつぶれることですので、そのようなことを彼らは決してしないのです」（一九八六年、一四〇頁）と述べている。このように遅刻に対する感覚一つとっても日中では異なりが見られるのである。

[10] 中国語訳：以下三个问题，请您自由想像后，站在当事人的立场上，将接下来的情节，写在纸上。字数不限。

[11] 中国語訳：您在乘坐公共汽车，因车子突然急刹车，使得您一个站不稳，将身边人的白色皮鞋踩脏了，这时车子已经到了您要下车的站。请问您会有怎样的行动，或者会，有怎样的对话？

[12] 中国語訳：您用很急促的步伐走在路上，在经过某菜市场时，因为人流混杂，您撞到了一个正在买菜的路人身上，这位路人手上拿的菜全部掉在了地上，当您看到这样的情景，接下来会有怎样的行动，或者会进行怎样的对话？

[13] 中国語訳：您是一位母亲，从学校接走孩子骑自行车回家，途中突然有一个小学生样子的男孩子从路口冲出来，为了躲避这孩子，在情急之下，您的自行车撞到了路边的小吃店的店牌，定睁看时，小男孩已跑得无影无踪，这时小吃店的店长从店里走出来，一边看着被撞坏的店牌，一边问「出了什么事？」请问接下来您会有怎样的行动？

[14] 原行為を行った者の方略記号化の基準（資料２ａと資料２ｂのⅠ欄の「A」）。

[15] 原行為を受けた者の方略記号化の基準（資料２ａと資料２ｂのⅠ欄の「B」）。

[16] 佐久間（一九八三年）、中田（一九八九年）、中道・土井（一九九三年）、平賀（一九九六年）。

[17] 本稿では、一つの脚本の最初から最後までの一まとまりの言語表現を「談話」、一人の話者が話者交替するまでの間に発する文のまとまりを「発話」、一往復の「発話」のやりとりを「会話」と定義する。

[18] 日本語の１２１番のように資料のⅠ欄の冒頭のＡ１の欄が斜線の場合は談話がＢ１の方から始まっていることを示す。また、中国語の20番はＢ１が「無言」と明記されていた。このような場合は、Ｂ１には×印を書き入れた。

[19] 中国語の発話文の読み取りは誤訳を避ける為、中国語母語話者に確認しながら行った。

[20] 日本語では「すみません」「ごめんなさい」「申し訳ありません」などを、中国語では、「对不起」「抱歉」「不好意思」を謝罪の定型表現として扱った。三宅（一九九四年）による「もともと詫びの意味で使われた慣用的表現で、現在でもその意味を強く残しているもの」という規定を採用したものである。

[21] 行為（action）は、その中に意味または意図が含まれているという点で、行動（behavior）と区別される『新しい世紀の社会学中辞典』一九九六年、ミネルヴァ書房）。

[22] ほかに「補償の行為の申し出と行為の実行状況」に関しても日中間での異なりを確認した。詳しくは、拙稿「日中の謝罪のコミュニケーション方略に関する一考察――『補償の行為の申し出と行為の実行状況』に着目して――」（二〇〇五年）を参照されたい。

[23] 隣接応答ペア（adjacency pair）、Schegloff and Sacks（一九七三年）による。

[24] 中国語と日本語の設問文の表現の異なりにより、設問設定時に筆者が想定した「A」が原行為を行った者、「B」が原行為を受けた者という構図を、回答者が逆転させて解釈した可能性がある。このようなパターンが出現した理由として、中国語の設問文では「您撞到了｛あなた（『A』）がぶつかった｝」というように、「A」に原因があるようなニュアンスになっており、一方、日本語の設問文のほうは、「ある人（『B』）が振り向いた瞬間にぶつかった」という表現になっていることが考えられるのではないかと予想される。

[25] この談話は資料3a（定型表現がないまま円満に収束している談話　日本語）に記載してある。尚、実際は質問紙回答者の記述を更に深く理解する為に、質問紙調査のあとに質問紙の回答者と年代が近い日本人大学生と中国人留学生、それぞれ三名ずつに対してインタビュー調査を行っている。質問紙調査の分析結果を見た日本人大学生、中国人留学生がその結果をどのように理解したかを明らかにすることにより、第三者の視点が加わり更に新しい視点を得ることができると考えたからである。この資料3aの談話に関してはインタビュー調査に応じてくれた日本人大学生三名とも円満収束しているという共通見解を示した。

[26] 資料3b（定型表現がないまま円満に収束している談話　中国語）に関して、インタビュー調査では中国人留学生三名とも資料3bの談話は円満収束しているという共通見解を示した。

[27] ここでの「A」は、直接的な謝罪の定型表現を用いないまま、代替案を提示することで謝罪行為を行い両者間のバランスを回復するという方略をとっていると考えられよう。また、対する「B」も「A」の申し出を認め、受け入れてみせることで両者間のバランスをとり両者の面子が立つようなコミュニケーションを選択しているとも考えられる。

[28] ただし、これらの談話からは、言葉を巧みに操り最終的に順調に物事を解決するという、北京人の社交上手な一面が窺われるという解釈もあり、中国人が全てこのような言い回しを用いることがあるか、または認めるかどうかは現時点では不明である。

[29] インタビュー調査でも日本人大学生と中国人留学生一名ずつがこれについて触れ、日本の学校教育は、独創性よりは普遍性のある正解を導き出すことを旨とするような教育方針であり、一方中国では独創的であるものの方が高く評価されるということを言っていた。

参考文献

- 池田理恵子「謝罪の対照研究——日米対照研究—— faceという視点からの一考察——」『日本語学12』明治書院、一九九三年、一三—二一頁。
- 太田浩司著、西田ひろ子編「グループ間コミュニケーションアプローチ」『異文化間コミュニケーション入門』創元社、二〇〇〇年。
- 沖裕子「方言談話にみる謝罪的感謝表現の選択」『日本語学12—12』明治書院、一九九三年、三九—四七頁。
- 金田一秀穂「お礼とお詫びのことば」『言語』第16巻四月号、大修館、一九八七年、七五—八三頁。

- 熊谷智子「研究対象としての謝罪――いくつかの切り口について――」『日本語学12―12』明治書院、一九九三年、四―一一頁。
- 佐久間勝彦著「感謝と詫び」、水谷修編『話しことばの表現』講座 日本語の表現3、筑摩書房、一九九三年。
- 笹川洋子「異文化間に見られる『丁寧さのルール』比較」『異文化間教育 8』異文化間教育学会、一九九四年、四四―五八頁。
- 鮫島重喜「コミュニケーションタスクにおける日本語学習者の定型表現・文末表現の習得過程――中国語話者の『依頼』『断り』『謝罪』の場合――」『日本語教育』98号、日本語教育学会、一九九八年、七三―八四頁。
- 園田茂人「中国人の行動を理解する」「面子」『中国人の心理と行動』日本放送出版協会、二〇〇一年。
- 高橋優子「日中の謝罪のコミュニケーション方略に関する一考察――『補償の行為の申し出と行為の実行状況』に着目して――」『異文化コミュニケーション 8』異文化コミュニケーション学会、二〇〇五年、一二一―一三八頁。
- 直塚玲子「私の異文化との出会い」「欧米人が沈黙するとき〝日本人は何故、口数が多いのか〟」『欧米人が沈黙するとき』大修館書店、一九八七年。
- 中嶋嶺雄「生き方、つきあい方、時間感覚の違い」『日本人と中国人ここが大違い――異母兄弟にみる愛憎の構図』ネスコ、一九八六年。
- 中田智子「発話行為としての陳謝と感謝――日英比較――」『日本語教育』68号、日本語教育学会、一九八九年、一九一―二〇三頁。
- 中道真木男・土井真美「日本語教育における謝罪の扱い」『日本語学12―12』明治書院、一九九三年、六六―七四頁。
- 根橋玲子著「ステレオタイプ」西田ひろ子編『異文化間コミュニケーション入門』創元社、二〇〇〇年。
- 平賀正子「ことばと行為」宍戸通庸他『表現と理解のことば学』ミネルヴァ書房、一九九六年。
- 三宅和子、一九九四「『詫び』以外で使われる詫び表現――その多様化の実態とウチ・ソト・ヨソの関係」『日本語教育』82号、日本語教育学会、一九九四年、一三四―一四六頁。
- 晨光「『報』と『誠』のコミュニケーション」『異文化コミュニケーション研究』第8号、神田外語大学異文化コミュニケーション研究所、一九九五年、一六九―一八四頁。
- 陸慶和「ことば・表現習慣・真意伝達」「呼称・わびる文化・消費観念」『こんな中国人、こんな日本人』関西学院大学出版会、二〇〇一年。
- Brown, P. & S. Levinson.（1987）.：Politeness：*Some Universals in Language Usage*. Cambridge：Cambridge University Press.
- Goffman, E.（1971）.：Relations in Public：*Microstudies of the Public Order*. New York：Basic Books, Inc., Publishers.
- Schegloff.E. & Harvey S.（1973）：*Opening up closings*. Semiotica. 8. pp.289-327.

戦前日中政治衝突と文化摩擦の一幕
――日中戦争開始当夜の日中記者大論戦考察――

徐　氷

今日の日中関係は戦後において、最も好ましくない時期となっている。日本の歴史認識の態度、中国の排日教育問題、靖国参拝、東海油田、釣魚島問題（日本では尖閣列島と称す）などを巡って、両国の政府、政治家、マスメディア及び若者、青年、知識人を中心とする国民間では激しく対立し、戦前の一九二〇―三〇年代とかなりの類似性を呈していると思う。今日の日中間の教科書問題と排日教育問題はなにも今日に発生した問題ではなく、筆者の調査によれば、一九一四年、一九一八年、一九三〇年代初期、一九三七年七月七日日中戦争が勃発した当夜、戦前では少なくとも四回以上起こっている。戦後の日中間の相互認識と歴史認識は戦前の継続であり、両国間の政治衝突と文化摩擦の本質と深刻さを反映している。今日の日中間の問題を考え打開策を探るとき、戦前まで遡り、おさらいする必要があるであろう。小論は一九三七年七月七日の夜、日中戦争（中国では蘆溝橋事変という）の折、東京で開かれた座談会の記録に基づいて、戦場の戦いと平行線に展開した両国の記者と知識人の激しい論戦の背景と経緯を披露し、焦点と原因を分析することとする。

1　論戦の背景

一九三七年、日本の新聞記者の「北支の風雲急！」という言葉で象徴されるように、日中関係は危機一髪の際どい状態であった。七月七日の夜、北京郊外の蘆溝橋で、日中両国の軍隊が衝突し、大戦の幕開けとなった。事件が起こった当日の夜、日華文化協会の主催により、東京虎ノ門の曙荘において「日支新聞記者座談会」が開かれた。従来の日中間の教科書問題における摩擦は新聞、外交ルートなどを通じて間接的に行われたのに対して、今回の摩擦は日中両方の関係者が顔と顔を合わせてにらみ合い、真正面から衝突した。残った座談会の記録が戦場と平行に展開した日中文化摩擦の最前線の様子をありありと語り、再現してくれたのである。今まで使われたことのない興味深い重要な資料として、そして論争の現場を再現するため、長く引用したことを断わっておきたい。

日本側の出席者は

東京朝日新聞　尾崎秀実（東亜問題調査課）
同　宮崎世龍（陸軍省、前南京特派員）
同　入沢文明（外務省霞倶楽部）
同　山崎武彦（政党方面担当）
読売新聞　村田孜郎（東亜課課長）
同　花見達二（首相官邸担当）
同　藤原節夫（大蔵省担当）
東京日日新聞　小林義郎（首相官邸担当）

報知新聞　木原通雄（首相官邸担当）
国民新聞　後藤勇（首相官邸担当）
都新聞　福良俊之（金融、日本銀行）
中外商報　鈴木尚雄（同）
元時事新報　久保田政雄（政治部記者）
同盟通信社　山上正義（発信部長、前東亜課次長）
同　中村登（陸軍省担当）
同　久野茂男（外務省霞倶楽部）

主催者側　水上茂（日華文化協会）

中華民国側の出席者は
中央通信社代表　前北平晨報社長　陳博生（早稲田大学出身）
中央通信特派員　前北京晨報記者　劉尊棋（燕京大学出身）
横浜総領事　前南京政府情報部　邵毓麟（東京帝大京都帝大出身）
留学生監督処　総務課長　蒋君輝（文理大学出身）[1]

この座談会の出席者を肩書きと出身から見ると、いずれも日中両国の現役で活躍している一流の者ばかり、豪華な顔ぶれであった。日本側の出席者は、まさに日本の政治中枢である首相官邸、陸軍省などに出入りする記者であり、その中に中国の革命を支持した孫文の友人の宮崎滔天の孫である、中国事情に詳しい宮崎世龍も加わった。

中国側の出席者も、殆ど日本と中国の名門校を卒業したエリートで、外交官、新聞社の重要人物である。日中両国の参加者は日中関係について熟知し、深く関わっている。主催者の日華協会は外務省下の組織で、大正七年に設立され、日中間の教育文化交流事業、日本訪問の中国文化人や留学生の世話をする団体である。

2 論戦の経緯と焦点

座談会は夕方ごろから始まり、参加者たちは食事をしながら、日中間の重大な問題について討論を始めた。双方の態度は極めて丁寧で、時々冗句も混じり、論戦とは思えない雰囲気であった。しかし出席者は非常に真剣で、大事な論題となると一歩も譲らなかった。この座談会の速記録をまとめた『日支遂に敵か』という本の前書きに、次の一節があった。

奇くも盧溝橋事件の激発と時刻を同じして行われた。出席者はいずれも両国の新聞界第一線に活躍する人々、それに最近まで南京政府情報部にいた邵毓麟氏、留学生監督処蒋君輝氏等の堂々たる顔ぶれであった。そこには、「新しき支那」の姿が中国側出席者の口をついて最も真剣に語られている。四時間に亘る座談会を一貫して流るる特徴は、今日両国の底に暗流する力強い危機線を如何に突破しようかとの真摯なる気迫であった[2]。

「事件当夜の座談会速記を輯録することは如何かとも思われたが」と司会の水上茂氏は後に述べた。この座談会は、記録した内容をまとめて昭和一二年七月、即ち事件当月に「日支遂に敵か」というタイトルで、第一出版社より出版された。教科書問題も含めて日中間の重大事について、日中両国の記者と出席者が激しい論戦を展開した。

日本側の出席者として、『報知新聞』首相官邸担当の木原の挨拶には次の内容があった。

一番大事な点は、中国と日本といふものに就いて腹蔵なくもののありの儘の姿を知り合ふといふことが、どちらも仲良く手を握り合ふにしても喧嘩するにしても直ぐ一番大事な前提になると思ひます。（中略）殊に日本側の所謂中国通、中国側の日本通と云はれる方々の知識なり、見解は往々にして的を外れる場合が多いことを吾吾痛感して居ります。今晩はそれ等の従来誤った点を是正し得る機会が出来れば幸いと思ひます[3]。

木原は従来の日本の中国通、中国の日本通の見解はよく的を外れるから、この場で日中両国の一流の者の対話を通じて、それを検証し是正したい旨を述べた。そして、緊張している日中関係がさらに問題にならないように、司会者の配慮があった。主催者の冒頭挨拶では「尚一言お断りいたしておきたい事は、甚だ不幸なことでありますが、今日の日支関係には微妙な面があり、お互いに速記に載せては具合のわるい事も相当に出てくるだろうと思います。そういう場合遠慮なく仰って頂きたい」と断わったので、敏感な問題については、「日支遂に敵か」という著書を出版した時、削除され、、、、、、となっている。

この座談会は主催者の挨拶の言葉、中国側出席者の紹介のあと、双方からの質問と応答の形で進行した。論題は「共産軍は何処へ行く」、「西安事変の社会的歴史的意義」、「支那に於ける民族的目覚め」、「日支親善の礎」、「日本民衆の輿論」、「北支の問題」、「軍人が戦争のことを考えるのは当然」など、多岐にわたって議論が展開したが、以下は当時の日中間の文化摩擦の中心問題と今日の日中関係に存在する問題の関連から、1．中国青年の日本認識、2．中国新聞の排日宣伝、3．中国の抗日教科書、4．留学生問題という四つの焦点に絞って取り上げることとする。

❖———1．中国青年の日本認識

ヤング、チャイナの日本観及びその希望

水上　お話中恐縮です、重要な問題と思うのですが既に十一時近くであり、この辺で話題を急転回したいと思ひます——

劉尊棋さん、あなたは燕京大学を卒業されたのが一九三〇年、それから五六年北平晨報に新進有為の新聞記者として、活躍され、去年初めて日本に来られた、三〇年代といえば、抗日抵抗の最も濃厚な時代、それらの学生運動の渦中に育ち、その後引き続いて北平の排日的ナショナリズムの横溢した言論界に直接の接触を有って来られたわけですが、私の興味を以って御聴きしたいことは、彼地に居られた時分に考えていられた日本観と云うもの、それからこちらに来られて実際に見たお感じとどう異なっているか、それから尚付加えて日本の知識階級に接触して見てのあなたの率直なお考えを……

（中略）

劉　私は日本語はあまりよく話せませんから支那語（この支那語という表現はおそらく出版時に編集者によって書き換えられたであろう。以下同——引用者注）で話して、邵さんか陳さんに通訳して頂きたいと思ひます、如何でしょうか。

水上　非常に結構です、自由に話して頂きたい。

陳　英語でやったらどうかね。

水上　どうかご自由に一つ願います。速記の関係もありますから、それはどちらでも結構ですが、後で邵さんか陳さんに通訳して頂けば大変結構だと思ひます。

（劉、陳、邵氏等の暫時打合せあり）

劉　では支那語でやって後で通訳して頂きませう。

（劉氏専ら陳博生氏の方を向きながら情熱的な支那語で話す）

劉　（陳氏「私は大体に於いて通訳します」と劉氏の話を取り次ぐ）——

自分は国にいる時分の考とお国に参りましてから各方面の方々に接触してからの考と余り大して違ひはないのです、さうして国に居った時分、日本国民の大多数が平和を希望して戦争と言うことは嫌ひであるということを信じておった。来て見ると矢張りさういう状態である。けれどもですね、そこに一つの疑問が起こってきました、其の疑問といふのは何故日本の国民が大多数に於いて平和を希望している、、、、、、ないかと思っている、それを何故日本の知識階級の人々が（原文のまま、おそらく日本にとって不利益な発言は削除されたのであろう——引用者注）れ、、、できないでせうか、そこに疑問があるのであります。殊に今日茲でお目にかかる方々が皆んな平和を希望している新聞人であって、、、てさういふことを成るべくしないようにすることが出来ないでせうか、それとも日本の知識階級が政治に対して消極的な態度を取っているのではないか、それを是正しようと思っても、それを是正する方法がないといふがために打ち投げて置くか、或はさういう情勢がなくて、将来は決して悪い結果を生じてくるといふ心配がないといふお考えで打ち投げて置くか、その点に就いて是非この席に見えている方々から御高見を拝聴し、、たいのであります。

水上　山上さん、尾崎さん、今の劉さんのご希望といふやうなものは中国に於ける新進新聞記者の抱かれる疑問と思ひますから何か話して下さい。

尾崎　入沢　いや先輩ですからあなたから何卒、、、、、、。

陳　先輩の話も後輩の話も聞かうじゃありませんか。

陳　劉君は又一つ補足して申し上げたいことがあるさうです。

水上　さあ何卒、、、、、、。

（劉氏再び支那語で語りつづける）

劉　（陳氏通訳）この席に集まって居られる皆様は、輿論を指導していなさる方々であり、その種の輿論の力を発揮して、それを進めて今行きつつある。所が、、、、、、、将来非常に憂慮すべき状態に陥るではないかと思っているのであります。その点に是非御高見を承りたいです[4]。

座談会の話題は日中間の諸問題について展開し、日中衝突の原因と関連して、中国の若者の日本観に集中してくる。司会の水上が劉尊棋に出した質問は、日本側が中国青年の日本に対する認識を、非常に大事な問題としていることが分かる。劉尊棋は北京で長く生活し、燕京大学を卒業したばかりで、北京の学生や知識人の思想と活動を詳しく知っている。そのため、日本側は彼の紹介を通じて、中国青年と知識人の動向、特に彼らの日本に対する印象や見方を詳しく知りたかった。劉の発言の一部、肝心なところは記録で削除されているが、文脈から、やはり彼が何を言おうとしているか推測してみよう。

劉はおそらく、まず日本国民の大多数が平和を愛し、戦争が嫌いだと建前を並べ、それから日本の知識人は政治に対して消極的な態度を取っていると指摘しているであろう。本音は日本の知識人は、なぜ軍人に妥協し、対外拡張政策に協力的であるか、なぜ反戦の態度を取らないのかと彼らの立場を正し、追及していたようである。知識人と輿論は消極的なので、国民に対して好ましい影響を与えない。将来、悪い結果を招く可能性があると懸念を表した。最後に、在席している新聞記者に、あなたたちは日本の輿論を指導しているので、責任重大であると忠告していた。

劉の主張と質問に対して、日本の新聞記者は互いに発言や回答を譲ったりして、まともに応じなかったが、窮地を逃れるために中国の新聞を問題にした。

❖――――2. 中国の抗日宣伝

支那新聞は好戦的

山上（同盟通信社発信部長、前東亜課次長） 支那の新聞というものは非常に好戦的だと私は思うのですが、日中国交上まことに遺憾です。支那の民衆の心理を好戦的に指導することになる。

陳（早稲田出身、中央通信社代表、前北平晨報社長） そういうことがありますか。

山上 あると思います。最近一ヶ月上海の新聞なんか減ったけれども、二ヶ月、三ヶ月前の新聞は酷かったですね。

陳 そういう感じがしますか。

山上　ぼくたちの友達はよくそういう話をします。

後藤（「国民新聞」首相官邸担当）　教科書にも入っているそうですね。

邵（横浜総領事、前南京政府情報部、東京帝大京都帝大出身）　教科書に入っているのは歴史的の事実だけです。我々は日本を倒さなければならぬようなことは書いていない。ただ九・一八事件（満州事件——引用者注）とか、上海事件というようなことは書かれてある。歴史的のことですから。そこが立場です。日本では種々な小学校の教科書や絵本とかいうようなものは昔の日露戦争のことが書いてあれば、ロシアから見ると抗露だということも言える。日清戦争のことを歴史的に書けば我々から見ると抗支だとも言える。然し今の支那の教科書はまだそこまでいっていない、むしろ国民として一般国民が覚えている。そこで結局そういう問題を取り扱う場合に先ず相手の立場に立ってみて、そこに見解の相違というものが分かってくるんじゃないかと思ひます。結局私は一番考えて、外交官の話になるかもしれないけれども、私の信念ですが、両国の問題を解決するためには、自分の国の立場に立って種々な見地から種々な政策やら推察やらをいつまでも固持するならば、結局問題を解決することでなく、むしろ問題を客観的に紛糾せしむるのみではないかと思います。結局自分の立場を忘れても不可ぬが、一応自分の立場に立って、さうしてもう一つ大きな立場に立って。その小さい問題はお互いに黙殺することができればそうする。そういう風なやり方で行かなければ結局問題は解決しがたいじゃないかと思ひます。結局一般から見れば外交辞令というふうに聞こえるが、私は大局と婉曲とか非常に意味のあることと思う。単なる外交辞令ではないと思ひます。そういうような点から考えてみて我々は日本の立場に立って日本の新聞雑誌を見て日本の政策を考える、いつも自分の国の立場に立って問題を考えると結局水掛け論になります。中国の民衆からいうとにかく今まで押しつけられた歴史的事実は全部取り消さなければならぬということは中国の民衆の立場から当然のことです。併し、それは丁度日本と同じに東洋の大勢を維持するために、対外発展ということは必要だが、結局非常に解決しがたいものであります。それには何か調和点を考え出さなければならぬ、もう少し勢を緩和する方法はないか、私の考にはただ我々みたいな外交に携わっているものばかりでなく、皆さんにも相当重大な責任が課せられていると思うのであります[5]。

山下の、中国の新聞は好戦的で、国民の心理を好戦的に指導することになる、日中国交上では好ましくないとの非難に対して、陳は懐疑と反対の態度を示し、邵毓麟は直ちに反論した。一つの外交文書と同じように、中国の教科書は日中間の歴史事実を書いただけで、九・一八事変（満州事変）、上海事件など、いずれも実際に起こった事件であり、日本も同じように教科書で日露戦争、日清戦争を書いたではないか、対外拡張の内容を教科書に編入したではないかと反論した。そこに編集者の立場というものがあり、相手の立場で見ると問題にはならないと述べた。そして問題の解決は、今まで押し付けられた歴史的事実、即ち中国に求めた利益を返還しないと解決できない、責任は日本にあると強調した。最後に皆様――日本の新聞記者にも相当、重大な責任が課せられていると指摘した。ここに邵はとても大事な視角を提示したと思う。それは即ち、相互理解、すなわち相手の立場を考えて初めて日中親善が実現できるという態度である。

邵毓麟の発言のあと、話題はソビエトと中国の関係に変わったが、彼はまた教科書の話に戻したく、蒋君輝に発言するように誘った。

邵　教科書の問題について、蒋さんに何か一つ。

しかし、邵毓麟の反論に対して、まともな答えができないためなのか、司会の水上は「複雑な話は別として」と言って、教科書についての議論を止めて、留学生の問題を取り上げた。

水上　蒋さん、如何でしょう、留学生の責任者として、何れ日を改めて種々ご都合を伺って是非お話をお願いたいと思っているんです。今日は複雑な話は別として、今度、東京帝大、慶応、早稲田、東京農大の四校を除いて南京政府は日本留学生を官吏に登用しないことを発表なされましたが、そうしたようなことができまするとは両国親善の国策上から言っても重大なことと思うのです。私どもとしては今後益々多くの留学生諸君に来ていただき、わが中堅層との接触理解を深めたいと考えている位で、先ず当面の問題としてはこの解決にぜひ皆様のご協力を願いたく思っている次第です[6]。

司会者、また主催側として、進行のために多少調整するのは当たり前だが、座談会の冒頭に言われた「腹蔵なく」意見交換をしていただきたいとの趣旨にしたがうと、話題をさらに展開し、つっこんで率直に話し合ってもよいような気がする。ここに「複雑な話は別として」で止められた話は、たぶん日中関係の最も大事な部分で、即ち日中関係悪化の因果関係であろうと思う。先に「侵略があったか、それとも先に排日、抗日があったか」という問題である。この問題について日本側は説明しがたいので、話題は留学生問題のほうに移された。

❖———3．中国の抗日教科書

抗日教科書の問題

水上の質問に対して、蒋君輝は回答せずに、引き続き教科書問題について語った。

蒋　その点については私から喜んでお答えいたしますけれども、今教科書問題に就いてお話があったのでまず簡単に答えたいと思います。先ほどあなた方からお話なされた教科書の中に排日抗日という文句が入っておりますが、それは私はやはり先に承っております。併し、具体的にはそのことはありません。私の考えでは排日抗日ということは教科書に入っていることは「無し」と思います。あなた方はこれはあると仮定してもそれは皆事実の問題です。教育部で殊更にこれを排日抗日の意識下に掲げたものでなかろうと思います。併し、これに反して、私はこういうことを感じたのであります。日本の教科書を私は調べたことはないですが、日本の一般的な読み物として現に三省堂で売っておりますが、私はあそこに買い物に行って一寸見ただけですが、中にこういうことがあります。「我等の国防」という本の中に支那の兵隊というところがあります。無論支那の兵隊が日本の兵隊に及ばないということは認定しておりますが、所が最後に日本の兵隊が行けばすぐ逃げるということが書いてある。それは明らかに支那の兵隊を侮辱することは事実だと思う。私は国を出る前にこういう議論が一般に唱えられているのを聞いた。「日本の輿論はまだ教育の方でも一般的に支那というものは侮るべきものだ、こういう輿論であった。もし日本兵がいくと支那兵は負けて逃げる。そうして日本植民地として支那という国は大陸政策が遂行される可能性がある」という話を国を出る前に聞いていた。所が三省堂の「我等の国防」という書物を見て全然前に聞いた話と合致していると思うのであります。もう一つ、私は二〇年前にある教育視察団を連れて青山師範を参観し、先生の講義を聞いたことがあります。国語の講義で或る生徒に国語の本を読ませた。その中に烏合の衆という言葉がある。先生は生徒にその意味を回答させた。烏合の衆という意味には生徒は即座に烏合の衆というのは例えば支那の兵隊です。集まった人のようですが、併し、何かに驚かされるとすぐ逃げてしまう。それが烏合の衆という意味ですと答えた。その場でその時間の終わりに先生は私等に対して「まことにすみませんが、子供が無智にこういう風に解釈したのです、どうぞあなた方は気にしないようにして下さい」と申し諒承を求めましたが、先生の立場はそれでよいだろうと思います。しかし普段先生はどれぐらい支那に対して侮辱的な話を生徒の耳に入れているか私はその時残念であった。しかしそれは二〇年前のことでありますが、二〇年後の現在はなお日本の子供の絵本の中にもまだそういう侮辱した話があるように見えるのは私は非常に残念に思います。それで私は機会があれば是非こういう読み物の中に或はあなた方新聞記者の方々がそういう点に注意し、国交を調整するならば、お互いにすべての方面に好結果を与え、平和を愛し、お互いに民族を尊重する、そういう教育を国民の頭に吹き込まなければならぬと強調し、私は是非それを望んでおります。教育の問題は簡単にこれだけお答えしておきます。まだ詳しく調べたことがありませんから[7]。

ここに注目すべきことは従来、日本は中国の日本批判の教科書の記述を「排日」という言葉を使って表現していたが、ここに「抗日」という言葉が登場した。「排日」とは日本を排除するというニュアンスで、「抗日」となると「日本と戦う」意味あいが現れ、「敵」としてはっきりと認識するのであろう。

蒋君輝は先ず中国の教科書には排日、抗日の内容がない。政府も抗日教育を行っていないと否定し、それから逆に日本の教科書に中国侮辱の内容が入っていると言って、その証拠に『我等の国防』という例を挙げた。さらに自分自身の経験に則して、二〇年前、青山師範見学時の一幕を語り、日本の学校で反中国教育を徹底的に実施している様子を披露した。その後、現在の日本の絵本にも酷く中国侮辱の内容があると指摘した。最後に真の友好のために互いに尊重し合うことが大事で、日本の新聞記者にぜひ注意するように忠告した。上記の記録から見ると、日中間の出席者は教科書の相手国の記述について、激しく対立していた。

❖————4．留学生問題

留学生問題の再検討

蒋　次に留学生の問題について私は現に陳監督の指導下に仕事をやっておりますが、私はこの問題に対して喜んでお答えいたします。

所が残念なことはそういう資格を有っていない者もたくさん日本へ出てくる。たくさん来ることは極めて結構なことですが、しかし、全然資格のないものが資格のあるように証書を偽造してくる者がたくさんあるんです。

水上　何割ぐらいありますか。

蒋　約一〇分の三あるんです。何故かというと、種々それには原因があります。まず自分の国の学校に入れない者は即ち入学試験にパスしない者が日本へ来る。退学して二三年立った者、事故退学をされた者、それもこちらに来る。悪いことをした学生は国にいられないから日本へ来る。いわゆる屑者がたくさん来た。そうして日本へ来て勉強するならいいですが、勉強しない、のみならず、来るとき持ってきた偽造証書を以て、日本の学校へ紹介無しで入る。自分で日本人に頼んだり、直接学校へ相談して入れてもらう。日本の学校では一枚の卒業証書さえあれば入れてくれます。偽造であるかでないかは学校の方では無論鑑別する力はない。そうして入れた結果は無論勉強しません。勉強しないのみならず、入る時は試験はないし、そうして卒業論文は人に書かせることができます。二、三圓出せば書いてくれる。それに現在でもそういう商売をしている方があるんです。そうして国の方では勉強の出来ないいわゆる屑者が日本へ来るとすぐ学籍を持ち、一、二年経つと卒業させてもらって国に帰って見せる。私は日本の何大学を卒業したと。所が一、二年も経たずに日本へ来て卒業証書をもらう人もあります。そうして国へ帰ってみんなに見せる[8]。

❖ 卒業証書の偽造

蒋　ある人は日本の学術権威に対して疑う人がある。ある人は日本の学術権威は確かに立派ですが、留学生に対して待遇をよくする原因は日本人は無能の支那人を粗製濫造して、支那へ帰し、国内を徹底的に攪乱するために、このような無責任極まる教育をするのだという疑いを持っている者もある。実際たしかにそういう不真面目な者がたくさんあります。今日本には卒業論文を書いて売っている者がある。一枚あなた方にお見せいたしましょう。これは小石川のキリスト教青年会に貼ってあるのを私は取ってきました。そうしてある人は頼みに行かなければ脅迫文を出して、是非私に頼むようにして下さいというものもあります。中央政府の方ではこのことについて非常に心配する。これは日本の学校の全部がそうでないです。日本の先生は確かに優良な学生を作りたい気持ちがないものではない、私個人も尊敬している先生があります。そうしてそういうことがあっては悪いと非常に心配して下さる。中央政府でもそれは日本の国策ではない、しかし放っておけば将来こういう者がたくさん作ると、日本の国策でなくてもしかしあたかも政策であるように思いますから、なるべく厳重に取り締まっていただきたい[9]。

水上の南京政府は四つの名門校以外の日本留学生を官職に就かせないことが日中関係上の重大なことで、両国親善を重視しない、差別的な処置だという非難に対して、蒋君輝は日本の学校の学生管理があまいことを指摘し、日本留学生の質の低下は国内で誤解を招きやすいことを説明した。そして、日本人学生の論文代行の事実を暴き、厳しく指導するように要求した。ところで、筆者は二〇〇三年の年末に東京大学で開かれた一つの研究会に参加し、戦前の中国人留学生が書いた卒業論文を見ることができた。確かに何部か日本人の筆跡らしい論文があった。日本人が代行して書いたものかどうかは断定できないが、筆跡が日本人らしい論文を何点か見つけたので、中国人留学生の日本語力などを考えると、少なくとも日本人学生の協力があったように思われる。

以上、日中間の肝心なことについて盛んに議論されたが、どうやらまとまった意見の一致には至らなかったようである。

3　座談会の目的と結果、今日への啓示——結びに変えて——

❖——1．座談会の目的と結果

この座談会は日本と中国が全面戦争に入る前の象徴的な一幕である。これまでの教科書事件は大体、日中双方が文書でもって応酬し、また新聞において展開していたが、今回は日中両国の関係者が直接、対面して論戦を繰り広げた。日本と中国、アジアの二大民族が命運を賭けて大戦に突入する夜、なぜこのような座談会が開かれたのか、目的はどこにあったのか。蘆溝橋事件——日中戦争の開始とは関連があったのか、もしあったとしたら、どのような関連があったのか。この座談会は日華協会が単独で開催を決め関係者を集めて開いたのか、それとも日本政府の指示のもとで意図的に開いたのか、など疑問を抱かざるを得ない。

「日支新聞記者座談会」の出席者は、いずれも日本と中国の一流の人物で、彼らの見方は日中両国の知識人、文化人の意見を幅広く反映し、典型的な態度である。中国の新聞や教科書の記述を巡って、座談会において日中両国の記者は激しい論戦を展開した。日本側はまず、中国の新聞は好戦的で、国民を抗日、排日のほうに誘導すると指摘した。そして、この交戦的な内容は教科書にも書かれていると言った。要するに中国の排日宣伝と排日教育を強く非難した。これに対して、中国人出席者は、そのようなことはないことを強調し、我々が歴史的事実を書いただけだと反論した。日本の教科書のロシアと中国に関する侮辱の記述を持ち出して、中国の教科書は抗日的ではないと主張した。そして、相手の立場に立って考えるようにならないと、いつまでたっても教科書問題、抗日教育問題は解決できないと強気の態度を示した。日中新聞記者の攻防戦の中で、中国の記者は攻勢で臨み、日本の記者は守勢で守り、時には話を逸らそうとする様子が現れている。

この座談会はなぜ開かれたのか。『日支遂に敵か』の前書きに「今日両国の底に暗流する力強い危機線を如何に突破しようか」と善意的な態度が示されている。日華協会としては日中間の難局を打開するために、日中両国の新聞記者の腹蔵なき交流によって、率直に意見を交換して、互いの立場と考えを知る目的があったように思える。そして、日中間の新聞人、文化人及び政府関係者が日中間の難航した局面の打開策を考案したであろう。日中関係はこれでおしまいか、「日支は遂に敵か」と懸念し、最悪の結果を避けるために両方の参加者は最後まで努力したと思う。ところが、各自の立場を強調し、相手に認めさせようとしたあげく、結局「論戦」の形で終止した。

しかし、一九三七年七月七日という日中関係史上、両国の運命を変える、この極めて重要な夜の「日支新聞記者座談会」の開催は、まったくの偶然であろうか。盧溝橋事件は偶発的で、単なる一地方の衝突から拡大していった事件であろうか。もしこの日に日本軍が大規模な中国侵略を開始する計画を立てていたとするならば、当座談会に参加している日本の新聞記者は、事前に知っていたはずである。彼らは日本の大手新聞社の中国関係の中堅記者で、日本の政治中枢に頻繁に出入りする者である。盧溝橋で日中間の軍事衝突を事前に知らないという仮説を立てると、彼らは日中関係が緊張し、大戦がまもなく起こると感じていたため、中国の記者との交流によって、最後の努力を試みようとした可能性がある。もし知っていたとしたら、日中間の決裂の責任を中国側にかぶせるために重大問題を持ち出して、輿論の準備に取り掛かったことにもなろう。

一九三七年の五月から、日本軍は北寧路沿線及び豊台、盧溝橋一帯で頻繁に挑戦的な演習を行った。中国の研究では「東京政界の消息筋の間では七月七日の深夜に柳条溝事件が華北で再び演出する」との情報が流れていたとしている[10]。消息筋と言えば、今回座談会の日本側の参加者は、おそらく消息筋の中の消息筋であろう。蘆溝橋事件の発端は未だに謎のように、この「日支新聞記者座談会」も謎に包まれている。この座談会の解明は、日中戦争史の事実解明につながる一面があるだろう。しかし今は資料と調査が不足しているため、結論を出すことはできない。座談会記録の削除されている肝心な部分は邪推するよりは、日中双方の資料の調査によって実証的に証明が必要であり、今後の課題としたいと思う。

❖———2．今日への啓示

戦前の歴史を回顧してみると、日中間の相互認識、相互理解のずれ、両国国民の対立感情が、ときには両国関係を後退させ、戦争のどん底へと引きずり込む要素となっていた。これはすでに歴史の事実で証明されている。歴史の惨劇を繰り返さず、今日の国際社会においてアジアの隣国として共生していくためには

（1）両国のマスメディアと知識人、学者は、これからの日中関係の成り行きに大きな責任を持っている。無責任な発言や感情的な態度は慎むべきで、自分の研究分野、専門ではなくても、両国の若者に相互理解の重要性を教え、前向きの姿勢で日中関係に対処するよう指導する義務があると思う。

（2）日中国交正常化した時代に、毛沢東、周恩来と、その後の中国の政治家は何度も両国の相互尊重の重要性を強調していた。しかし、今日の中国では、このような態度が次第に希薄になっている。歴史から教訓を汲みながら、寛容な態度で新たな日中関係を構築する必要があろう。

（3）国際競争が日増しに激しくなるこの激動の時代において、両国の国際的な地位と国力、アジア太平洋地域におけるリーダーシップなどの変化は、必ず生じるであろう。両国の若者と知識人に代表されるように、国民の間ではナショナリズムが高揚しやすいというよりは、すでに増長しつつある。これが現在の日中関係にとって最も危険なことであり、日中の政治家やマスメディアと知識人、学者は要注意である。

二〇世紀の歴史は、我々に学ぶべき多くのものを教えてくれた。一方的に自己の立場を押し通すのではなく、相手の立場も考え冷静に意見交換をして共生していくのが、日中両国の唯一の道ではなかろうか。

注

[1]、[2]『日支遂に敵か』、日華文化協会、第一出版社、昭和一二年七月、前書き。
[3] 前掲書、二〇頁。
[4] 前掲書、八三—八六頁。
[5] 前掲書、九一—九四頁。
[6] 前掲書、九七頁。
[7] 前掲書、九八—一〇〇頁。
[8] 前掲書、一〇一—一〇三頁。
[9] 前掲書、一〇四—一〇五頁。
[10] 王文泉、劉天路『中国近代史』高等教育出版社、二〇〇一年、三九五頁。

グローバル化社会における日本語教育の目標及びそのモデルの立体的構築[1]

王　秀文

はじめに

二一世紀に入って以来、中国は社会主義市場経済へ移行するとともに、ＷＴＯにも加盟した。また高等教育改革が絶えず深化するに従い、大学における外国語専攻の人材育成目標・モデルに関する研究と実践もますます深まっている。本論文は、異文化コミュニケーション能力を現在の外国語専攻の人材育成の責務とし、異文化コミュニケーション能力への理解及びその育成モデル、カリキュラムの構築を提示する。また教師陣の能力構成と学生の能力面についても私見を述べたい。

1　中国における日本語教育史的概観

中国における日本語教育はおよそ一九世紀の末ごろに始まり、中華人民共和国が成立するまでの五〇年近くは、その初期段階であると考えられる。この段階の日本語教育は、中国人が進んで日本を通して西洋文明を取り入れようとするための積極的な部面もあろうが、主に日本政府の占領目的により強いられた、奴隷化教育のためのものだと見受けられる。ここでは仮に「芽生期」と呼ぶ。

新中国が成立してから「プロレタリア文化大革命」の始まる一九六六年までは、その次の段階である。この段階では、日中間にまだ正常な国交が回復せず、日本語教育はごく少数の大学や日本語専門学校に限られていたので、規模も小さく人数も少なかった。ある意味では、特別な場合に備える日本語人材の育成だと言えるので、「特別期」とする。

「プロレタリア文化大革命」後期の一九七二年に日中両国の国交が正常化され、それに伴って、日本語教育の機運が訪れてきた。一九七八年までの短い六年間、学生数はまだそれほど多くなかったが、日本語教育の必要性への認識が高まり、その基本的な態勢が整えられたと思われる。本格的な日本語教育への「準備期」と言えるだろう。

一九七八年からは中国は改革開放の体制が敷かれ、経済・貿易・科学技術及び文化などの分野にわたる交流がますます盛んになるにつれて、日本語ブームを迎える。それに拍車をかける役割を果たしたのは、一つに一九八〇年から五年間中国で実施された、外務省と国際交流基金による「中国日本語教師培訓班」（略称、大平班）であり、これによって当時、中国全域にわたる一六〇校以上の大学から五九四人もの日本語教師が日本語の研修を受けた[2]。もう一つは八〇年代に始まった日本留学ブームである。この時期は二〇年近くも続く。ここでは「高揚期」とする。

九〇年代の後半からは、中国では社会主義市場経済へ移行し始め、またＷＴＯへの加盟によって、日中間交流がよりいっそう幅広く、頻繁になりつつ二一世紀の今日にいたる。この段階における日本語教育は一段と規模が大きくなり、教育パターンも内容も裾広がりの時期となる。これは「発展期」と呼ぶ。二〇〇四年三月までの調査結果によると、中国には日本語学科を設けた大学は二五〇校、日本語教師数は二七九九人、学生数は一三万四九六七人に達したという[3]。

日本語教育の歴史を通観した場合、各段階に日中関係による変化の軌跡が深く刻みこまれたことは言うまでもないが、それに相まって、教育の目的と方法も違うことが分かる。「芽生期」はともかくとして、「特別期」でもほとんど日本語による交流の必要性のない、すなわち日本人とも直接に交流のない閉ざされた環境での日本語教育だったので、文法の理解による読解、翻訳が目的で会話やヒヤリングの訓練は特に必要はなかった。ちなみに、今まで日本における外国語教育は、ほとんどこのような方法でやってきたのである。

一九七二年からの「準備期」において、日本語教育の規模は急速に拡大されたとは言え、まだ日本語による民間交流がなかったし、そして日本語教師の多くはほとんど日本語教育の出身者でなかったため、ほとんどの教授法はこれまでの段階を踏襲したのにとどまり、知識型そのものであった。その時期、日本語原文の本や雑誌はもちろんなく、使用した日本語の教科書も、ほとんどガリ版刷りの『人民日報』の社説や毛沢東の文章の日本語訳であった。そのため、筆者が一九八一年政府交換留学生として、はじめて日本に行ったとき、大学で覚えた日本語の語彙はまったく使い物にならなかった。

「高揚期」では、日中間の各分野における政府間、民間交流が日増しに頻繁になり、日本語による直接的なコミュニケーションの必要から、日本語教育は知識型から能力型への転換が要求される。そのために、従来の文法、語彙中心主義を逸脱して、「聞く、話す、読む、書く、訳す」という五つの能力に力が入れ換えられ、特に「聞く、話す」の二つが能力評価の基準とされていた。日本人教師が導入され、特に五年間にわたった「大平班」で育った六〇〇名近くの若手日本語教師が、なまの日本語、斬新な教授法をもって教育現場で大活躍した。

ところが、九〇年代に入ってから、語学だけの能力ではコミュニケーションの便は十分に図れないと痛感するようになり、従来の「日本語学」という教育目標の上に、日本社会や文化の内容をカリキュラムに組み入れる試みが始まった。しかしながら、日本語教師の中に日本社会・文化を専攻にした者がまだ少なく、それに日本社会・文化の何を、どの程度カリキュラムに組み入れれば適切かもはっきり分からないまま、試行錯誤の状態で今までやってきたのである。

それと共に、「発展期」と言えるもう一つの理由として、日本語教育のカリキュラムに「科学技術」、「対外貿易」、「観光」、極端な場合には「法律」、「金融」、「メディア」など、語学や文化理解とまったく関係のない内容が「複合」、「社会適応」といった名目下で取り入れられた。一時の学生の就職の便を考えると、これでよかったかもしれないが結局、虻蜂取らずという結果は否めない。それまでの規模も内容もかなり超えたという意味の発展期である。

2　新時代の特徴と日本語教育の果たすべき役割

前述のように規模と内容が膨らんだかわりに、従来より深刻な問題を抱えながら時代は二一世紀に突入した。

二一世紀の最も大きな目標は情報化・国際化であり、技術発展のため、国際社会の情報が共用され、伝播の形式も多様化し、かつ迅速になっている。それに伴って、異なる民族・国家による、異なる文化背景を持った人々が頻繁に行き来し、同じ時間・空間でともに暮らし、ともに仕事をし、ともに新しいコミュニケーション環境をつくり上げる、といった共生・共存・共栄のいわゆる「国際村」になる日は、すでにそう遠くないと想像できる。

この「国際村」のような社会環境において、速やかにより多くの知識を得、より効果のある交流をしようとすれば、まず言語というコミュニケーションの手段が必要であるのは言うまでもない。そのために、現在、世界的にますます外国語の教育と学習が重要視され、中には外国語を一つでは満足できず、二つも三つも覚えて自分の生存空間と存在価値を拡大していこうと考えている若者が増えている。

この趨勢は、特に今日の中国では目立っている。改革開放、市場経済の実施、ＷＴＯの加盟などによって、門戸がますます開かれ、外国へ行く人と外国から来る人の人数が年を追って増えている。特に大都会では、外国語ができるかできないかで、就職のチャンスが違うし、また収入も違う。日本でも欧米でもよく屋台から中国語での呼び声を耳にするが、それを聞いて買いに寄る人が多いようにみえる。現在の中国の大連では、タクシーのドライバーが日本語が少し話せれば、毎日の収入がかなり多くなると聞いている。

しかし、特別な専門分野を超えた十分な異文化間コミュニケーションは、言語知識と言語能力だけでは通用しない。言語という系統のほかに、もう一つの系統、つまり文化の系統がある。

すべての人間は、それぞれの歴史・文化・生活習慣などを背景に持っており、それぞれ異なった価値観・思考様式・行動様式が形成される。これは簡単に言えば、文化である。文化は言語思想と言語行為を支配するほど重要なので、互いに相手の文化を知らなければ、言語によるコミュニケーションも表面的にとどまり、理解や交流が難しくなる。

確かに、二一世紀の情報社会・グローバル社会の特徴を意識して、大学の各学科において外国語教育を強化し、その専門分野の人材に国際的視野と交流能力を持たせようとしている。しかしそれを見て、外国語学科が語学の上に他の学科の専門知識を植えつけさせるのは誤った行動で、まったくの違う方向であり、正すべきである。外国語教育の責務は、従来の語学知識一辺倒から脱出して、語学能力さらに相手国の文化知識や文化能力の習得に力を入れるのが、二一世紀社会の特徴と必要に適った外国語人材育成の正当な道ではないか。

一九九八年、中国の大学外国語専業教学指導委員会が『関于外国語専業本科教育改革的若干意見』において、学生の専門的な「能力・素質」の養成を重要な位置に据え、当時の外国語専攻の教育改革を規制するにあたって大きな役割を果たした。一九九九年の末に審査を通った『高等学校日本語専業高学年段階教学大興』[4]の趣旨は、「日本語専攻の本科生の教育目標・教学内容・教学原則・教学評価及び教育に関するいくつかの問題を規定し、高学年段階の教育計画・教材編纂・査定と評価のために根拠を提供するもの」であり、その中で日本語専攻の学生が卒業するとき、「日本言語学、日本文学、日本社会文化（地理、歴史、政治、経済、風俗、宗教などを含む）などの分野の基礎知識を備えるべきである」と明確に指摘したのである。

そして二年後、高等学校外国語専業教育指導委員会日本語組は一九九〇年に制定した『高等学校日本語専業基礎段階教学大綱』を改訂し、二〇〇一年九月に審査を通った。その改訂版[5]の特徴の一つは、「外国語教育の最終的な目的は、学生の異文化コミュニケーション能力を身につけさせることである」と提起したのである。『大綱』は教育改革を指導する綱領的な文書であり、その提起した「異文化コミュニケーション能力を身につけさせる」という目標は、「時代とともに進む」という社会発展の要求を体現し、現時点の外国語専攻の教育と学科開設の特徴に合致したもので、その教育改革研究と実践の指針とされるべきである。

3 「異文化コミュニケーション能力」及びそのモデルの構築

外国語学科が学生の「異文化コミュニケーション能力」を養成することは、社会発展のニーズと一致し、長年にわたって模索と実践を重ねてできた共通の認識である。大連民族学院外国言語文化学院は、早くも一九九九年から「言語＋文化」という本科生の育成目標を確立し、同時に「言語と異文化コミュニケーション」、「文化と異文化コミュニケーション」などの科目を設けて教育実践を進めた。それと同時に、近年来「高等学校専業外国語教育改革与学科建設研究」（遼寧省教育庁二〇〇一—二〇〇三年度重点プロジェクト）、「以学生為主体外国語教学改革与研究」（大連民族学院二〇〇二—二〇〇四年教育改革プロジェクト）、「新型外国語専業人材培養模式的構建研究与実践」（大連民族学院二〇〇四—二〇〇六年教育改革プロジェクト）などのプロジェクト研究を基にして、積極的に二一世紀における国際社会の日本語学科の人材養成をめぐる研究に重点を置いてきた。それに伴って国内外の研究者や教育者を集め、「日本言語と異文化コミュニケーション」（二〇〇二年）、「日本文化と異文化コミュニケーション」（二〇〇三年）、「中日翻訳と異文化コミュニケーション」（二〇〇五年）という一連の国際シンポジウムを主催し（同名の論文集が『東方文化論叢』として世界知識出版社により出版）、日本語教育界における異文化コミュニケーションに対する意識を高めるのに積極的に貢献をしてきた。

私たちの研究は、異文化コミュニケーションをただ単に一つの研究分野としてでなく、それを外国語教育の全過程に置いてモデルを構築し、教育理念・教育目標・教学内容・教学原則・教学方法と手段・教学評価など、全体として教育実践を有意義なものに仕上げようとするものである。したがって、「異文化コミュニケーション能力」の人材養成をめぐって、図1のようにモデルを構築していく。

まず、「異文化コミュニケーション」の人材養成目標の下で、従来の教育目標である「言語」教育はすでに目標ではなく、

「文化」とともに手段となる。異文化コミュニケーションを責務として担う外国語専攻の人材は言語しか知らず、文化を知らなければ適任ではないからである。したがって、図2のような構成で目標・モデル・効果の一致を求める。

異文化コミュニケーション能力という養成目標を支えるのに、「言語」と「文化」は手段として欠かせない。その上に、言語は言語知識と言語能力から、文化は文化知識と文化能力から構成されるべきである。理解によって知識を獲得し、実践によって能力を身につける。理解は実践の条件であり、実践によって得る能力は目的である。したがって、人材養成のモデルは図3に発展する。

外国語専攻の人材は何よりもまず、しっかりした言語知識と言語能力を持たなければならない。しかし、言語知識は数学・物理・化学、文学・史学・哲学などとは違い、指導と練習によらなければ実践的な能力に転換できず、使い物にはならない。言語知識と言語能力の関係及びその転換については、すでに既存の認識が一致しているので説明を省くが、ここでは文化と文化能力に焦点を絞って述べさせてもらおう。

近年来、外国語教育に文化的内容を取り入れる必要性が広く認められ、また深い考えや条件もなく、どっと押し寄せる恐れさえある。一口に文化と言っても、その概念の大きいことは誰もが知っていることである。いったい外国語教育にどのような文化が必要なのかについての研究が甚だ少なく、今日にいたっても模索の段階にとどまっている。

図1．人材養成目標

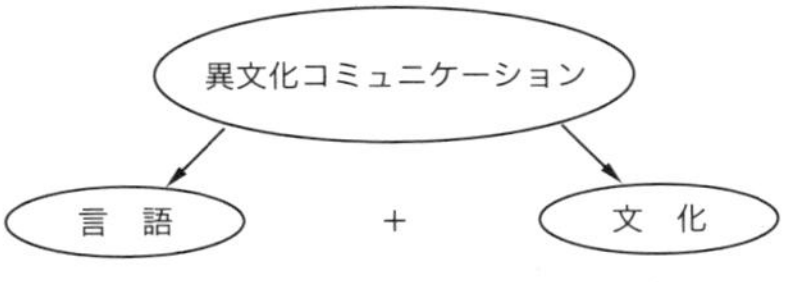

図2．人材養成モデル　Ⅰ

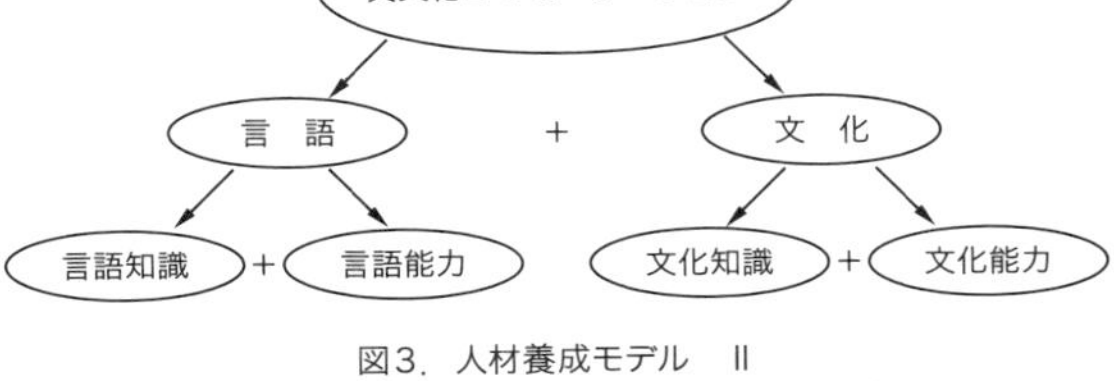

図3．人材養成モデル　Ⅱ

外国語専攻の人材養成における「文化」の問題について、筆者は人材養成の目標に合わせて考えを深めたほうがよいと思う。すなわち「異文化コミュニケーション」にどのような文化が必要なのかを考えるのは大前提であり、基本である。この問題に関して、筆者は、文化をまず「知識文化」と「交際文化」に分けて考えるという提案に賛成である。「いわゆる知識文化とは、異なった文化背景を持った人々が交流する時、正確な情報伝達に直接に影響を与えない言語及び非言語的な文化要素である。いわゆる交際文化とは、異なった文化背景を持った人々が交流する時、直接に正確な情報伝達に影響を与える（すなわち偏見や誤解を起こす）言語及び非言語的な文化要素である」[6]。前者には政治・経済・歴史・宗教及び茶道・花道・相撲・歌舞伎などが含まれ、後者にはアメリカの有名な漢学者である黎天睦教授が指摘したように、「この直接的に交流効果に影響を与える文化知識の及ぶ範囲が相当広範なもので、その生まれる原因もきわめて複雑なものである。『取るにたりないもの』だと思っている人はずいぶんいるが、実はそうではない。それは直接に交流効果に影響を及ぼす。と言うより、言語教育において、その重要性は知識文化よりも大きいとも言える。もちろんある程度の知識文化を知らなければ、誤解を招くのでよくないのだが、もし交際文化を知らなければ、大きな問題が起こる」[7]。知識文化は了解と理解のためのものであり、交際文化となると、了解と理解の上でさらに練習と模倣が要求される。

今日の日本語教育現場を見た場合、知識文化についての紹介がほとんどで、逆に風俗・礼儀・思考様式や行動様式などを含めた交際文化について触れるものは少ないのが実情である。「外国語教育から見れば、文化を知識的文化と交際文化に分けるのは取るべき方法であり」[8]両者の質と量の比重を確定し、交際文化についての研究を強めるべきである。と同時に、すでに言語知識と言語能力の関係を重視しているのと同じように、文化能力への文化知識転換にも力を入れるべきである。その上で「言語交際文化」と「非言語交際文化」に具体化して、最後に「異文化コミュニケーション能力」という最終目標にたどり着くのである。

4 カリキュラムシステムの構築

人材養成の目標と養成モデルを明確にした上で、次に必要なものはカリキュラムシステムの構築になる。大連民族学院外国言語文化学院では、カリキュラムシステムの構築に際して、学科の設置と教育とを融合させ、次の三つの角度を視野に入れ、一体化を求めている。一つに言語と異文化コミュニケーション類、文学と翻訳類、社会と文化類の調和、二つに一・二年生の基礎科目類、三・四年生の専攻科目類のバランス、三つに必修類、限定選択類、任意選択類の配分である。この三つの類を兼ねた、より良い接点が科学的でかつ合理的なシステムになろう。しかし、科学的でかつ合理的なシステムを構築するのは容易なことではなく、下手をすると偏った形になってしまう。この点を考慮して、カリキュラムの構築において最も大切なのは、人材養成の目標と結びつけるべく、「コミュニケーション」の必要と「能力」の必要を選択と設置の基準とする。それを基に、大学四年間の専攻科目の総時間数を、まず大きく「言語」類と「文化」類という二つのブロックに割り当て、それから必要によって合理的に各ブロック内の時間数を「知識」と「能力」に比例して配置する。これによって、「言語」類と「文化」類、そして「知識」類と「能力」類の時間数の任意的配置を規定することができる。

授業以外の実践は、外国語人材の養成において重要な位置を占め、知識を能力へ転換させるための一環である。そのために、科学的に一定の授業以外の時間を確保する必要がある。

教育内容すなわち科目は、人材養成の目標を保障するためのものであり、カリキュラ

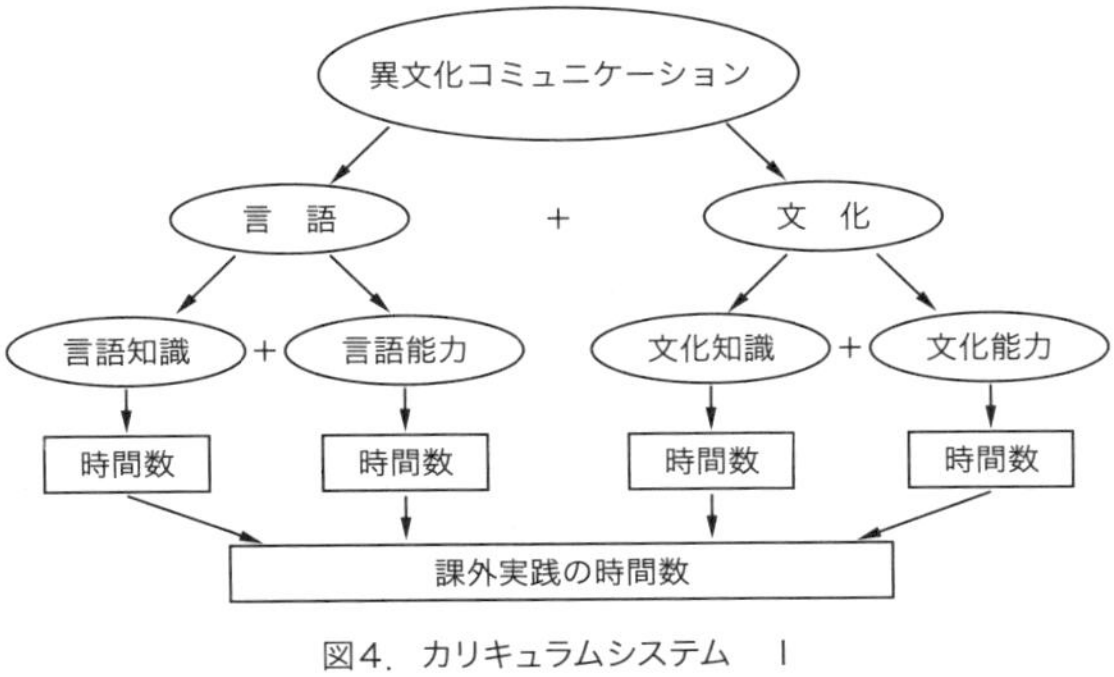

図4．カリキュラムシステム　Ⅰ

ムシステムの構築の内容として考え、随意性を減らし、科学性を高めるべきである。人材養成の目標に基づき、一方では従来の科目を削減調整し、もう一方では新しい科目を増設し、また合理的に時間数を改めて調整し、有機的に統合した科目体系を構築するものである。例えば、仮に以下図５の分類を試みる。

5　教師陣の知識と能力の構成

教師は人材養成の目標を実現するために、カリキュラムシステムを理解し、教育計画を実行、教育内容や手段を更新して、教育レベルを保障する主体である。新しい教育事情と新しい養成目標は、教師陣全体の知識と能力構成を高く要求することになる。長年にわたる研究と実践を通して、外国語教師の知識と能力は、「授業の担当」、「科学研究」、学生の「実践指導」という三大要素からなるべきである（「授業の担当」は「基礎科目」と「専攻科目」を含む）。この「三位一体」の構造は、人材養成の目標を実現するために必要であり、そして学生のレベルの高低にかかわる鍵でもある。それを例えば表にすると次の通りになる。

現在、教師の大多数は古い計画経済時期の教育システムの下で生まれ育ち、教育観念が古く、知識の構成が立ち遅れ、目下の教育改革と実践には程遠い。研究面においても基礎が弱くかつ経験が足りない上、特に異文化コミュニケーションに応えられる文化に関する研究者は稀である。そのために、担当できる授業はほとんど基礎段階の精読・通読・ヒヤリングばかりで、幅がかなり狭い。

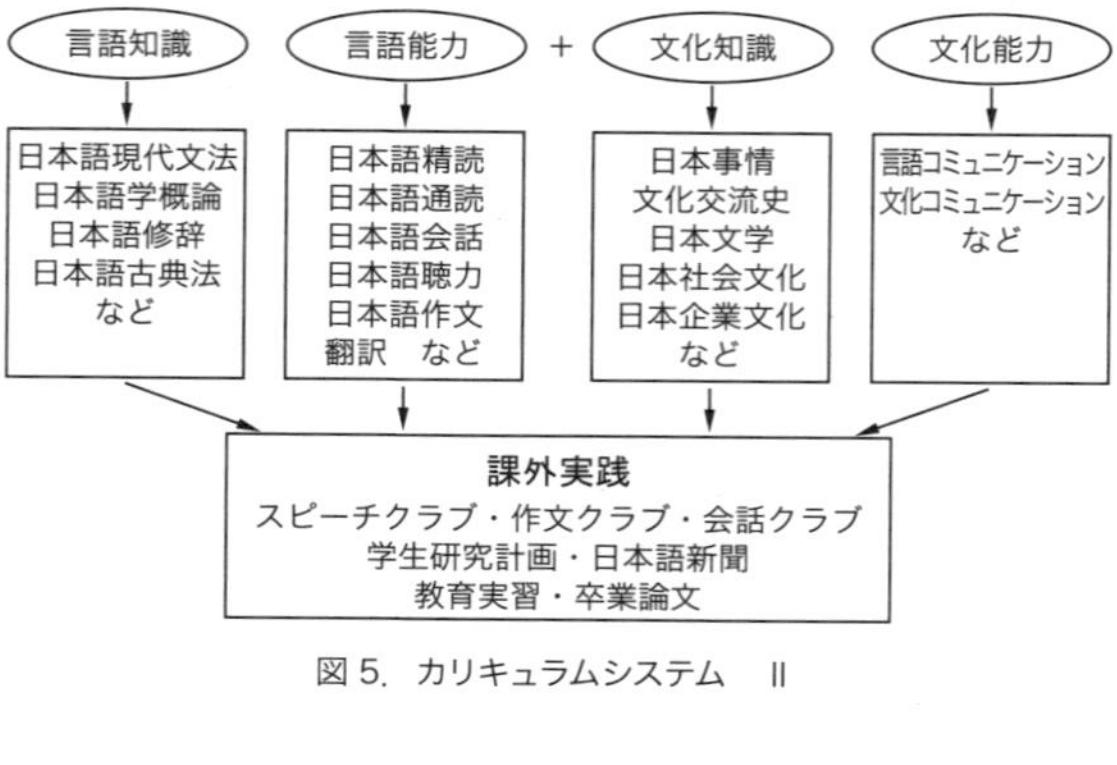

図５．カリキュラムシステム　II

効率的に教師の責務を果たすには、科学研究を先導して、知識の構成を改善し、同時に進んで教育改革を実践し、適応性のある教材を開発することが必要であり、これがまた異文化コミュニケーション人材養成への道であろう。

6 学生の能力認定の構成

学生の能力は人材養成の目標、人材の養成モデル及びカリキュラムシステム、教師陣全体の知識と能力などの適応性・合理性を検証する試金石となる。

現在、大連における日本語教育の環境と資源に基づいて、大学の外国語学科の教育効果を検証または評価するにあたって、量化できる学生の外国語能力を次の四種類に絞り、参考として以下図7に示した。

このような指標をもって総合的に量化分析すると、あるクラス、あるいはある学年の学生の能力構成における合理性と問題点を見つけることができ、それに基づき人材養成の全過程について検証することにより、弱いところを強めることができよう。

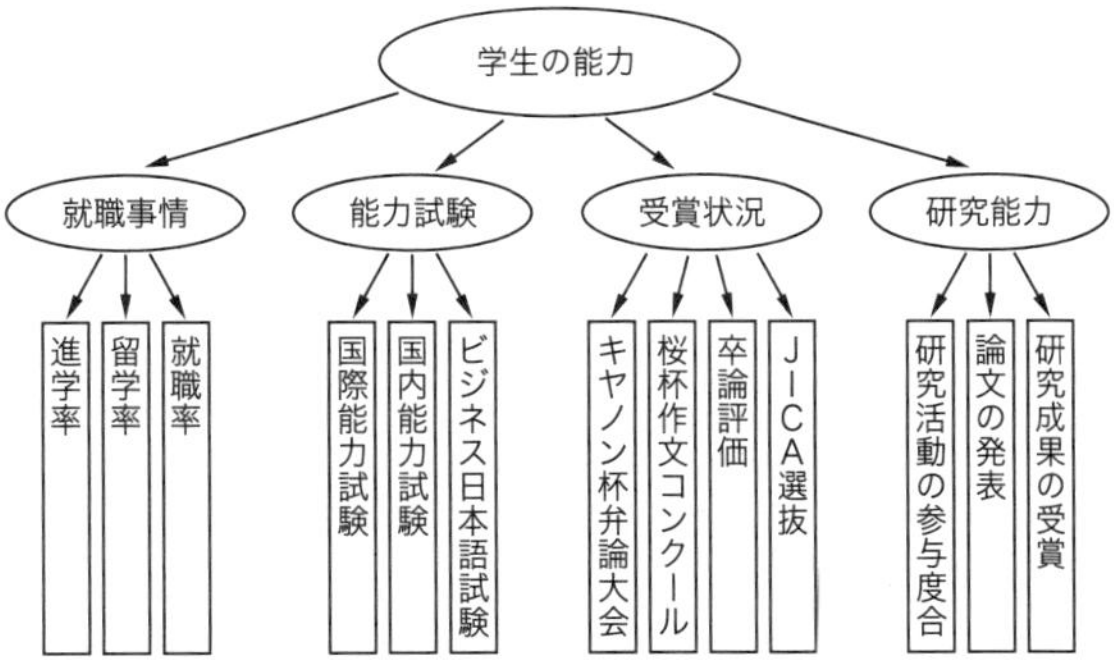

図7．学生の能力認定構成

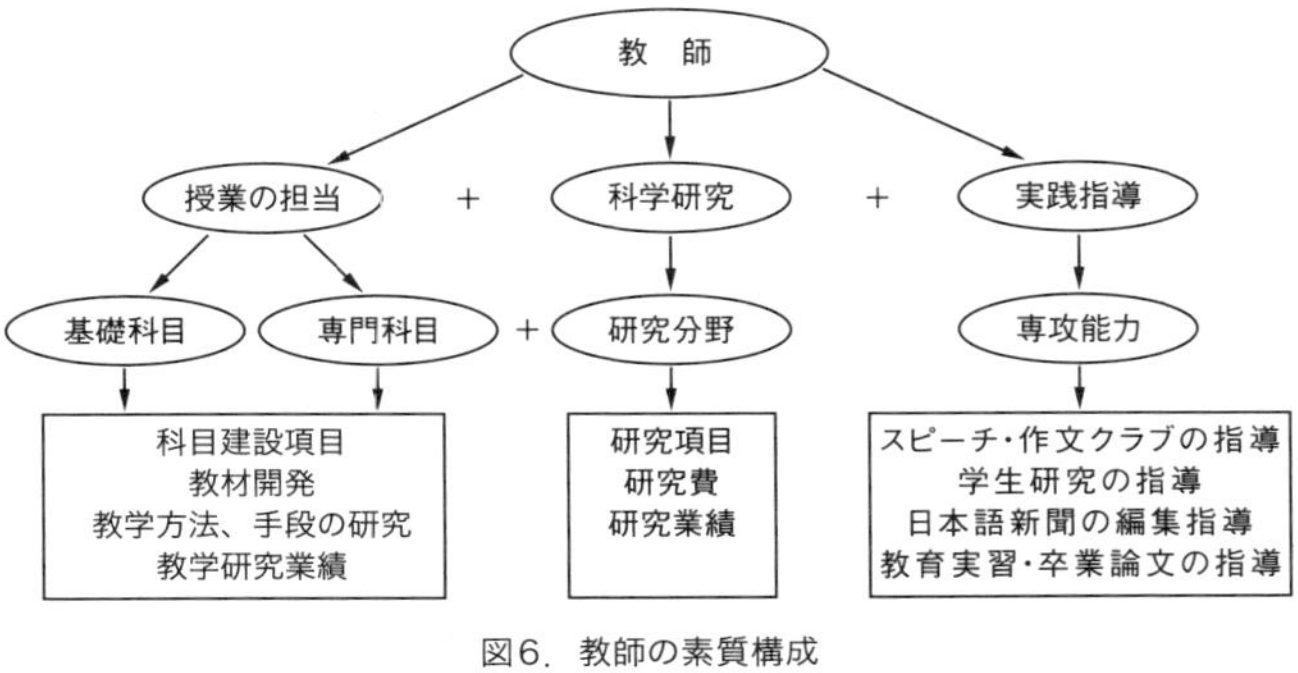

図6．教師の素質構成

注

[1] 二〇〇六年度中国教育部人文・社会科学プロジェクト「日語専業跨文化交際人材培養模式的立体構建」(許可番号：06JA740011)。
[2] 莫邦富「大平学校をご存じですか」(国際交流基金『遠近』第六号、山川出版社、二〇〇五年八月一日)。
[3] 中国日本語教学研究会、日本国際交流基金北京事務所、大学外語教学研究会日本語分会、教育部課程教材研究所が二〇〇三年から中国で行った調査。宿久高「日語教学与人文精神的培養」(北京師範大学日文系編『日語教育与日本学研究論叢』民族出版社、二〇〇五年九月一日)による。
[4] 教育部高等学校外国語専業教育指導委員会日本語組編纂《高等院校日語専業高年級階段教学大綱》、大連理工大学出版社、二〇〇〇年三月。
[5] 教育部高等学校外国語専業教育指導委員会日本語組編纂《高等院校日語専業高年級階段教学大綱》、大連理工大学出版社、二〇〇一年一一月。
[6] 张占一《試議交際文化和知識文化》、外語教学与研究出版社《文化与交際》、一九九四年八月、一九三—一九四頁
[7] 黎天睦《現代外語教学法——理論与実践》、北京語言学院出版社、一九八七年、一八八頁。
[8] 趙賢洲《文化差異与文化導入論略》、《語言教学与研究》、一九八九年第一期。

おわりに　日中比較文化研究に関する幾つかの視点

王　敏

日本学研究を国際的視野で俯瞰したとき、日本を対象にした外国人の研究は日本人における研究と相互補完的なものであろう。しかし、多文化競合のなかで国家単位の〝ネーション〟という枠組みが実在している。それを超越した「越境」人流、物流が世界を変える勢いにあるにもかかわらず、個々の〝ネーション〟の存在は頑強である。文化研究も往々にして国家を主体とする価値基準に影響されざるを得ない。ときには「国益論」と結びつく政治・経済によって、研究成果が見られがちである。政治主導を主軸に研究を進化させてきた歴史もあった。時代意識と多文化関係にかかわることなく成立する学問というのはないかもしれない。人文科学における諸分野の研究は、必然的に時代精神と多文化環境に向き合うことを求められている。これは研究者に課せられた課題と思われる。

法政大学においては、国際日本学研究の方法論として「メタサイエンス」を枠組みに据えている。「メタサイエンス」を日本語で表現する場合、おそらく「実証的、科学的日本研究」となるだろう。しかし、この研究方法が確立されているわけではない。骨組みを共有できる認識の確認に至るまでには相当時間がかかると推察している。「メタサイエンス」方法論を具体的に試みる段階において、とりあえずそれに繋がると思われる比較文化研究の可能性を模索してきた。本論文集の企画と編纂はその一環である。

本論文集の編纂を通して、関係者同士が学びあう、高めあう喜びを分かち合い、学際的に研究視野の射線を広げられることの可能性が見えてきた。そこから、真の意味での学術交流の地平線が広がり、相互理解としての日中比較文化研究がより一層発展していくことが望まれていると思われる。研究深化を目指して必要と思われる幾つかの視点を列挙しておきたい。これが日中比較研究の視点として主なものであることはいうまでもない。

❖――①時間的縦軸と空間的横軸を組み合わす視点

いかなる国の文化を研究するにあたっても、時代という時間的縦軸の視点でその変化を追いながら、空間的横軸の視点で個々の時代精神に見合う変容をしっかり見極めていくことは欠かせない。日中比較文化研究においても、このような縦軸と横軸との融合体の視点を研究過程で有機的に捉え、分析して論じる必要があると思われる。

同じ研究対象に向かっていても、同じ横軸にある個々の空間の性質が違うと、縦軸を絡ませている時代精神による許容の度合いも異なってくる。日中は横軸に並列されている隣国であるが、国柄も国情も決して同じではない。たとえ縦軸の時間の刻みが同様とは言え、目指す時代精神がそれぞれ違えば、同時発生の事件への捉え方がかわってしまう。その場合、「日本的」と「中国的」、二つの背景を等身大に把握できる視点が望ましい。二通りの知識構造と総合的見方を持ち合わせることが求められている。

❖――②日中も「異文化」として認め合う視点

日中とも戦後、古来共有できた漢文世界における教養体系から独自に再出発した。これら固有の相互認識を修正して新時代に見合う相互理解を深めていくことが必要であろう。ところが、日中の間には、自国文化を知ることが異文化を知る基礎であるという認識が薄いように思われる。同じ漢字を使う人々の間で表意文字の漢字は同じ意味を持つと誤解しやすい。お互いに違うものへの排除感覚が無意識に誤作動してしまうことが往々にある。また等身大の姿勢が日常化しにくい面もある。日中も「異文化」という視点を持てば、古典的「同文同種」の感覚を払拭し、理性的に見詰め合う姿勢が樹立されるのであろう。日中文化の同一性を大切にすると同時に、独自性への認識を持つことの必要性を改めて強調しておきたい。相互認識の「ずれ」を認め合う視点は相互理解、善隣友好のもとでもある。

❖——③発信力のある文化を再認識させる視点

中国では、二〇〇五年までに村上春樹の翻訳が累計三〇〇万部売れている。よしもとばななは「女性村上春樹」と呼ばれ、新しい日本現象のうねりを作っている。村上春樹に代表されている日本の大衆文化と生活文化ブームが特に中国の若い世代の精神文化に多大な影響を与え続けている。それに合わせてみると、各国で日本の生活と大衆文化が再認識されている。日中間やアジアの国々との間では、対話可能の原風景として日本発信の生活と大衆文化が共有できる方向に進んでいるのではないかと思われる。

日本ブームが鏡となり、日本の文化発信そのものの可能性を映させてくれている。相互理解に通じる文化発信が実現できれば、双方向にとっても冷静に等身大の文化観を伝えることができる。そのために、日本におけるアジア観が要調整であろう。アジア的機軸の再構築が試みられてもよかろう。今こそアジア認識を再考すべき機会として真剣に向き合えるよう、心から願う次第である。

❖——④日中の文化関係を考える視点

日中間においては古代から、文化交流より平和構築が一層堅実になってきた事例が少なくない。例えば、六六三年に起きた白村江の戦いは朝鮮半島を舞台に古代日本と唐の水軍がぶつかった古代の大戦争だった。しかし、文化交流は絶えず、唐は遣唐使を受け入れた。それは文化使節団であり、経済的・領土的な野望がなかったからであろう。後に倭寇の侵犯が原因で日中関係が冷え込んだ時期にも、東大寺僧の奝然（ちょうねん、九三八？—一〇一六）が入宋して、時の皇帝・太宗と対話し、偏りのない日本像を中国に認識させた。往日の交流と日本理解が『宋史・日本伝』に実録されている。

近い例としては二〇〇五年に、日中合作映画「単騎、千里を走る」が両国で盛り上がった。

文化的感覚は認知判断に無意識の影響をもたらしていると認識されている。文化関係の分析成果が「共同知」として、両国の交流現場にも活用できよう。

❖——⑤ 双方向の「克服」と「開放」を目指す視点

恐らく、どの文化も周辺の文化の影響を受けつつも、一つの文化として進化したいという内向きの進化力が働くと思われる。それはグローバル化とは相克し、国際化とも逆ベクトルの関係である。このことから、国際的に日本学研究に携わるものは思考の内向きベクトルの克服を心がけることが求められる。研究者同士の双方向、多方向の協力によって、謙虚に学びあう知的ネットワークづくりに今後も力を入れなければならないであろう。

末筆ながら本論文集の執筆者、翻訳者及び法政大学国際日本学研究所所長の星野勉教授、三和書籍、社長・高橋考氏と編集担当の斉藤由希さんに深く感謝する。

参考資料

・『日中文化関係を考える――日中相互認識の「ずれ」を中心に――』法政大学国際日本学第一次評価報告書、法政大学国際日本学研究所編、二〇〇五年。
・『日中文化関係を考える（その2）――文化摩擦（ずれ）から文化交流（相互理解）へ――』法政大学国際日本学第二次評価報告書、法政大学国際日本学研究所編、二〇〇五年。
・『日中文化関係を考える――日中相互認識の「ずれ」を中心に――』外務省「日中知的交支援事業」採択、法政大学国際日本学研究所編、二〇〇五年。
・『東アジア共生モデルの構築と異文化研究――文化交流とナショナリズムの交錯』法政大学国際日本学研究所、二〇〇五年。

・『国際日本学の構築に向けて』法政大学国際日本学研究所編二〇〇五年。
・『国際日本学』第二号、法政大学国際日本学研究所、二〇〇五年二月。
・『国際日本学』第三号、法政大学国際日本学研究所、二〇〇五年三月。
・『相互理解としての日本研究——日中比較文化研究による新展開』法政大学国際日本学研究所、二〇〇七年三月。
・『国際日本学』第四号、法政大学国際日本学研究所、二〇〇七年三月。

責任編集者略歴

王　敏（わん・みん）
法政大学国際日本学研究所専任所員・教授、同済大学（上海）客員教授
主要著書『謝々！　宮沢賢治』朝日新書、二〇〇六年。『宮沢賢治、中国に翔る想い』岩波書店、二〇〇一年。『宮沢賢治と中国』サンマーク出版、二〇〇一年。『〈意〉の文化と〈情〉の文化』（共著）中央公論新社、二〇〇四年。『花が語る中国の心』中公新書、一九九八年。『中国人の愛国心』ＰＨＰ新書、二〇〇五年ほか

筆者略歴（掲載順）

孫　軍悦（そん・ぐんえつ）
明治大学政経学部兼任講師
主要著書『二つの『心』――中国における『こゝろ』の変容』「漱石研究」第一四号、翰林書房、二〇〇一年。『〈誤訳〉のなかの真理――中国における『ノルウェーの森』の受容――』「日本近代文学」第七一集、二〇〇四年ほか

福田　敏彦（ふくだ・としひこ）
法政大学キャリアデザイン学部教授
主要著書『広告の記号論』（共著）日経広告研究所、一九八八年。『物語マーケティング』竹内書店新社、一九九〇年。『地域が語り始めた』（共著）電通、一九九五年『コンテンツマーケティング』（共著）同文館出版、二〇〇四年ほか

李　国棟（り・こくとう）
広島大学外国語教育研究センター教授
主要著書　『夏目漱石文学主脈研究』北京大学出版社、一九九〇年。『魯迅と漱石——悲劇性と文化伝統』明治書院、一九九三年。『中国伝統小説と近代小説—様式に見る作品の特徴』白帝社、一九九九年。『魯迅と漱石の比較文学的研究——小説の様式と思想を軸にして』明治書院、二〇〇一年。『「邪馬臺」は「やまたい」と読まず』白帝社、二〇〇五年。『第四版日本見聞録——こんなにちがう日本と中国』白帝社、二〇〇七年ほか

于　臣（う・しん）
島根県立大学北東アジア地域研究センター研究助手
主要著書　『渋沢栄一の〈義利〉観と商業教育理念——張謇との比較を通じて』「日中社会学研究」第一五号、二〇〇七年。『中国明清時代商人〈義利〉観の一側面——徽商の例を通じて』「総合政策論叢」第一四号、二〇〇七年ほか

谷中　信一（やなか・しんいち）
日本女子大学文学部教授
主要著書　『晏子春秋　上・下』明治書院、二〇〇一年。『齊地の思想文化の展開と古代中國の形成』汲古書院、二〇〇八年ほか

楊　暁文（よう・ぎょうぶん）
名古屋大学大学院国際言語文化研究科准教授
主要著書　『異邦人とJapanese——異文化とは何か国際理解とは何か』白帝社、一九九七年。『豊子愷研究』東方書店、一九九八年。『境外の文化——環太平洋圏の華人文学』（共著）汲古書院、二〇〇四年。『南腔北調論集——中国文化の伝統と現代』（共著）東方書店、二〇〇七年ほか

厳　紹璗（げん・しょうとう）
北京大学比較文学比較文化研究所所長・同教授
『思想』「日中文化交流史叢書」第三巻（共編）、大修館書店、一九九五年。『文学』「日中文化交流史叢書」第六巻（共編）、大修館書店、

一九九五年。『日本蔵漢籍珍本追踪紀実——厳紹璗海外訪書志』上海古籍出版社、二〇〇五年。

劉　金才（りゅう・きんさい）
北京大学日本言語文化学部教授、中国日本史学会思想文化委員会会長
主要著書　『現代日本語敬語の用法』北京大学出版社、一九九二年。『町人倫理思想研究』北京大学出版社、二〇〇一年。『町人道と武士道との衝突と磨き』「東方研究」北京大学、一九九九年。『日本人の義理観の相対性と絶対性について』一九九六年、北京大学学報。『日本神道教の特質についての分析』二〇〇四年ほか

尚　彬（しゃん・びん）
北京大学大学院歴史学研究科博士後期課程

王　新生（おう・しんせい）
北京大学歴史学部教授
主要著書　『現代日本政治』経済日報出版社、一九九七年。『政治体制と経済現代化——日本モデルの再検討』社会科学文献出版社、二〇〇二年。『日本簡史』北京大学出版社、二〇〇五年ほか

羅　紅光（ら・こうこう）
中国アカデミー社会科学、社会学研究所、社会人類学研究部部長
主要著書　『黒龍潭：中国ある村の富と財』行路社、二〇〇〇年。『不等価交換』浙江人民出版社、二〇〇〇年ほか

高橋　優子（たかはし・ゆうこ）
学校法人 文化学園専任講師
主要著書　『写真対応　中国を旅する会話』三修社、二〇〇四年。『絵で導入・絵で練習』（共著）凡人社、二〇〇四年。『項目整理1級問題集　日本語能力試験対策』（共著）凡人社、二〇〇三年。『項目整理2級問題集　日本語能力試験対策』（共著）凡人社、二〇〇三年ほか

徐　氷（じょ・ひょう）

大連民族学院日本語学部教授

主要著書『中国人の日本認識』吉林大学出版社、二〇〇三年。『日本人の自我認識』吉林大学出版社、二〇〇三年ほか

王　秀文（おう・しゅうぶん）

大連民族学院外国言語文化学院長、教授

主要著書『現代日本語要説』吉林教育出版社、一九八七年。『日本語言与社会文化』大連海運学院出版社、一九九三年。『桃の民俗誌』朋友書店、二〇〇三年。『伝統与現代―日本社会文化研究』外語教学与研究、二〇〇四年。『日本語言、文化与交際』外語教学与研究、二〇〇七年。『当代外語教育教学改革研究―以日語与跨文化交際為中心』大連理工大学、二〇〇七年ほか

国際日本学とは何か？
日中文化の交差点

2008年 3月 31日　第1版第1刷発行

編者　王　敏

発行者　高橋　考
発行所　三和書籍

〒112-0013　東京都文京区音羽2-2-2
TEL 03-5395-4630　FAX 03-5395-4632
sanwa@sanwa-co.com
http://www.sanwa-co.com/
印刷所／製本　モリモト印刷株式会社

ISBN978-4-86251-035-8 C3036